语言学基础教程

戴庆厦 主编

商务印书馆

2019 年·北京

主　编　戴庆厦

副主编　金雅声　丁石庆

作　者（按音序排列）

　　　　戴庆厦　丁石庆　季永海

　　　　金雅声　刘　岩　覃晓航

目　　录

第一章　导论

第一节　语言学的性质及其任务

一、什么是语言学？

顾名思义，语言学是关于语言的科学，是以人类语言为研究对象的一门科学。英语为 liguistics，俄语为 языкознание。语言学研究的语言不仅是当今人类使用着的语言，还包括像古代希腊语、古代英语和古代汉语等一些已经消亡的语言。语言学既研究具有悠久文字历史的语言，也研究那些没有文字的语言。

语言的运用和语言的研究不是一回事。人类社会中生活的人一般都会说一种语言，甚至还有人会说多种语言。但当我们问一个不从事语言研究的人，有关他所熟悉的语言结构特点的问题时，并不是都能够回答得上来。只有对自己所熟悉的语言或方言进行过系统研究并具有语言学理论知识的人，才能作出理性的回答。

作为普通语言学的入门课程之一，语言学概论主要研究语言的基础理论，揭示人类语言的性质、功能、结构特点，以及语言的发展与变化的一般规律。其目的是帮助人们了解有关语言的基本理论和知识，指导人们更好地学习语言和使用语言。

二、语言学的分类

经过长期的发展，语言学作为一门独立科学已经逐渐成熟，并形成了许多分支。我们可从不同角度将语言学划分为不同的类别。

1. 从研究对象上,有具体语言学和普通语言学之分。以个别语言为研究对象的叫做具体语言学。如汉语语言学、藏语语言学等。普通语言学研究语言的本质、语言普遍现象,为语言研究提供基本概念、理论、模式和方法,又称一般语言学。它综合各种语言的研究成果,研究整个人类语言的共同规律。其涉及的内容主要有人类语言的起源、本质、发展、内部结构、分类、研究方法以及语言学在科学体系的地位等问题。语言学概论就是普通语言学的基础课程和入门课程之一。

2. 从研究方法上,可分为历史语言学、描写语言学、比较语言学等。历史语言学是采用历史的方法对某种语言不同时期的历史演变方式进行研究,即研究语言的古今演变的原因、结构及其规律,如汉语史、藏语史、蒙古语史等,又叫历时语言学。描写语言学研究语言在某个时代的状态、特点,即语言的横断面,进行的是静态的描写研究,所以又叫共时语言学。如研究汉语史必须根据汉语从古到今的历史发展过程来进行研究,不但对每个涉及时代的语言状况有所描写,还要对一个时代与另一时代之间的联系及发展演变情况进行详尽的研究和说明。比较语言学主要采用比较的方法对不同的语言进行比较研究,寻找它们之间的异同及共同的规律。由于比较的原则及目的的不同,比较语言学还可划分为历史比较语言学和对比语言学。历史比较语言学主要在具有发生学关系的语言之间进行研究,寻找它们在历史演变过程中的对应规律,确定亲属关系,并构拟或重建原始语言形式。语言的历史比较研究在欧洲统治整个语言学领域长达一个世纪之久,并积累了相当丰富的语言研究材料和经验,也为现代语言学的发展奠定了扎实的基础。对比语言学的目的是通过对不同语言的比较(包括不同起源、不同地域分布有共同来源的语言),揭示各种语言所具有的普遍特征,并在此基础之上揭示个别语言的特点。它是根据已发现的语言形式和结构的相似点对观察到的现象作更为广泛深入的比较和分类,它对语言所作的分类并不考虑所对比语言之间是否具有发生学上的关系。

3. 从研究范围上可分为宏观语言学和微观语言学。微观语言学研究语言结构本身,宏观语言学研究与语言现象有关的问题,即从综合的角度去研究语言与其他学科有关的现象。现代语言学重视语言共性的研究。

4. 从研究的侧重面上说,可分为理论语言学和应用语言学。理论语言学着重研究人类语言的一般理论和共同规律。将语言学研究成果用于实际领域的分科,统称为应用语言学(applied linguistics)。狭义的应用语言学主要指语言教学理论与方法的研究,广义的应用语言学还包括词典编纂、文字的制定与规范、机器翻译、人工智能、情报自动检索、失语症治疗、信息传达处理等。

三、语言学的历史

语言学是一门既古老而又年轻的科学。人类研究语言的历史,大体上可分为以下几个阶段:

1. 语文学时期(公元前 4 世纪到公元 18 世纪)

对语文学的理解有广义和狭义两种:广义是指对文学和文化系统的研究,狭义则指依据文献资料和文学作品作出的历史语言分析。语文学是指偏重于从文献角度研究语言、文学学科的总称,应属于语言科学体系。

希腊与罗马、印度、中国,均具有悠久的历史文化传统,是语文学的主要发源地。早在公元前 4 世纪和公元前 3 世纪在古代印度和希腊就建立了语法学。这就是古印度人波尼尼的《梵语语法》(也称作《波尼尼语法》)和古代希腊人狄奥尼修斯的《希腊语法》。古代罗马学者借鉴希腊人的经验研究拉丁语,瓦罗著有《论拉丁语》,并被公认为权威论著。多纳图斯著有《语法术》,长期被当作标准教材使用。在我国,语文学有着自己独特的历史与发展道路。春秋战国时期就开始了"名"和"实"的争论,汉代就诞生了训诂学。《说文解字》、《广韵》、《尔雅》等都是我国古代学者语言研究方面的不朽文献。

在这一时期人们对语言的认识还比较模糊,研究语言的目的并不是科学地认识语言,而是为了实用的目的。如有的是为了解读古代文学和历史文献。我国古代学者研究词汇的目的就是为了帮助解读古书,研究方言词汇是为了解释方言,当时,围绕汉字的字形、字音、字义进行的语文学研究便应运而生。我国的语文学旧称"小学",包括文字学、训诂学、音韵学三部分(在汉代,只称文字学为"小学")。有的是为了准确地传诵宗教经典。古代印度人为了传播宗教经典《吠陀经》,用经验的方法,对梵语语法作了精细的描述。波尼尼的《梵语语法》(又称《波尼尼语法》),就是这样一本用来讲解梵语的语音和形态的语言学著作。梵语是印度古代婆罗门教经典中所使用的语言,字面义是"人为语",即书面语。此语法由 3996 条诗歌形式的规则所组成,便于口头传诵。尽管古印度人语文学研究的成就很大,但他们研究的目的是为宗教服务,研究的范围只局限于古代宗教经典所使用的书面语,对语言的科学认识还很不够。有的则是为了更好地研究哲学和逻辑学。基于悠久的哲学研究传统,古代希腊人主要从哲学和逻辑学的角度来研究语言问题。当时哲学家们讨论较多的是物体的名称和物体本身的关系,并试图从逻辑的角度对语言作出解释。此外,阿拉伯人吸收了古印度和古希腊语文学的经验,建立了阿拉伯语法体系。约在 7 世纪至 8 世纪,古代阿拉伯人围绕着宗教文献《古兰经》进行研究,由此而出现了著名学者及理论流派。

19 世纪以前的语言研究,本身并没有形成一门独立的学科,它只是附属于古代哲学、宗教、历史、文学等书面语文献的研究。这种研究导致了语言研究的机械化,世俗化。因此,此时的语言研究未被当作专门的研究对象而被称为语文学(Philology)。但是这个时期是人类研究语言的一个重要的历史转折时期,语文学为科学语言学的诞生准备了材料,奠定了基础。

2. 历史比较语言学

19 世纪欧洲的语文学进入了一个新的时期,尤其是 19 世纪初以历史比较法作为标志的历史比较语言学的建立,使人类语言的研究进入了一个科学的轨道。在历史比较语言学的形成过程中,以下几位学者堪称鼻祖或奠基人。英国的琼斯最先发现希腊语和拉丁语、梵语之间的相似之处,并首先提出了"印欧语假设";丹麦的拉斯克研究并论证了北欧诸语与欧洲其他语言的地位;德国的葆朴(又译博普)在印欧语亲属关系的研究方面独树一帜;德国的格里姆提出了著名的"语音转变定律"(又称"格里姆定律");俄国的沃斯托克夫则研究了斯拉夫诸语言相互间的发生学关系。在上述学者之后,古尔替乌修斯、施莱赫尔、维尔纳、梅耶等学者为建立和完善历史比较法都作出了各自的贡献。德国学者洪堡特、瑞士学者索绪尔等人则利用历史比较语言学所积累的材料和研究成果,奠定了普通语言学的研究基础。

语言的历史比较研究使语言学摆脱了以往的附庸地位,从而促使语言学成为了一门真正独立的学科。但历史比较语言学具有一定的局限性,如认为只有研究语言历史的语言学才是科学,其他的研究都不是科学。这种唯我独尊的学风必然要阻碍语言学的进一步发展。而且,他们往往只注重书面语的研究,忽视活的口语的研究和语言整体的系统研究。

3. 结构语言学

20 世纪 20 年代,被称为"现代语言学之父"的索绪尔出版了《普通语言学教程》一书,从而开始了语言学史的新纪元。现代语言学跟语文学以及历史比较语言学的不同主要有三点:注重系统性、重视共时的描写、重视口语。索绪尔的学说导致了欧美结构主义语言学的产生和发展。在其去世后由他的学生编辑出版的《普通语言学教程》提出了一套新的系统的语言学理论。他严格区分了语言和言语、共时语言学与历时语言学、外部语言学和内部语言学、语言的组合关系和聚合关系等概念,明确限定了语言学研究的对象是语言而不是言语,并十分重视和强调共时语言学和口语的研究,尤其注重语言的结构体系的分析。受索绪尔的结构主义语言学思想的影响,在欧美形成了结构主义语言学的三大派别:其一是以马泰修斯、特鲁别兹科依和雅克布逊为代表的布拉格学派。该学派在继承索绪尔学说的同时,也受到了俄苏语言学的影响。他们运用结构和功能的理论与方法来解释语言,在音位与音位学的研究中作出了举世瞩目的贡献,被称作功能学派。其二是以布龙达尔、叶尔姆斯列夫为代表的哥本哈根学派。该学派把语言作为一种纯粹的符号来进行研究,所以又被称为"语符学派"。哥本哈根学派以数理逻辑等为研究手段,试图得出不变的单位语符,寻求适应于所有语言的普遍语法,并断言不同的语言是同一语言模式的不同变体,为语言的形式化研究作出了一定的贡献。其三是在美国出现的以博厄斯、萨丕尔、布龙菲尔德等为代表的美国描写语言学派。美国描写语言学派是在研究美洲印第安语的基础上发展起来的，是结构主义最大、最有影响的一个分支。该学派的领军人物布龙菲尔德1933年出版了《语言论》，主张语言学要客观地和系统地描写可以观察到的语言素材，揭示语言的系统，并努力建立一套形式化的语言分析方法。这个学派不大重视对于语义的研究，热衷于制定一套以分布和替代为标准对语言单位进行切分和归类的形式化描写方法，因此而得名为描写语言学派。这个学派对现代语言学的发展促进较大，对中国学者的语言学研究也产生了较大的影响。

4. 转换生成语言学

1957年在美国爆发了语言学史上的一次划时代的"革命"。这就是美国麻省理工学院乔姆斯基所提出的"转换生成语法"。乔姆斯基原来也是个结构主义语言学家，曾研究过希伯来语。后来他发现结构主义难以解释同形异构现象，于是就试图另辟蹊径解决使用结构主义语言学方法所不能解决的问题。他把数学中某些理论公式引进语言学，从而创立了转换生成语法。由于这个理论包含了整个语言学的内容，也有人称之为转换生成语言学。乔姆斯基的"革命"，是以他的《句法结构》(1957)的出版为标志的。1965年他又写了《语法理论要略》，提出了"转换生成语法"(transformational-generative grammar，简称为"TG")。根据这种理论，语言学的任务主要在于探索人类的语言能力。他认为语言能力是人类的天赋，而语言行为是语言能力的具体体现。他区分了"深层结构"与"表层结构"，认为语言学家的任务是揭示语言从深层结构到表层结构的转换。乔姆斯基的理论从产生到形成大致经历了三个阶段（也有人分为四个时期）。在20世纪50—60年代，乔姆斯基认为语言的语法规则全人类都一样，这就是他建立所谓的"普遍语法"的初衷。他认为语言学家应该寻找"普遍语法"并能够描写它。这个阶段以短语结构规则为其理论基础核心,在方法上的特点表现为符号化和公式化,因此在当时也被称为"形式语言学"或"形式语法"。至 20 世纪 70 年代起,乔姆斯基则以 X-标杆理论(简单地说,如果一个名词前有限定词或一个及物动词后带宾语,可以说该限定词或宾语就是一个标杆)为代表,认为每一个词本身具有的特征决定了它能带几个标杆,同时也标志着乔姆斯基的理论从句法研究转向词汇研究。20 世纪 80 年代转换生成语言学进一步发展,提出了"原则与参数理论"和"管辖与约束理论"。"原则与参数理论"认为,所有的语言都遵守普遍语法,各种语言都有参数。"管辖与约束理论"则进一步提高了解释力,将句中隐性的成分揭示了出来。20 世纪 90 年代,乔姆斯基又提出了"最简方案",被描写的步骤大大简化了,从而放弃了初期的深层结构与表层结构的研究。从短语结构到最简方案,乔姆斯基的转换生成理论经历了多次调整、补充,甚至较大的改进,极大地推进了现代语言学研究的进展。

从 20 世纪 60 年代起美国语言学的主流开始从描写转向转换。近些年来在美国又相继出现了生成语义学、格语法、层次语法、蒙太格语法、空间语法、关系语法等,描写语言学仍然占有一定地位。在欧洲,现代语言学也有了长足进展,英国伦敦学派提出了系统语言学,德国也发展了话语语言学,前苏联在语言类型学词典学、工程语言学等方面也取得了一定成果。

随着现代科学技术的发展,不同学科之间相互影响并相互渗透成为发展趋势。语言学同社会学、心理学、数学、逻辑学、信息论、神经生理学、电子计算机、通讯工程等都发生了各种各样的联系,这样就产生了许多边缘学科,如心理语言学、语言病理学、宇宙语言学、应用语言学、数理语言学、神经语言学、社会语言学等。但总体上,语言学能够解释的事实还很少。从这个意义上说,语言学仍是一门年轻的科学,还有许许多多的领域等待人们去开辟。

思考与练习

1. 什么是语言学?它的基本任务是什么?

2. 语言研究的历史可分为哪几个阶段?各个阶段的语言研究有哪些主要特点?

3. 为什么说历史比较语言学是科学语言学建立的标志?

4. 语言学有哪些分支?

5. 解释以下名词术语:语文学、历史语言学、比较语言学、描写语言学、历史比较语言学、结构语言学、转换生成语言学、历时语言学、共时语言学、一般语言学、具体语言学、理论语言学、应用语言学。

6. 根据所学知识分别对"现代汉语"、"汉英语比较"、"汉藏语研究"、"阿尔泰语系语言研究"进行学科分类。

第二节　语言学在科学体系中的地位

一、语言学是一门领先学科

现代科学的各门学科之间,都是互相渗透的。作为一门独立学科的语言学,与其他学科亦处于相互影响之中。语言学之所以能够产生对其他学科的影响,主要基于以下几点:首先,语言作为信息的载体是思维的形式,语言研究不仅是对信息及其相互沟通的研究,同时也是对思维及其对象的探索,这就决定了语言学有一个比较高的出发点和综合特点。其次,语言的构成及语言能力的形成是世代社会进步信息与优化思维的集合,因而,对语言的研究也可以揭示社会及自然发展的某些本质特征。第三,信息与思维方法乃是每门科学的命脉,人们对信息及其传导过程的研究和对思维结构方式的探索,自然将语言学提升为各方法论的先导。

科学发展史告诉我们,在现代科学体系中,语言学是一门领先的科学,其领先作用,归纳起来主要表现在以下几个方面:

1. 语言学作为思维科学,为其他社会科学相继提供过具有普遍意义的思维方法。如语言进化论是生物进化论的前驱,语言演变思想的提出比达尔文1859年提出的物种演变的进化论思想还早半个多世纪。著名的语言学家麦克斯·谬勒曾说:"在语言问题上,我是达尔文以前的达尔文主义者。"古希腊亚里士多德分析语言形式,创立了形式逻辑。我国明朝陈第的《毛诗古音考》使归纳和类比成为当时最重要的思维方法。

2. 语言学方法是众多新科学研究方法的典范和先导。由于语言学是较早地采用比较方法的一门学科,所以对其他社会科学有很大的影响。19世纪产生的历史比较语言学,为后来的社会科学界带来了比较神学、比较教育学、比较法学、比较文学等众多学科的产生。比较学科的提出可以说在某种程度上是"有意识地模仿语言学"的结果。此外,比较语言学对研究民族学(如古代民族的迁徙)、考古学、人类学、哲学、经济学等也都有着影响。如法国著名的社会学家和人类学家列维·斯特劳斯把雅格布逊和特鲁别茨柯依的音位分析方法广泛运用于人类学研究,并把他的人类学称之为结构主义人类学。他曾把语言学中的结构主义的兴起对人类科学的意义比作牛顿力学在物理学中所引起的革命。

3. 语言学的符号理论,深入其他人文科学领域。语言研究的抽象性质同数学十分接近,语言学在其方法上和成果上表现了数学和逻辑研究的特点。语言学在自然科学和人文科学之间架起了桥梁。

由于语言学在科学体系中的特殊地位,因此,在西方国家许多高等院校里,语言学是许多专业学生的必修课目或选修课目。

二、语言学是基础学科

语言学从经学的附庸挣脱出来之前,一直被视为一门基础科学。传统语言学的直接目的之一就是指导人们学习语言,至今,无论是母语教学,还是第二语言教学,语言学为之提供对语言规律的客观描写和分析。

语言学还为制定国家语言文字工作的政策和法规提供科学依据。诸如语言文字的规范化,方言地区的普通话推广,少数民族的语言文字建设,语文政策和语言文字立法等,都需要通过语言学的手段去调查研究,提供科学依据,需要在语言学理论的指导下进行具体工作。

三、语言学是应用学科

当今时代,人们对信息的需求比任何一个时代都迫切,作为新技术标志的电子计算机大量地运用于信息处理。新近出现的数理语言学、计算语言学等给人们的思维带来了新的启迪,而语义学、对比语言学、心理语言学的研究成果,则为现代科学的计算机技术,特别是目前急需解决的机器翻译、人机对话等人工智能工程带来了福音。因此,语言学广泛的应用价值得到了积极的开发和利用。可以说,语言学为新技术革命开拓了更加广阔的前景。同时,新技术革命也积极地推动了语言学的发展:首先,新技术革命要求语言学理论尽快吸收当前的一些新理论、新思想,建立起诸如计量语言学、形式语言学、心理语言学、社会语言学、文化语言学等新兴语言学分科,以使语言学自身成为囊括数学、物理学、信息论、系统论、控制论、医学、心理学、符号学、计算技术、电子技术、通讯技术、自动化技术、人工智能的大跨度的综合学科。其次,它要求语言学研究大量引进新技术,尤其是电子计算机技术,改进、完善和进一步强化研究手段,以保证研究成果的可靠性、精确性和高速度。第三,要求语言学研究加强应用研究和普及工作,深入浅出,让它从研究专家学者的"象牙塔"里走出来,以指导人们的工作和生活,发挥语言学的应有的社会效益及应用价值。

思考与练习

1. 简述语言学对其他学科产生影响并成为领先学科的条件。
2. 简述语言学作为基础学科的理论基础。
3. 语言学科的应用价值主要体现在哪几个方面?

第三节   语言学的功用

为什么要学习语言学?学习语言学有哪些用处呢?

一、指导学习语言

无论是在人类发展史上,还是在现实生活中,语言与人类的关系实在是太密切了,语言甚至可以像水或空气一样是人类所不可缺少的。人们思考问题、表达感情、交流思想、学习文化、传授知识等各种活动都离不开语言。语言在人类社会生活中的重要性决定了语言学的重要性。语言学的用途十分广泛。首先,语言学可在指导我们学好和说好母语方面提供许多帮助,使我们的学习更具有理性,同时也更富有成效。在中国,以政治、文化中心首都北京的语音为代表,以北方方言为基础发展起来的汉语普通话,是我国各民族的共同交际语,少数民族和非基础方言区的人只有通过学习才能掌握和使用普通话。即使是同一个基础方言也并不完全等于普通话,况且基础方言内部还有许多差异,操这些方言和土语的人也要学习普通话。有了语言学理论知识的人,无论你是从哪个汉语方言区来,在学习普通话时肯定要比不懂语言学知识的人学得更有效率,也更标准。

其次,学好外语(或第二语言)也需要语言学的指导。事实已经证明,按照语言学理论的指导学习外语,可以在短期内收到事半功倍的效果。如二战期间,美军急需多种外语的翻译人才,尤其是战争所在地各土著民族语言的翻译人才,当时委托著名语言学家布龙菲尔德写了《实际掌握外国语的指导提纲》(1942),并按它进行训练,仅在一年之内便训练出了数以千计的在作战中会听会说的外语口译人才,解决了战争的需要。

二、有助于提高语言教学和研究水平

语言教学和研究都离不开语言学理论的指导。正确的语言学理论对语言教学和研究工作会起到显著的指导和推动作用。研究语言更需要语言学理论来指导,以避免走弯路。要研究一种语言,首先必须用国际音标把它精确地记录下来,然后才能归纳出对立的音位,找出其语言结构体系;确定其形位与词位,进一步分析其语法结构体系。研究者之所以能这样做,都得益于语言理论。另外,文字改革、扫除文盲、推广标准语、语言规范化、改进文风和少数民族语文工作(包括制定民族语言政策和民族政策)等,都需要语言学理论指导。

三、科技现代化需要语言学

现代社会生产过程的特点之一是高度自动化,这使得人们在生产过程中处于更加积极主动的地位。电子计算机不但可以帮助人完成繁重的体力劳动,而且可以代替人进行一定的脑力劳动。人工智能的研究已经显示出许多美好的前景。如果人机之间可以直接进行信息交换，就会产生一系列给人类带来巨大便利的语言机器，如语言翻译机、语音钥匙、盲人阅读机、保密通讯的声码器，以及情报自动检索、自动排版、印刷的设备等。机器人的研制不断取得进步，不断涌现出有视觉、有感觉，甚至能思考的新一代机器人。解决人机对话的问题，不但向数学家和计算机专家提出了新的科研任务，同时也向语言学家提出了新的挑战。为了给计算机提供足够、的准确的语言结构的信息，需要对语言进行深入的研究，在各种软件的设计中离开了语言学家也是不行的。

再有，文学也离不开语言。语言学知识对于阅读、学习、鉴赏、研究文学作品是十分必要的。我们只有透彻地了解作品的语言，才能透彻地了解作品的内容，同时对作品的语言进行研究也是文学研究的一项重要任务。文学作品创作、文学翻译也同样需要深厚的语言功底和丰富的语言学知识。

此外，语言作为一种社会现象和文化现象，它涉及到语言和思维、语言与社会、语言与民族、语言与政治、语言与文化等一系列问题，语言学研究对于丰富马克思主义的哲学及重大社会问题的研究也具有重要意义。科学史表明，语言学研究成果对于一些社会科学领域重大问题的研究，甚至自然科学领域的一些问题的研究，曾提供了许多具有启发性的研究思路，并提供过一些其他学科不能提供的重要佐证。

如上所述，语言与人类社会以及我们日常的生活密切相关，我们确实有必要通过语言学知识的学习，认识人类语言的结构、基本职能，以及基本规律，并通过语言学技能的训练，掌握学习和研究语言的基本方法。

思考与练习

1. 如何理解学习语言学知识的理论价值？
2. 举例说明语言学知识的实用价值。
3. 我们应该怎样认识语言学这门课程？

参考文献

刘润清《西方语言学流派》，外语教学与研究出版社，1997年。

冯志伟《现代语言学流派》，陕西人民出版社，1997年（修订本）。

伍铁平主编《普通语言学概要》，高等教育出版社，1993年。

赵世开《现代语言学》，知识出版社，1983年。

徐烈炯《当代国外语言学：学科综述》，河南人民出版社，1993年。

第二章　语言的本质

第一节　语言和言语

一、语言和言语的区别和联系

在理解语言的本质问题时,有必要先弄清语言和言语这两个不同的概念。对这两个概念,人们在日常生活中往往不加以区分,但在语言学上二者却是不同的概念。瑞士语言学家索绪尔首次提出并加以区别这两个不同的概念,已被语言学界多数学者所认可。语言是一套符号系统,它经过祖祖辈辈的使用,以规则的形式通过约定俗成的方式凝固而成,成为人类最重要的交际工具。从语言学的角度来分析,说话包含着如下内容:1. 说是一种动作或行为,话是动作或行为的结果;2. 说话总是属于个人的,话总是由每个个人说的;3. 说话所用的词和语法规则是社会的。

以上1、2属于言语,3属于语言。简单地说,言语是说的行为和结果,语言是从言语中概括出来的词语和规则的总和,言语好比是数学中演算的过程和结果,语言则类似演算所遵守的法则和所用的数目字。

言语具有显著的个性,因为每个人的言语在发音上、遣词造句等方面,都具有个人的特点。因此有时我们只闻其声就能猜出是谁在讲话。但言语中的某些个人特点,则不应违反他所运用的语言的总的规约。就是说,每个个体的各式各样的句子中,都必须具备社会共同理解和一般遵守的规定。不同的句子中包含的词是有限的,它们可以采用不同的搭配方式反复使用,同一个词可以在不同的句子中使用,而且遣词造句都必须遵守一定的规则。总之,众多的句子使用的词语和规则总是有限的,这些词语和规则必须是全社会所理解的。而这些从无限的具有个人特点的句子中概括出来的,并由某个社会约定俗成的词语和规则的总和,即由音义结合的词汇和语法所构成的体系,就是语言。这就是说,社会因素是语言的本质因素。

　　语言和言语的区别还表现在语言的封闭性和言语的开放性上。语言中的音位、音节、词素、词以及其他规则的有限性,使语言具有封闭的性质。就某种语言来说,在某一个历史阶段,它的音位、音节、词素、词和词的组合规则都是有限的、固定的。如现代汉语一般认为只有 30 多个音段音位和四个超音段音位,音位组成的音节共有 400个,如果每个音节都有四声的区别,音节总数也只有 1600 个。虽然词素和词的数目不详,但在一定的时期内,词的数量总是固定的和有限的。每种语言的语法规则也是有限的。而按照语法规则并利用数量有限的语言材料却可以造出无限的句子。单就句子的长度来说,理论上说可以是无限长的。如:他是学生。他是大学生。他是中央民族大学的大学生。他是中央民族大学的少数民族大学生。他是从西部少数民族地区考入我国少数民族的最高学府——中央民族大学的少数民族大学生……。当然,实际上人们在交际过程中所使用的句子是不可能太长的,因为太长了会影响理解。句子的数目和样式也是无限的。如:我,一位来自中国西部偏僻山村的大学生。我曾毕业于我国少数民族的最高学府——中央民族大学。我热爱我的母校,更热爱我的家乡,我眷恋和思念着那里的每一座山,每一条河……。同样的长度,同样的词,只是组合关系不同,也能造出不同的句子来:人人为我,我为人人。人不犯我,我不犯人。数量有限的语音形式和语义内容结合成词素,数量有限的词素构成有限的词语,而数量有限的语法规则支配数量有限的词语,造出了无穷无尽的句子。这是言语开放性的具体体现。语言的封闭性,免除了人们记忆上的负担,而言语的开放性则使人们能够造出各种各样的句子,来充分满足人们不同交际的需要。

语言和言语是不同的两个概念,应把它们区别开来。但它们之间又有非常密切的联系。一方面语言存在于言语中,言语是语言存在的形式,没有言语就无所谓语言。另一方面,言语是运用语言的行为和结果,语言在言语中起着决定性的规范作用。言语总是以语言的共同规则作为活动基础的;而语言总是从言语的运用中概括和丰富自己的规则,是一种不断运动着的社会现象,语言存在于群众之中,存在于不间断的使用之中,存在于言语之中。总之,语言和言语是一般与个别的关系,是抽象与具体的关系。因此,研究语言必须从观察言语着手,注意言语中表现出的大量普遍的语言事实。

二、区分语言和言语的意义

首先,在语言学研究中,区分语言和言语具有重大的理论和实践意义。这种区分有助于科学地认识语言。以往由于人类对语言的认识是模糊的,把言语当作语言,看不出它们的区别来,即把工具和使用工具过程及使用过程中的附加物等混为一谈,造成了许多误解和不必要的争论。如今要科学地研究语言学就需要把它们加以科学的区分。

其次,有助于确定语言学这门学科的研究对象。语言学真正的研究对象和研究重点应是语言。

　　第三,有助于理解语言与言语的不同性质和特征。语言是全民统一的工具,各阶级的人之间都可以彼此交际,所以语言没有阶级性。而言语中的具体思想内容却是有阶级性的。这就是说,由于不同阶级的政治、经济、法律、道德、思想、哲学等是有鲜明的特征,因而使言语具有阶级性。语言学领域曾就语言是否有阶级性的问题进行过专题讨论,但众说纷纭,莫衷一是,是因为当时没有把语言与言语的概念区分开来。

　　第四,区分语言与言语也有助于语言教学尤其是外语教学方法的改进。

　　此外,语言与言语的区别也为言语学的建立,并推动言语的研究工作的开展奠定了基础。对于研究作家运用语言的特色,研究作品的言语风格特色,提高人们运用语言的能力和言语水平等,都具有不可忽视的作用。

思考与练习

1. 什么是语言?什么是言语?语言学中如何区别这两个概念?
2. 人们对语言为什么会有不同的看法?
3. 语言是社会的还是个人的?
4. 语言为什么没有阶级性?
5. 区分语言与言语的意义何在?

第二节　语言与符号

　　语言本身是一种什么样的存在物,古今中外的许多学者早已关注。中国的荀子,希腊的亚里士多德等对语言的符号性质做过精辟的论述。19 世纪末 20 世纪初期,瑞士语言学家索绪尔系统地提出了"语言是一种符号体系"的主张。他的发现和研究进一步揭示了语言的本质,即从语言本身的结构上说明了语言的本质——语言是一种符号体系。

一、语言的符号性

所谓符号指被约定用来指代某种事物或意义的代码或标志。每种符号都能够表示一个完整的意思。符号的种类繁多,包括视觉的(如文字、旗语、信号灯、图表、公式表情、绘画、体态、舞蹈、蒙太奇、烽火、令牌、消息树等)、听觉的(如说话声、音乐声、号角声、锣鼓声、拍手声)、触觉的(如盲文)等等。

语言是一种音义结合的听觉符号。语言符号的形式是表达一定内容的声音,即语音;语言符号的内容,即语义,必须靠一定的语音表现出来。这两个部分密不可分,如果缺少任何一部分,语言符号就不存在了。每个语言符号都是交际双方谈论到的事物或现象。如"山"、"水"、"彩虹"、"漂亮"等。语言就是由这种代表事物或现象的符号构成的一个体系。不同的语言存在着不同的符号体系。一个人掌握了某种语言符号及其组合规则,他就掌握了这种语言,就可以运用它来同别人进行交际了。

语言符号是语音和语义的结合体。但它的音义的结合是任意的,音和意义之间并没有必然的、本质的联系,也就是说,它们之间的结合是不可论证的,而完全是使用语言符号的社会自然形成或约定俗成的习惯(如"人"在不同语言里叫法不同,汉语为 ren,英语为 man,俄语为 человек,蒙古语为 xuu,哈萨克语为 adam 或 kisi)。同时,语言符号还有另一个特点,即依存性。这是指一旦某种声音和某种意义结合成为语言符号,并一经操用该语言的社会群体的公认和使用,它们就具有互相依存的关系。因此,不可把语言符号的任意性,误解为个人使用语言的随意性,也就是说,某个符号一旦进入到了符号体系之中,它就立刻要受到一定的制约,谁也不能随意改变它所代表的事物或现象。如果随意改变,必然要造成混乱。

语音、语义与符号所代表的事物之间的相互关系可图示如下:

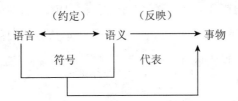

上图说明,语音、语义相结合构成语言符号,而语音和语义之间是社会约定俗成的。语义内容是人们对某一类事物的抽象概括的反映,并不就是事物本身。语言符号代表事物,但语音和具体事物之间没有直接的联系。语义是联系事物和语音之间的桥梁,没有意义即没有对事物的反映。

二、语言符号的体系性

语言是一个由各种要素和单位构成的十分复杂的体系。一般认为语言的体系性至少可以从语言符号的层级性和组合关系、聚合关系诸方面加以说明。

1. 语言结构要素及其单位

可以从不同的角度来讨论语言结构要素:从内容和形式来说,语义是内容,语音是形式。从建筑材料和结构规则来说,词汇是材料,语法是规则。而任何一个语法成分或词汇成分,又都是音义结合的统一体。总之,语言是语音、语义、语法、词汇这四个要素构成的。

语言结构要素各有自己的单位,从语音系统中划分出来的单位是音素、音位、音节,义素和义项是从语义系统划分出来的单位,从音义结合体划分出来的单位是词素、词、词组、句子、句群等。

　　2. 语言的线条性和层级性

　　语言的线条性指的是交际过程中,语言符号或者作为符号的形式的声音,只能一个跟着一个地依次出现,随着时间的推移而逐渐延伸,绝不能在同一时间里说出两个符号或两个声音。

　　语言结构要素的各个单位,在语言结构中,并非处在同一个平面上,而是分为不同的层级。语言是由各个单位在不同的层级所构成的一个层级装置。这就是语言结构的层级性。语言的层级性可以图示如下:

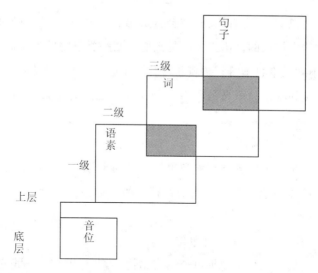

　　语言的底层是音位层。一种语言的音位通常只有几十个,但却能按照一定规则构成数目众多的组合形式,为语言符号提供足够的语音形式。如汉语普通话音段音位一般认为有 32 个,其中元音音位 10 个,辅音音位 22 个。英语的音位有 44 个,其中元音音位 20 个,辅音音位 24 个。俄语的音位有 42 个,其中元音音位 6 个,辅音音位

36 个。底层的音位还只是构成符号的形式,有音而无义。而由音位组成的语素却是音义结合的符号。如汉语 m 和 a 分别是现代普通话中的两个音位,它们所组成的词根语素 ma(妈、麻、马、骂)则是音义结合的符号。语言的上层是语言符号和符号的组合体。它分为三个等级。第一级是由音位组构成的语素,即构词的基本材料;第二级是由语素构成的词,即遣词造句的基本材料;第三级是由词构成的句子,即进行言语交际的基本单位。如果说从底层到上层之间是质的提升或转变,那么,上层的各级之间则主要是语言单位量的变化。几十个音位可以组成几千个语素,由几千个语素组成的词的数量可以多到几十万,由于词的多义性又使词的数量成倍扩大。词和词组相加的数量又可多到几百万,而由它们再组成的各种句子的数量可以说是无法估量的。人类就是通过这样一个巧妙的符号组合体系说出丰富多样的话语来的。

三、语言符号的组合关系和聚合关系

语言符号系统内部的符号与符号之间是依据组合关系和聚合关系来运转的。语言的组合关系指在同一话语中,两个以上有限要素之间的横的结构关系。它是以时间延伸为支柱,并按一定规则依序显现的语言成分。如:①我踢足球。②你打电话。③他写论文。④我们爱家乡。⑤你们吃海鲜。⑥他们逛公园。可以说语言中两个以上要素有规则的结合,都属于组合关系的范围。语素可以组合成词,词可以组合成词组和句子。凡孤立的要素都不属于组合关系的范围。与组合关系相反,聚合关系是不在同一话语中,无限或有限要素之间的纵的连带关系,它以空间扩展为支柱,同时是隐含的,能引起联想的语言成分,如"人民"这个组合在头脑中能引起联想的有"人类、人种、人口、人丁、人员、人手、人世、人身、人力、人生、人文、人道、人权、人工、人缘、人称、人气、人海……"等。

总之,组合关系是"横"的线性序列关系,聚合关系是"综"的类聚替换关系。它们可大致图示如下:

组合关系

①我踢足球	我	踢	足球
②你打电话	你	打	电话
③他写论文	他	写	论文
④我们爱家乡	我们	爱	家乡
⑤你们吃海鲜	你们	吃	海鲜
⑥他们逛公园	他们	逛	公园

聚合关系

组合关系和聚合关系是语言系统中异常重要的关系,语言符号系统中的各种符号均处在这两种关系之中。人类语言的层级系统正是通过这两种关系的运转而完成交际的。我们也是通过这两种关系来梳理、归纳和分析人类错综复杂的语言现象的。

思考与练习

1. 如何理解语言是一个符号系统?
2. 语言符号系统有哪些特点?
3. 语言符号系统有哪些层次?各层次之间有何种关系?
4. 如何理解语言的组合关系和聚合关系?

第三节　语言的功能

语言的交际功能和思维功能是语言的两种最主要的社会功能。

一、语言与人类交际

语言是传递信息的代码。运用语言进行交际的过程虽然是瞬间完成的事情,但其中包含着一系列复杂的问题。运用语言进行交际的过程实际上就是信息传递过程,其中包括"编码—发出—传送—接受—解码"等几个阶段:说话人为了表达某一信息,首先需要寻找词语,并按语言规则编码;编码完成后,通过发送输出,口语的发送是通过人们的肺、声带、口腔、鼻腔、舌头等发音器官完成;信息一经输出,声音通过空气传递,到达听话人一方;听话人利用听觉器官接受信息,并进行解码,将听到的声音还原成有意义的信息加以理解。人们通过语言彼此传递信息,交流思想,人类社会生活中离不开语言。语言是属于人类的,只有人类才具有使用语言这个交际工具的能力。因此,语言首先作为一种交际工具出现。语言的这种交际功能在组成人类社会、协调人们的共同工作,组织和发展社会生产,丰富科学文化等诸方面都具有重要的作用。

人类社会现有的交际工具不单是语言一种,除了语言以外,文字、旗语、红绿灯、电报代码、数学符号、化学公式等各种符号都具有大小不同的交际功能。此外,身势、表情非语言交际方式也都在交际中发挥着一定的作用,并在某种程度上弥补了语言的某些缺陷和不足。如文字是记录语言的符号,打破了语言交际中时空的局限,有了文字,人类历史才开始进入了文明时代。因此,文字是人们交际时的一种非常重要的辅助工具。但文字在交际中的重要性远不如语言,一个社会集团可以没有文字,但却不能没有语言。目前世界上的多数语言都没有文字。没有语言,社会就难以生存和发展。从另一方面说,文字是在语言的基础之上产生的,人类社会具有文字的历史也不过数千年,而在文字产生之前,语言就已经存在几十万年了。其他符号、身势、表情等虽然都有其特殊的服务领域，但不能独立地存在，使用范围也有限，而且在人类社会生活中的重要性和灵便性等也比不上语言，都必须依附于语言和建立在语言基础之上。

各种动物也在某种程度使用着属于它们自己的"语言"。如蜜蜂等动物可通过有声或无声的表达形式传递各种不同的信息。但是动物之间所谓的"语言"处于较低级状态，在各方面都无法与人类的语言相比。人类语言的特殊性表现在以下几点上，一是人类语言具有社会属性、心理属性和自然属性。而社会属性是根本属性。二是人类语言是一种音义结合的词汇系统和语法系统，具有明晰的结构单位。第三，人类语言具有任意性。这也是人类社会语言多样性的一个重要原因。第四，人类语言具有能产性。人类可以通过有限的声音和成分传递出无限的信息来。第五，人类语言具有传承性。人类社会中的每一个成员都可以通过父辈学习语言，并还可口耳相传或通过其他形式传承给后代。因此，语言是人类独有的交际工具。由于各种生理和心理上的根本差异，人以外的动物是永远学不会人类的语言的。

虽然人类社会的人可划分为不同的阶级、阶层、行业和其他各种社会集团，但语言对人们来说却是一视同仁的。不同阶级的人说出的话其内容是有阶级性的，但他们所使用的语言却是共同的。语言不是为某一个阶级创造的，创造出来的语言也不是为了满足某一个阶级的需要。因此，我们说语言是没有阶级性的，具有全民性。

当然，社会成员在具体运用语言表达思想时，都会不同程度地带有各自的个性特点。这就使语言由于性别、年龄、职业、文化程度等因素的不同而出现了各种变异形式。此外，语言还可以因使用场合的不同表现出不同的变异形式。如在正式的场合说话和随便谈话时风格大不一样。这些社会变异和风格变异都是全民语言的不同表现形式。尽管人们说话有方言的不同,有风格上的不同,但并不因为表达上的差异而影响相互的交际和理解。

二、语言与人类思维

对语言和思维的关系,长期以来一直存在着两种截然对立的观点。一种认为二者毫无关联,思维无需语言照常进行;另一种则认为语言是思维的唯一载体,没有语言就没有思维。目前大多数人认为这两种观点都有失偏激。我们认为,思维属于心理学范畴,应首先对思维进行类型上的划分,并根据不同的类型的思维模式进行具体的分析。

1. 思维类型

思维是认识现实世界时的动脑筋的过程,也就是动脑筋时进行比较、分析、综合以认识现实的能力,是人脑的一种特殊机能。和思想不同,思想是思维的产物,是人们对现实世界的认识。我们可以说有资产阶级的思想,但不能说有资产阶级的思维。思维机能是每一个正常人都有的,但具体运用概念和逻辑规则而组成的思想却具有明显的阶级性。它与思维是相随的,没有思维就没有思想,没有思想活动,思维也只是潜在的。思维的类型有不同的划分方法,一般可分为两种类型,即形象思维与抽象思维。形象思维主要依靠形象进行思维活动的思维类型,又可分为直观动作思维和表象思维。直观动作思维指进行思维活动时,能直接感受真实在场的形象,并通过思维者本身的动作去影响思维对象的思维类型。这种思维类型还可根据其发展阶段分为低级阶段和高级阶段。还未学会说话的儿童的思维主要凭借本能的动作进行思维,这种方式属于低级思维阶段。一个技师检查有故障的机器,找出原因,构成一定判断,为修复机器应采用哪些措施时候所采用的思维形式,以及杂技演员表演、球类运动员比赛时的思维类型属高级阶段,也称技术思维。表象思维指思维时在头脑中唤起表象,并在形象中对表象进行加工改造的思维。表象思维也可分为低级阶段和高级阶段:儿童想象自己在云海里飞翔,科幻片里的许多情节都是这种表象思维的产物,属于表象思维的低级阶段。表象思维的高级阶段是艺术思维,如画家、音乐家、雕塑家、作家和从事文艺创作活动的人一般较擅长于表象思维。概念思维(或称抽象思维)指运用概念、判断和推理的形式进行的思维类型。由于运用的是抽象的概念,而不是具体的形象,所以也叫理论思维。抽象思维主要依靠语言进行思维。人们掌握了语言,也就掌握了这种思维的能力。

2. 思维与语言的关系

思维与语言是两种独立的现象,思维的类型不同,与语言的关系也随之不同。形象思维的低级阶段是人和动物所共有的。在这个阶段上,思维可以依靠具体形象来进行,是非语言思维。就是说,这时的思维除了语言以外,还可以依靠别的载体。形象思维的高级阶段,往往属于掌握了语言的人类独有的。这时人的思维呈现出复杂的情形,各种思维类型常常交替使用。这时的思维活动中,语言不但可以参加而且可以起到主导作用。

抽象思维与语言是不同的两个概念,二者之间存在着对立的关系;但另一方面,抽象思维又是一种语言思维,二者之间存在着相关依存和统一的关系。就是说,抽象思维必须依靠语言来进行。如人们在认识事物时,把那些外貌相近、用途相同的事物的共同特征概括出来,排除那些偶然因素和次要因素,指出其主要的决定性因素,这样的思维过程便是抽象思维。如"桌子"的概念就是抽象概括出来的，我们知道"桌子"有大桌子、小桌子、方桌子、圆桌子、三条腿的桌子、四条腿的桌子、带抽屉的桌子、不带抽屉的桌子、餐桌、写字台等不同类别，但它们都有共同的用途和大致相同的样式，由此归纳出"桌子"这样一个总概念。这种概念必须要有一种载体来加以固定和反映，这种载体便是语言。从总体上说，语言是思维的工具，也是思想交流的媒介。

抽象思维虽然是一种语言思维，但它毕竟不是语言。在本质上与语言不同。语言是载体，属物质的范畴，其构成要素是语音、语义、词汇、语法，具有鲜明的民族性；思维是运用工具的主体，属精神范畴，其构成要素是概念、判断、推理等。抽象思维的形式具有普遍性，不同民族之间的抽象思维的形式之间并没有什么本质上的差异。此外，抽象思维虽然是语言思维，其概念、判断、推理等需由语言的词汇和句子来固定和表达，但它们之间的关系又不是一对一的关系。我们从语言表达的概念的多义性中能够看出，一个词可以表示多种概念，一个概念也可以由多个词来表现。

思考与练习

1. 思维有哪些主要类型？
2. 语言与思维有什么区别？如何看待语言与思维的关系？
3. 为什么说语言是人类最重要的交际工具？
4. 语言符号和实物符号有何异同？

第四节 语言与人类社会

一、语言与人类社会的关系

　　在一定的社会环境和语言环境中，一个正常人一般到 5 岁左右便会说生活中所必需的话了。语言是在一定的社会环境中后天习得的，不是天生遗传的。生理上正常的儿童，在什么样的语言环境下成长便可习得什么样的语言。离开人类社会就没有语言。美国有个叫哈尼尔（Haner）的人，毕生研究猿类的语言。他经过无数次实验，详细地记录了猿类可能发出的各种表达情绪的方式，并将其研究成果结集出版了《猿类语言》。在这本书中，他得出的结论是："猿根本不能进行有联系的谈话，他们的言辞仅限于以同样的方式重复某种叫声。如果由此推想他们的谈话是具有高度的社会性质，那就是轻浮的武断。"近几百年来，世界各地发现了许多在兽群里长大的孩子，如熊孩、狼孩、虎孩，甚至猪孩等。这些在兽群里成长的孩子，由于长期脱离人类社会，开始学会的是兽群的言行，后经人类的调教，接触了人类社会后，有些才逐渐学会了语言。这些事实都证明了没有人类社会就没有语言。同时，语言的发展也随着社会的发展而发展。如汉语从古到今发生了巨大的变化，以至于我们如果不对甲骨文作专门的研究，难以理解古代汉语，但现代汉语就是从甲骨文时代发展衍变而来的，在这几千年的发展过程中，如果没有中国社会农业生产的发展，没有政治、经济、文化的发展做纽带，维系它们之间的联系，那么汉语的发展也是不可能的。此外，语言还随着社会的消亡而消亡。如宋朝时期我国西北有个西夏国，当时不但有西夏语，还有西夏文。随着中国社会历史的发展，说西夏语的党项族与其他民族融合了，现在我们虽然可以见到西夏文文献，但这种语言已随着西夏族的消亡而退出了历史舞台。

　　反过来，社会也不能没有语言来维系各成员之间的联系。人类有了交际的需要产生了语言，人们通过语言来协调一切活动中的动作,交流生产经验等。社会一旦失去语言,便会崩溃,无法继续发展。因此,语言是一种社会现象。

二、不同的社会使用不同的语言

人类社会分为不同的群体、族群、民族。不同的人虽然生理结构基本相同,但他们使用着不同的语言,使世界上的语言具有多样性的特点。人类语言虽是音义结合物,但是用什么音表示什么样的语义却没有固定的必然的联系。因此,我们就看到了这样一种情况,即同样的意义在不同的语言中用不同的语音表示,如下图:

语言	汉语	英语	俄语	达斡尔语	维吾尔语	苗语(川黔滇方言)	侗语
H_2O"水"	ʂui^{214}	water	βoдa	ɔs	su	tɬe^{31}	nam^{31}

反过来,同样的语音可能会表达不同的意义。ʂu 在汉语里表示"书",而同样的音在苗语(川黔滇方言)里表示"脏"。在同一语言里,也有同样的声音表示不同意义即一音多义的情况,如汉语的 péi,可表示"培"、"陪"、"赔"三种不同的意义,由说话人根据其交际需要而具体使用不同的意思。又如哈萨克语的 at 既表示"名字",也有"马"的统称和"成年马、坐骑"等意思。人类语言中这种音义之间没有固定、必然联系的现象,人们很早就已经认识到,如早在两千年前我国的荀子在《荀子·正名》中就对此阐述了自己精辟的论断:"名无固宜,约之以命,约定俗成谓之宜,异于约则谓之不宜。"由此在汉语中也留下了"约定俗成"这样一个成语。

三、语言是一种特殊的社会现象

社会现象一般分经济基础和上层建筑。所谓经济基础是指社会经济制度,是社会发展到一定阶段的社会经济制度,是人们的生产关系的总和。上层建筑指的是社会的政治、法律、宗教、艺术、哲学的观点和同这些观点相适应的政治、法律等设施。有什么样的经济基础，就有相应的上层建筑，并为一定阶级服务。语言不是经济基础，也不是上层建筑，更不是生产力，它不是基于某种经济基础之上产生，也并不由某一阶级所创造，它是全社会成员在社会历史全部进程中创造的，是一视同仁地为不同的经济基础和不同的阶级服务，它与其他社会现象具有本质上的不同。总之，语言是一种特殊的社会现象，是许多时代的产物，它的变化是极其长久的。这是语言的本质特征。

思考与练习

1. 举例说明语言是一种社会文化现象。
2. 简述语言与社会的关系。
3. 为什么说语言是一种特殊的社会文化现象？

参考文献

马学良主编《语言学概论》，华中工学院出版社，1981年。

叶蜚声、徐通锵《语言学纲要》，北京大学出版社，1981年。

岑运强主编，伍铁平审定《语言学基础理论》，北京师范大学出版社，1994年。

索绪尔《普通语言学教程》，商务印书馆，1980年。

Bloch, B. & Trager, G.《语言分析纲要》，商务印书馆，1965年。

伍铁平《语言与思维关系新探》，上海教育出版社，1990年（增订本）。

第三章 语音

第一节 语音和语音学

我们生活的世界,每时每刻都能听到各种各样的声音。其中说话的声音,是人类社会最重要的声音。如果没有有声的语言,人类就无法表达各自的思想,进行正常的交际。人类说话的声音就是语音。语言是音义结合的符号系统,语音是语言的重要组成部分。具体说来,语音是由人的发音器官发出来的代表一定意义的声音,是语言存在的物质外壳。语音和语义形影不离,没有语音,人们就表达不了思想,也将无法进行交际。研究人类说话声音的学科就是语音学。

一、语音的单位

进行科学研究,必须把研究对象分成一个个最小的单位,然后研究这些单位的性质、相互关系以及它们的组合规则。研究语音,也是这样,必须对语音进行切分,找出语音的最小单位。在语音的研究中,要认识到人说话时发出的声音不是圆圆一团的,而是可以细分的。有的词听起来似乎是一个音,但实际上是由两个或两个以上的音组成的。例如汉语的"他"(t-a),"快"(k-u-a-i)。这是没有语言常识的人所认识不到的。所以,只有确立了切分的观点,才能对语音进行科学的研究。

人们说话发出一连串的声音就像一股水流,我们把这一连串声音叫做语流。如果把语流中的音从音质的角度来切分,分到不能再分的时候,得到的最小语音单位就是音素。因此,音素就是人类语音按音质的不同划分出来的最小语音单位。如上所举的"他",就是由[t]、[ɑ]两个音素组成。

人类的语言在声音上千差万别。不同人的发音有不同的特点,使得语音具有鲜明的个人特色。熟人之间通电话,一方往往只要说"我"或者"是我",另一方就能判断对方是谁。同一个人反复发同一个音也会不同,每次张嘴的程度,舌头的前后,用力的大小以及延长的时间不一样,即使只有细微的差别,发出来的声音也会不同。比如ɑ,同是一个人每次发出的 ɑ 音有可能不同。那么我们是不是需要把这许许多多不同的 ɑ 都看作不同的语音单位呢?没有必要。因为这些差别非常细微,只有实验室的仪器才能显示,即使人的听觉能够察觉,由于它不构成理解上的区别,也没有必要加以区分。可见,在确定语音最小单位时,语言学家对于某些细节是有一定取舍的。

世界上的语言有数千种,但音素的数目是有限的。在语音学中,常谈到的音素只有 200 个左右。至于某一具体语言,音素数就更有限。音素的划分是分辨语音和分析语音的基本步骤,也是字母拼音的基础。需要注意的是:音素不同于字母。音素是语音的最小单位,而字母是书写的最小单位。通常用一个字母表示一个音素,如汉语拼音方案的:d -[t],t -[tʰ]用字母 d、t 表示音素[t]、[tʰ]。但也可以用两个字母表示一个音素。如:zh -[tʂ],就是以两个字母 z 和 h 表示音素[tʂ]。

二、语音的研究

同为人类重要的交际工具,语音不像文字那样,可以书写并保存下来。它由口中发出,转瞬即逝。想要捕捉它并进行分析,并不是一件容易的事。

　　言语的交际实际上就是发生在说话人大脑和听话人大脑之间，彼此不断转换的一连串心理、生理和物理的过程。这个过程可以分为"发音—传递—感知"三个阶段。第一阶段，说话人的大脑发出指令，发音器官接到指令后发出声音，这是一个从心理现象转换到生理现象的过程；第二阶段，语音以空气为媒介，传递到交际者的耳朵里，这是一种物理现象；第三阶段，语言通过听觉器官被听话人的大脑所感知，这是一个生理现象转换到心理现象的过程。

　　语音的"发音—传递—感知"三个阶段，分别对应于语音的"生理—物理—心理"三个方面的属性，分别由发音语音学、声学语音学、感知语音学这三门语音学的分支学科来研究。可见，要全面了解语音的特性，需要从生理、物理、心理各方面进行分析研究。

　　传统的语音学主要是从听音、记音入手来研究语音的。凭着天赋和严格的训练，靠耳朵听辨语音，用一定的符号把听到的声音记录下来并加以分析。在语音研究的初级阶段，语音学家们主要通过这种办法来研究各种语音单位，研究它们的组合以及变化，归纳出语言和方言的语音系统。

　　但是人耳听辨语音的能力毕竟是有限的，为了更客观、更精确地记录和描写语音，20世纪初的语言学家开始借用一些生理、物理和医学方面的仪器来辅助口耳器官进行语音的审定。例如用喉镜观察声带发音，用波纹计测定语音变化，用X光照相测定发音部位等。这方面的研究逐步发展成为一门独立的学科，叫做实验语音学。实验语音学实际上只是语音研究的一种现代化手段，因为现代语音学的三个分支的研究都离不开实验仪器，否则是很难得到令人满意的成果的。随着现代科技的发展，又不断出现许多新的仪器，例如可以把语音变成可见图像的语图仪,磁带录音机更是大大方便了过去的语音研究。尤其是 70 年代以后,电子计算机的普遍运用给语音学的发展带来了极好的条件。现代语音学利用它揭示出许多过去不可能观察到的语音现象,丰富和修正了传统语音学的某些解释和理论,也提出和扩展了新的研究领域。例如与语音密切相关的声学、生理学、心理学、医学、电子学等许多学科都直接或间接地需要语言学知识,言语矫正、通信工程、自动控制以及人工智能等方面的研究也都需要语音学研究的配合,这一切把现代语音学推向了现代科学的前沿,使其成为一门和诸多学科交叉的综合性边缘学科。

语音具有自然属性。因为它由人体的发音器官发出,受到生理构造的制约,是一种生理现象,而且它又是一种声音,通过空气传播,具备一切声音的基本特征,受到物理规律的制约,也是一种物理现象。语音又具有社会属性。因为语音由人发出,又由人接受,形成声音的心理印象,受到心理的制约,因而还是一种心理现象。任何一种语言都有自己的语音系统,这种语音和语义的结合具有社会性。同样是表达温度高,为什么在汉语里说"热",在英语里说"hot"? 同一个音[ai⁵¹],为什么在汉语里表示"爱",在英语里则表示"我"? 这些都是由语音的社会性决定的,语音的本质属性是社会属性。认识语音的本质及其相关特性,是学习语音的基础。

三、语音学

语音学是研究语音系统的科学。它研究语音的成分、结构、发展、研究方法和语音运用问题等,是语言学的一个分支学科。人类关注语音的声音远远早于语言的整体。如我国的小学就对字的形、音、义进行了研究,音韵学更是专门研究汉语语音的学问。在古代的欧洲和印度也有不少研究语音的著作。不过那时研究的大都是关于某种具体语言的声音,至于对人类语言发音原理的研究还是近百年来的事情。人们首先从生理的角度弄清了语音是怎样发出的,在一个世纪前完成了发音原理的研究。从 20 世纪 40 年代起,随着电子声学技术的发展,人们把语言传递中的音波变为图像,揭示语言的种种物理表现,建立了音响学,也叫声学语音学。20 世纪 70 年代以后,语音研究深入到听觉和感知的领域,研究人的耳朵是怎样接收语音、怎样把它传到大脑、再由大脑进行分析和感知的。感知语言学中最复杂的问题是大脑如何处理语音的机制问题。

人们用语言交流思想时要经过"发音—传递—感知"三个阶段。由此可以把语音学概括为三个分支:

(一)发音语音学(发音学)。发音语音学主要研究发音器官在发音过程中的生理特征,又称生理语音学。传统的语音学根据发音对音素进行分类,属于发音语音学。它是各种现代语音学分支学科研究的基础。

(二)声学语音学(音响学)。声学语音学主要研究语音在传递阶段的声学特征。又称物理语音学。它借助于电子仪器和其他声学分析仪器,对语音进行声学实验分析。目前,声学语音学研究的热点是语音合成和识别。语音合成是指让机器发出高度仿声的语言。较高级的语音合成方式是事先把语音分解成声学参数,计算机根据需要自动取出有关的声学参数,把它们按照规则进行合成,产生出语音的音波。语音识别是让机器能够识别人的语音。目前迫切需要解决的问题是如何能从不同的人的说话声音中找到共同的语音特点,让机器听懂人说的话,使人机对话的工作大大向前推进一步。

(三)感知语音学 。以语音在感知阶段的生理和心理特征为研究对象,即人的耳朵是怎样听到声音、大脑是怎样理解声音的。又称听觉语音学或心理语音学。感知语音学是语音学中的新兴分支学科，它的产生和心理语言学、人工智能研究的发展密切相关。因为心理语言学研究语言习得和语言使用的心理过程，需要从语音入手，而人工智能研究为了让计算机听懂自然语言，需要弄清人类是怎样通过语音理解意义的。

语音学还可以根据研究目的和研究方法的不同划分出一些分支：

（一）普通语音学。它研究人类语言的声音构成，即研究人类语音的一般特征。

（二）专语语音学。它研究个别语言的声音构成，如研究汉语的叫做汉语语音学，研究英语的叫做英语语音学，研究蒙古语的叫做蒙古语语音学。

（三）历史语音学。它主要研究某个具体语言的语音的历史演变及其发展规律。

（四）比较语音学。它用比较的方法研究两种或多种语言的语音之间的异同和对应规律。

（五）应用语音学。它把语音研究的成果应用于各个部门，解决从社会生活中提出的与语音相关的各种课题。

（六）实验语音学。这是一门较早兴起的边缘科学。它运用物理学、数学和生理学上的方法，采用精密仪器对语音进行分解和合成，并应用于科技领域，使语言学和自然科学结合起来。因此，我们今天所说的实验语言学是使用机器或电子装置进行各种语音研究的总称。

以上种种，都是语音学所要研究的内容。细一点区分，可以分为发音语音学、声学语音学、感知语音学、音位学、音系学、实验语音学等 6 个分支学科,粗一点分可以把声学语音学和感知语音学、实验语音学合并,音位学和音系学合并。这样,语音学就可以分为发音语音学、实验语音学、音系学三大分支学科。作为语言学基础知识的语音学,我们主要讲授生理语音学(发音语音学)、音位学、音系学的内容。

思考与练习

1. 什么是语音?什么是语音学?
2. 举例说明什么是音素?为什么要划分语音的最小单位?
3. 从传统语音学到现代语音学,语音的研究发生了哪些变化?
4. 言语的交际分为哪三个阶段?
5. 语音研究可以分哪些方面?
6. 根据"发音—传递—感知"怎样划分语音学的分支?
7. 根据研究目的和研究方法的不同又如何划分语音学?
8. 为什么说感知语音学是语音学中的新兴分支学科?
9. 怎样理解语音学是一门和诸多学科交叉的综合性边缘学科?

第二节　语音的性质

一、语音的自然属性

语音的自然属性主要指语音的生理属性和物理属性。

(一)语音的生理属性

语音是由人的发音器官的活动所发出的声音,任何一个语音的发出,都是人的发音器官各部分协调动作的结果,这是语音的生理基础。要了解语音的发音原理,首先要弄清发音器官的构造、它们的活动情况及其配合方式。

　　人体的发音器官可以分三大部分:动力部分(肺、气管、支气管)、发音部分(喉头、声带)、共鸣部分(口腔、鼻腔、咽腔)。这些人体的发音器官组合在一起,就像一架乐器,不但可以发乐音,而且还能够发大量的噪音。乐音是声带振动发出来的音,音波复杂而有规则;噪音的发音体主要是口腔的有关部位,有时伴随着声带的振动,发出的音波复杂而不规则。元音都是乐音,辅音大部分都是噪音。

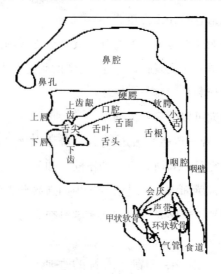

发音器官简图

　　从下往上、从里往外看,空气通过肺部的收缩和扩张呼出或吸入。人类用呼出的气流作为发音的原动力(只有个别语言中的极少数音是利用吸气发音的,比如汉语海南岛海口方言、非洲某些语言中的某些音),气流从肺部出来,经过支气管和气管,到达喉部的喉头。喉头的外表是喉结,由软骨构成,下接气管,上通咽腔。这里有重要的发音体即声带,只有它是专门的发音体。声带是两片平行的有弹性的小薄膜,前后两端粘附在软骨上,可以闭拢或打开,中间的空隙是声门。发元音时,声带并拢,声门处于关闭状态,气流冲击声带,使它发生振动;不说话或者发清辅音的时候,声门张开,气流自由通过,声带是不振动的。

气流出了声门进入咽腔。咽腔在喉头上面,位于声带和小舌之间,是口腔、鼻腔、食道的汇合处。咽腔和喉头之间是会厌软骨,它像一道闸门,在呼吸或说话的时候打开,让空气自由出入;在吃东西的时候就关上,让食物进入食道。

从咽腔再往上,有两条通道:一条通向鼻腔,一条通向口腔。软腭和连在一起的小舌起调节气流通道的作用。这是又一道闸门,当它抬起时,可以抵住喉壁,堵塞鼻腔通路。气流从口腔通过,发出的音就是口音。软腭和小舌下垂时,打开了鼻腔的通路,口腔部位形成闭塞,气流从鼻腔通过形成鼻音。发鼻音时,鼻腔主要起共鸣作用,口腔是一个副共鸣腔。还有一种发音状态,即软腭和小舌居于中间,处于一种既不升也不降的状态,此时气流同时从鼻腔和口腔通过,形成带鼻音色彩的口音,即鼻化音(口鼻音)。

气流出了咽腔通过口腔时有两种可能:或者自由通过,或者需要克服一定的阻碍。口腔内有很多形成阻碍的方式,口腔的形状也可以发生变化造成不同形状的共鸣器,这些因素都会影响到音质。口腔是非常重要的发音器官,学习语音学需要对口腔的构造有一个细致的了解。

口腔的最前端是上唇和下唇。往里是上齿和下齿。在口腔下部,下齿龈往里是下颚,下颚的上下活动决定着口腔的开合。在口腔的上部,上齿龈往里是上颚,整个上颚分为前后两个部分,其中前部是硬腭,后面的较柔软的部分是软腭。能够活动的小舌连接在软腭后面。口腔中最灵活的发音器官是舌头。舌头从前往后依次可以分为舌尖、舌叶、舌面三部分,其中舌尖是指舌头的尖端;舌叶是指舌头自然平伸时,相对于齿龈的部分;舌面是舌叶之后的部分。舌面又可细分为舌面前、舌面中、舌面后三部分。舌面后就是通常所说的舌根。

上述各种发音器官有些是能够自由活动的,比如唇、舌、下颚、软腭、小舌、声带等,它们叫做主动发音器官(积极发音器官);其他部分比如上齿、齿龈、硬腭等是不能自由活动的,叫被动发音器官(消极发音器官)。主动发音器官接触或者靠近被动发音器官,从而发出各种不同的声音。

(二) 语音的物理属性

我们知道,声音是由于物体振动而产生的。物体受到外力的作用,发生振动,从而使周围的空气发生振动,形成音波。音波传入人耳,振动鼓膜,刺激听觉神经,使人产生声音的感觉。一切声音都具有物理属性,语音也不例外。语音具有音高、音强、音长、音质四个方面的物理特征,我们可以就这四个方面来认识语音的物理属性。

1. 音高。音高是指声音的高低,它取决于声带振动的频率,即单位时间内振动的次数。声带振动快、次数多、频率大,声音就高;反之就低。在外力作用相同的情况下,短、小、细、薄、紧的发音体振动快,声音就高;长、大、粗、厚、松的发音体振动慢,声音就低。一般而言,青年女子、儿童的声带较短、较薄,声音就高一些;成年男子的声带较长、较厚,声音就低一些。无论男女,到了老年声带和喉头的肌肉变得松弛了,声音都会比成年时要低、要粗。同一个人发出的声音也会有高低之别,这是因为人能够通过喉部肌肉运动控制声带的松紧,使同一个音发出不同的音高。

有声调的语言,音高具有区别意义的作用。比如汉语的"妈、麻、马、骂"四个音节就是靠音高的不同来区别的。

2. 音强。音强是指声音的强弱，它取决于振幅。声带振动幅度大，声音就强；振动幅度小，声音就弱。发音时用力的程度和气流量的大小都会对声带振幅的大小产生影响。用力大，气流强，声音就强；反之，声音就弱。我们常说的声音洪亮有力、轻柔屡弱或者高声叫喊、低声细语，指的都是声音的大小，就是从音强这个角度说的。

在一些语言中，音强即轻重音的不同，具有区别词汇意义和语法意义的作用。比如英语 record['rekəd]（记录；录音，名词）～record[ri'kɔːd]（记录；录音，动词）。它们词汇意义或语法意义的不同，就是由于重音位置不同导致的。汉语也不能混淆有轻重音区别的词，否则就会造成误解。比如"兄弟"的"弟"，重读指"哥哥和弟弟"，轻读则指"弟弟"。"好些"的"些"，重读是"许多"的意思，如"家里来了好些人"；轻读则指"好一点"，如"他的病好些了吗？"

3. 音长。音长是指声音持续时间的长短，它取决于声带振动时间的长短。振动持续时间长，音长就长，反之就短。声音的长短反映在语音上就是长短元音，长短元音的对立具有区别意义的作用。比如柯尔克孜语的 tar（狭窄）～taːr（口袋），toq（饱）～toːq（鸡），区别就是由于元音长短的对立造成的。

4. 音质。音质是指声音的性质、口质、特色，又叫音品、音色。音质是声音四要素中最重要的一个，是一个声音区别于其他声音的基本特征。音质的不同，主要取决于发音体振动的形式。一般的声音是由发音体发出的一系列振动复合而成的，在这些振动中，由频率最低的那个振动发出的纯音叫基音，其他的纯音叫陪音，也叫泛音。陪音的频率都是基音的整数倍，由于陪音不同，基音与陪音的比例关系不同，即振动形式不同，形成不同的音质。具体来说，以下三个因素都会造成不同的音质。

①发音体不同,造成振动形式的不同。北京话的 sh[ş]和 r[z̧]都是舌尖后音(通过舌尖卷起节制气流发出的音),气流通过口腔摩擦而出。但在发 r 音时,除了满足上述两个条件之外,还要振动声带(浊音,带乐音成分)。声带是发音体,因此 sh 和 r 的差别就是由于发音体的不同而造成的。

②发音方法和方式不同,造成不同的振动形式。用弓拉弦还是用手指拨弦,音质显然不同。北京话的 g[k]和 h[x],虽然都是由气流受阻发出来的,但气流克服阻碍的方式不一样。[k]是舌根抵住软腭,气流冲破阻碍而成,[x]是舌根靠近软腭,气流从缝隙中通过。也就是说,g 和 h 虽然都是不送气的清辅音,但由于二者克服气流阻碍的方式不同,造成了它们的区别:一个是塞音,一个是擦音。

③共鸣器形状的不同,造成不同的振动形式。京胡和二胡虽然都以琴筒为共鸣器,但它们的琴筒形状及大小不同,即使系上相同的琴弦,用同样的弓拉,也会拉出不同的乐音。北京话 a 和 i 的差别,就是由于口腔这个共鸣器形状的不同造成的。发这两个音时,声带都振动,舌位也都靠前,它们的差别是由舌位高低(口腔开合度大小)不同造成的。

不同的人发音都有音质上的特殊性,不过在描写和分析语音时,在一般情况下,不同人之间的差异可以忽略不计。

除了从声音四要素的角度分析语音的属性之外,所有的声音都可以分为乐音和噪音两大类。乐音是由有规则的音波构成的,和谐悦耳,如弹琴吹笛发出的声音;噪音是由许多不规则的音波凑合而成,嘈杂刺耳,如打铁、刹车发出的声音。语音中单纯由声带振动发出的音是乐音,元音都是乐音;声带不振动,只是气流受阻后冲破阻碍发出的音是噪音,清辅音是噪音;声带振动,同时气流受到某种阻碍发出的音,是乐音和噪音的混合物,浊辅音是带乐音成分的噪音。

二、语音的社会属性

严格说来,语音的自然属性是一切声音的特征,不是语音区别于一般声音的基本特征。语音基本特征是语音的社会属性。语音的表达思想以及实现交际功能的基本属性使其从根本上与一般的声音区分开来,成为言语的体现和传播手段。

语音的社会属性主要体现在三个方面,即语音的民族性、地域性和社会变异性。任何一种民族语言的语音都有极强的选择性和独立性,或者说,不同民族语言使用的语音在很大程度上是不同的。比如:汉语普通话使用卷舌的塞擦音,非洲的一些语言使用吸气音和搭嘴音,法语巴黎话使用小舌颤音。即使同样的语音,在不同的民族语言中也有不同的价值和功能,比如在汉语中,送气清塞音和不送气清塞音都是独立的语音单位,具有区别语词的功能,而英语中,清塞音没有区别语词的功能,只是在音节中出现在特定位置上的发音变化。

语音的地域性和民族性有相似之处,即不同的地方话在不同的程度上使用不同的语音。例如,汉语北方方言不使用浊塞音和浊塞擦音,而这些音在吴方言中使用。相同的语音在不同地方话里,其价值和功能也会有不同。比如:汉语普通话里的 n[n]和 l[l]是独立的语音单位,具有区别语词的功能,而在四川方言中却是两个自由变读音,不能区别语词。

语音的社会变异性是指同一社会中具有不同社会属性的人在语音上的选择性。比如,某些女性使用北京话时,将舌面音说成舌叶音或舌尖音;美国英语中,因文化和教育层次差异,不同人在使用一些语词时,形成元音卷舌、不卷舌或发不发 r[r]的差异。

从性质上说,语音的民族性是指语言之间的比较特性,语音的地域性和社会变异性则是指语言内部的比较特性;无论语音的民族性、地域性还是社会变异性,都是语音受社会制约而功能不同的体现。

思考与练习

1. 语音的自然属性是指什么? 什么是语音的生理基础?

2. 发音器官是由哪些部位构成? 它们在发音时各起什么作用?

3. 对照书上的发音器官图,然后尝试自己画出简图并标出各部位的名称。

4. 什么是语音的主动发音器官和被动发音器官?

5. 怎样认识语音的物理属性?

6. 造成音质不同的因素有哪些?

7. 什么是乐音? 什么是噪音? 辅音都是噪音吗?

8. 语音的社会属性体现在哪些方面?

第三节　语音研究的手段

一、标音符号

研究语音学,需要一套符号来标音,就像研究数学要用一套符号计数、记录五线谱需要用一套谱号标调一样。标音符号简称音标,是用来记录最小语音单位——音素的标写符号。如汉语拼音符号、英语的韦氏音标和国际音标等。有了音标,就可以正确、细致并方便地记录和分析语音。

为了解决读音问题,中外语言学家曾采用过多种标音方法。在我国,早在东汉末年就出现了"直音法"和"读若法"。"直音法"是同音字相注,如"遂音求","苟音狗"。"读若法"多用于拟声注音,如《说文·口部》的"哙,咽也,从口,会声,或读若快。"由于"读若法"多用于拟声注音,用来注音的字和被注的字可能完全同音,也可能声音相近,因而可以归入广义的直音法。

这种采用同音字或近音字类比的注音方法,是有局限性的。有些字不易找到同音字,比如"热"、"僧"等;有的虽然有字,但所用的注音字太难认读,如"刀,音舠",实际上起不到注音的作用。有时古代的同音字到了后世由于音变而不同音了,对发音特征所做的一些描述又缺乏精确性。所以直音法和读若法还不是科学的注音方法。

汉魏时期,小学家在印度梵文拼音原理的启发下,创立了反切拼音法。所谓"反切",就是用两个汉字切(拼读)一个字的音,反切上字的声母与所拼字的声母相同,反切下字的韵母和声调与所拼字的韵母和声调相同。如"东,德红切"。"德"是反切上字,"红"是反切下字,两个字相拼得出"东"。这显然比直音法和读若法有了很大的进步。反切法记录了汉字的古音,对我们今天研究汉语的古音有很大的帮助,但用来标记今天的汉语就太麻烦了,也不十分科学,更难以用它正确地标记其他语言。

1913 年,我国当时的"国语统一会"制定了一套汉字笔画式的标音符号,有 40 个注音字母。1926 年,"国语统一筹备会"公布了国语罗马字拼音方案,曾作为汉语新的拼音方案推行过一段时间,并用它拼写过各地方言。解放后,文字专家在总结我国历史上拼音经验的基础上,设计了汉语拼音方案,并于 1958 年 2 月在第一届全国人民代表大会第五次会议上获得通过。

在国外,许多学者也曾制定过多种标音符号,使用的多是拉丁字母,但没有能够得到广泛承认和应用。

要研究语言,必须有一套简便的能适用于任何语言的、科学性很强的记音符号,现在通用的国际音标就是具有这些优点的一套音标。

二、国际音标

国际音标是"国际语言学会"1888 年公布的,而后又经过多次增补和修订,最近的一次修改是在 1989 年。作为国际最通用的标音符号,国际音标具有以下特点:

(一)一音一符,即一个音由一个符号标记。为了准确鲜明,一般不能借用符号,记音的符号也不能随意变化。

(二)形体简单清晰,便于学习和掌握。因为对发音部位相同的音,标记它们的音标在形体上一般具有共同的特征,给学习者带来了很大的方便。

(三)符号完备,并具有一定的灵活性。音标符号大部分采用了拉丁字母小写的印刷体。小部分用希腊字母或新制造的符号。

(四)通行范围广,能比较精确地记录世界各种语言的语音。便于交流,也有助于语言教学和语言研究。

思考与练习

1. 国际音标只是音标中的一种,为什么要有音标?
2. 通过了解相关的标音方式理解为什么我们要使用国际音标。
3. 国际音标的特点有哪些?

第四节　语音的分类

一、元音和辅音的区别

音素可以分为元音(母音)和辅音(子音)两大类型。从发音角度

看,元音和辅音的主要区别表现在以下五个方面:

(一)气流是否受阻。发元音时,从肺中呼出的气流振动声带,气流通过咽腔后在口腔中不受阻碍;发辅音时,气流要克服发音器官某一部位所受到的阻碍。因此,有阻还是无阻是元音和辅音最重要的区别。

(二)肌肉紧张程度不同。发元音时,除声带特别紧张外,发音器官的其他部位保持均衡的紧张;发辅音时,只有形成阻碍的某一部分肌肉特别紧张,其他部分并不紧张。

(三)气流强弱不同。发元音时,气流不受阻碍,因而气流比较弱;发辅音时,气流必须克服某种阻碍,所以气流比较强。

(四)声带振动情况有别。发元音时,声门紧闭,气流从声门缝隙中挤出,使声带发生振动。发辅音时,浊辅音要振动声带,清辅音则不振动声带。声带振动叫做带音,元音、浊辅音都是带音的,清辅音则是不带音的。从物理音响角度看,元音都是乐音,辅音都带噪音,其中清辅音是纯噪音,浊辅音是带乐音成分的噪音。

(五)响亮度大小不同。发元音时,因为声带振动和共鸣腔的共鸣作用,所以声音响亮,而且可以延长;辅音的响亮度不如元音,而且由于辅音多是在排除阻碍的一瞬间发出的,所以多数辅音不能延长。

二、元音

气流通过咽腔后在口腔中不受阻碍而形成的音素叫元音。发不同的元音时,由舌面、舌尖的不同状态来节制气流。因此,元音又可以进一步分为舌面、舌尖、卷舌三类。此外,元音还因发音过程中的伴随作用而形成不同色彩的元音,如鼻化、长短、松紧、清化等元音。

(一)舌面元音

不同的舌面元音是由共鸣腔的不同形状造成的。口腔是最重要的共鸣腔，一般元音的差别主要取决于口腔的不同形状。变化口腔的形状不外乎三个办法：一是把嘴张得大些或小些；二是把舌头往前伸或往后缩；三是把嘴唇撮起或拉平(处于自然状态)。

舌头与下颚相连，嘴张得大，舌头的位置就低；嘴张得小，舌头的位置就高。因此，嘴张得大小决定着舌位的高低；舌头的前伸和后缩，是舌位的前后；嘴唇撮起还是拉平，就是嘴唇的圆展。也就是说，舌位的高低、前后、嘴唇的圆展三个因素，决定着每一个舌面元音的音质。我们可以根据出现频率把舌面元音分为基本元音和次基本元音两类。

1. 基本元音

嘴唇不圆，把嘴张得最大，即开口度最大，舌头尽量往前伸，发出来的音像汉语普通话的"哀"中的前一个音，国际音标标作[ai]；在同样条件下，把舌头尽量往后缩，发出的音像"昂"中的前一个元音，国际音标标作[aŋ]。两个元音的差别是由舌位前后决定的。

嘴唇尽可能变展，即开口度最小，舌头尽量往前伸，发出来的音像汉语普通话的"衣"，国际音标标作[i]；在同样条件下，如果把舌头尽量往后缩，嘴唇自然变圆，发出的音像"乌"，国际音标标作[u]。前一个元音是展唇前元音，后一个元音是圆唇后元音。发这两个元音时，嘴唇都要尽可能靠近，但不关闭，即开口度最小，舌头的位置最高，二者都是高元音；与此相比，前 a 和后 ɑ 的开口度最大，舌头的位置最低，它们都是低元音。a、ɑ、i、u 四个极点围成一个不规则的四边形，把这个不规则的四边形用线连起来，就是舌面元音图。

不规则四边形的左右两条线表示舌位的前后限度，上下两条线表示舌位的高低限度，竖线左右两侧表示嘴唇的圆展，其中左侧表示展唇元音(不圆唇元音)，右侧表示圆唇元音。

再把从 i 到 a、从 u 到 ɑ 的距离三等分，又可以得出 e、ɛ、o、ɔ 四个元音（见下面图）。

这样，就得出了八个元音。由于这八个元音在许多语言中都很常用，它们又是人类发音器官所发出的最基本的元音，因此，一般称作"基本元音"。我们可以用这八个基本元音作为定点坐标，即作为类推其他元音的参照系。

根据舌位的高低、前后、嘴唇的圆展可以区别舌面元音的音质，从而把舌面元音分成不同的类别：①按舌位高低（开口度大小），可以把元音分为高元音、半高元音、半低元音、低元音，再细分还可以有次高元音、次低元音、中元音等；②按舌位前后，可以把元音分为前元音、央元音、后元音；③按唇形的圆展，可以把元音分为圆唇元音、展唇（不圆唇）元音。

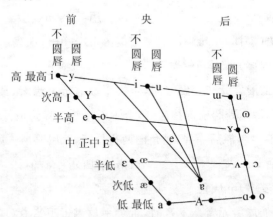

根据这三条原则，可以对八个基本元音依次作出描写：

[i]前高展唇元音。发音时，舌尖下垂靠近下齿背（或下齿龈），舌面前部向硬腭前部抬起，保持最小通道，使气流自由通过，嘴角向两边拉开，双唇展成扁平形，例如：

北京话　li 里　　　　　　朝鲜语　mil 小麦

土家语　li³⁵ 老虎　　　　英语　see[si]看

蒙古语　pi 我

[e]前半高展唇元音。发音时,舌尖下垂接近下齿背(或下齿龈),舌面前部向硬腭前部抬起,高度比[e]略低,位置比 i 略后,嘴角向两边拉开,双唇展成扁平形。如:

成都话 kʰe 客　　　　　　维吾尔语 erɪq 水渠

藏语(安多)mɲe 火　　　　英语 bed[bed]　床

朝鲜语　pe 粗布

[ɛ]前半低展唇元音。发音时,舌尖下垂接近下齿背(或下齿龈),舌面前部稍微向硬腭前部抬起,高度比 e 略低,位置比 e 略后,嘴角向两边拉开,双唇展成扁平形。如:

上海话 sɛ　色　　　　　　蒙古语　tsʰɛrɛ: 脸

哈尼语(墨江)tshɛ⁵⁵ 十　　英语 hair[hɛə] 头发

藏语(安多) tɛ 本子

[a]前低展唇元音。发音时,舌尖平放靠近下齿背(或下齿龈),舌面前部稍微向硬腭前部抬起,整个舌面自然下降到最低程度,比发 ɛ 的时候低一些,靠后一些,嘴角向两边拉开,双唇略展。如:

北京话 an　安　　　　　　苗语(湘西)　ta⁵⁴ 真

藏语(安多)mda 箭

[ɑ]后低展唇元音。发音时,舌尖平放靠近下齿背(或下齿龈),舌面后部略向后缩并略向软腭抬起,整个舌面自然下降到最低限度,嘴角向两边拉开,双唇略展。如:

上海话 kɑkɑ 家家　　　　土族语 ɑs 牲畜

蒙古语 ɑx 兄　　　　　　英语 guitar[giːtɑː] 吉他

[ɔ]后半低圆唇元音。发音时,舌尖稍微抬起并离开下齿背(或下齿龈),舌面后部略向后缩并略向软腭抬起,比 ɑ 略高,比 ɑ 略后,嘴角向中央靠拢,双唇敛成较大圆形。如:

安化话 lɔ 老　　　　　　　维吾尔语 ɔqʰ 子弹

蒙古语 tɔ 数目　　　　　　英语 dog[dɔɡ]狗

[o]后半高圆唇元音。发音时,舌尖稍微抬起并离开下齿背(或下齿龈),舌面后部略向后缩并略向软腭抬起,高度比 ɔ 略高,位置比 ɔ 略后,嘴角向中央靠拢,双唇敛成较小圆形。如:

武昌话 koko 哥哥　　　　　藏语(安多)so 吃

土族语 modo 裤子　　　　　蒙古语 omotʰ 裤子

[u]后高圆唇元音。发音时,舌尖稍微抬起并离开下齿背(或下齿龈),舌面后部向后缩并向软腭靠拢,保持最小通道,使气流能够自由通过,不致发生摩擦,嘴角向中央靠拢,双唇敛成最小圆形。如:

北京话 uku 五谷　　　　　　彝语(喜德)mu^{33}tshu^{33} 冬天

蒙古语 xu: 儿子　　　　　　朝鲜语 umul 井

英语 tool [tu:l] 工具

2. 次高次低元音;央、中元音

位于高和半高之间的元音是次高元音,位于低和半低元音之间的元音是次低元音:ı 前、次高、展唇元音;æ 前、次低、展唇元音。

ə 的位置比较特殊:相对于前后元音而言,它是央元音;相对于高低元音来说,它是中元音。因此,它的实际音值应当是央、中、展唇元音,一般简称展唇央元音,又叫混合元音。

(二)舌尖元音和卷舌元音

以上所说的舌面元音,是由舌面节制气流即舌面的不同状态形成的。同样不同的舌尖状态或舌面和舌尖同时起作用,也可以形成不同的元音,它们分别是舌尖元音和卷舌元音。

舌尖元音是由舌尖节制气流发出的,可分为舌尖前和舌尖后两类。舌尖前元音主要是ɿ和ʮ,发ɿ时,舌尖前伸上抬,接近上齿龈前部,声带振动,发出的音像汉语普通话的"资"tsɿ、"雌"tsʰɿ、"思"sɿ中的元音ɿ。其他部位不变,把嘴唇变圆就是ʮ。比如宁波话"书"[sʮ]中的元音ʮ。

舌尖后元音主要是ʅ和ʯ,发ʅ时,舌尖往后翘起,靠近上齿龈后部、硬腭前部,声带振动。比如普通话"知"[tʂʅ]、"痴"[tʂʰʅ]、"诗"[ʂʅ]中的元音ʅ。其他部位不变,把嘴唇变圆就是ʯ。比如湖北应山话"须"[ʂʯ]中的元音ʯ。

舌面平抬的同时,舌尖向硬腭方向翘起,即舌面和舌尖同时起作用,发出的元音是卷舌元音。比如普通话的"而"er[ɚ]。

三、辅音

气流克服发音器官某一部位所受到的阻碍而形成的音素是辅音。气流要克服发音器官的某一阻碍,才能发出音来。这是所有辅音在发音时的一个共性。我们把气流受阻部位称作发音部位,形成阻碍和排除阻碍的方式、气流的强弱、声带的振动与否称作发音方法。不同的辅音是由不同的发音部位和发音方法区别的。发音部位和发音方法是辅音分类的基本依据。

(一)发音部位分类

发音部位是指发音器官阻碍气流的通过,以及气流克服阻碍的部位。因此,辅音按发音部位分类就是根据发音时气流受阻的部位命名的。按照发音部位,可以把辅音分为十三类:

1. 双唇音,上下唇阻碍气流发出的音。如p、pʰ、m。

2. 唇齿音,上齿和下唇阻碍气流发出的音。如苗语ŋpfˈlɛ(光滑)中的 ŋ̍、pfʰ。

3. 齿间音,舌尖夹在上下齿之间阻碍气流发出的音。如壮语 θaːm 中的 θ。

4. 舌尖前音,舌尖顶住齿背阻碍气流发出的音。如 ts、s、z。

5. 舌尖中音,舌尖与齿龈阻碍气流发出的音。如汉语中的 t、tʰ、l、n。

6. 舌尖后音(翘舌音、卷舌音),舌尖向上颚翘起,与齿龈或硬腭阻碍气流发出的音。如苗语腊乙坪话 toŋ(笛)、tʰo(持)中的 t、tʰ。

7. 混合舌叶音(舌叶音),舌尖和舌叶与齿龈后部阻碍气流发出的音。如哈萨克语 kʰendʒe(最末的)、tʃʰɑj(茶)中的 dʒ、tʃʰ。

8. 舌面前音,舌面前与前硬腭阻碍气流发出的音。如 tɕ、tɕ′、ɕ。

9. 舌面中音,舌面中部与上颚中部阻碍气流发出的音。如独龙语 ca(生疮)的 c。

10. 舌面后音(舌根音),舌面后部(舌根)与软腭阻碍气流发出的音。如 k、kʰ、x。

11. 小舌音,小舌与舌面后部阻碍气流发出的音。如撒拉语 qamtʃu(鞭子)、qʰəs(挤压)中的 q、qʰ。

12. 喉壁音,喉头肌肉紧缩,舌根后部向后靠近喉壁,使气流产生摩擦发出的音。如朝鲜语的 ħauɫ(天)中的 ħ。

13. 声门音,声门紧闭,然后突然打开发出的音,或者在发音时留出一条狭小的通道,让气流通过摩擦而发出的音。如英语 hope 中的 h。

(二) 发音方法分类

发音方法包括三个方面。

1. 成阻和除阻的方式。辅音的发音过程可以分为成阻、持阻、除阻三个阶段。发音器官从静止状态变为某个音所需要的状态,即发音部位构成阻碍的阶段,叫做成阻阶段;发音器官保持已经形成的状态,即呼出的气流被持续阻碍的阶段,是持阻阶段;发音器官解除阻碍,恢复到原来静止的状态是完成阶段,叫做除阻阶段。根据成阻和除阻的方式,即根据气流受阻的状况,可以把辅音分为八类。

塞音(破裂音、爆发音):气流冲破阻碍发出的音。发音时,软腭和小舌上升,堵住鼻腔的通路,口腔的某个部位完全阻塞,然后突然打开,让气流急速冲出口外,爆发成音。如白语 pɯ"寄"中的 p。

擦音:发音器官的两个部位只是靠拢或略微接触,让气流从留出的缝隙中摩擦发出的音。如水语 sa"晒"中的 s。

塞擦音:发音器官的两个部位在成阻时,形成完全闭塞的状态,除阻时不像塞音那样完全放开,而是只让出一条狭窄的缝隙,使气流能够挤擦过去,发出的是一种先塞后擦、塞擦结合的音。简言之,成阻于塞,除阻为擦,先塞后擦形成塞擦音。如锡伯语 tʂal"媒人"中的 tʂ。

鼻音:像塞音一样,口腔的某个部位完全堵塞,不同的是软腭和小舌自然下垂,打开鼻腔的通路,让气流从鼻腔流出,振动声带发出的音。如鄂伦春语的 ŋaːla"手"中的 ŋ。

边音:舌头的某个部位与齿龈或者硬腭接触,在口腔的中部或一边形成堵塞,气流从舌头两边或者一边通过发出的音。如北京话 la"拉"中的 l。可以把边音和擦音看作一类音,二者的区别是,边音的气流从口腔两侧或一侧的缝隙中擦过去,擦音是从口腔正中的缝隙中擦过去。

颤音:舌尖或小舌连续颤动,颤动多次发出的音。湖北潜江话 tʰur"兔子"中的 r。

　　闪音(单颤音):舌尖以极快的速度向齿龈轻轻一弹,只颤动一次发出的音。藏语 ŋa¹³ ɾaŋ⁵⁵ "我"中的 ɾ。

　　半元音:介于元音和辅音之间的音。发高元音时,如果舌位再抬高一点,带点摩擦成分,就成了半元音。如 j、w、ʋ 等。它比擦音的开口度略宽,气流较弱,摩擦也比较轻,接近元音。

　　2. 声带振动情况。根据声带振动情况可以把辅音分为清浊两类,其中声带振动发出的辅音是浊辅音,声带不振动发出的是清辅音。汉语普通话里的浊辅音只有 m、n、l、r 四个。

　　3. 气流的强弱。排除阻碍时呼出的气流较强,发出的音是送气音;呼出的气流较弱,发出的音则是不送气音。送气和不送气这对发音特征,只限于描写塞音和塞擦音,鼻音、边音、颤音一般无所谓送气和不送气。

　　根据以上分析,同元音舌位图一样,也可以根据发音部位和发音方法制成辅音发音特征表(见下面辅音表)。

　　通过辅音表可以看出,每一个辅音都可以从发音部位和发音方法两个方面分析。从发音方法上看,又可以分为三项:气流成阻和除阻的方式、声带振动情况、气流强弱。利用发音部位和发音方法四项特征,可以描写辅音表中的任何一个辅音。比如 pʰ:双唇、送气、清、塞音;n:舌面后、浊、鼻音。

思考与练习

1. 元音和辅音的主要区别是什么?

2. 描写下列元音:o　ɛ　ɑ　æ　ə

3. 画出元音舌位图,并试将本族语中的元音填进图里(用国际音标,如无本民族文字的可用汉语普通话元音)。

辅　音　表

发音方法		音标/发音部位	唇音		舌尖音				舌叶音	舌面音			小舌音	喉壁音	声门音
			双唇	唇间	齿间	舌尖前	舌尖中	舌尖后		舌面前	舌面中	舌面后			
塞音	清	不送气	P				t	ʈ		ȶ	c	k	q		ʔ
		送气	P'				t'	ʈ'		ȶ'	c'	k'	q'		ʔ'
	浊	不送气	b				d	ɖ		ȡ	ɟ	g	G		
		送气	b'				d'	ɖ'		ȡ'	ɟ'	g'	G'		
塞擦音	清	不送气		pf	tθ	ts	tɬ	tʂ	tʃ	tɕ					
		送气		pf'	tθ'	ts'	tɬ'	tʂ'	tʃ'	tɕ'					
	浊	不送气		bv	dð	dz	dʒ	dʐ	dʒ	dʑ					
		送气		bv'	dð'	dz'	dʒ'	dʐ'	dʒ'	dʑ'					
鼻音	浊		m	ɱ			n	ɳ		ȵ	ɲ	ŋ	N		
颤音							r						R		
闪音							ɾ	ɽ							
边音							l	ɭ		ʎ					
擦音	清		ɸ	f	θ	s	ɬ	ʂ	ʃ	ɕ	ç	X	χ	ħ	h
	浊		β	v	ð	z	ʒ	ʐ	ʒ	ʑ	j	ɣ	ʁ	ʕ	ɦ
半元音	浊		w　ɥ	ʋ			ɹ			j					

4. 辅音怎样分类?

5. 写出下列特征对应的音标:

(1)舌尖前不送气清塞擦音[　]

(2)双唇不送气浊塞音[　]

(3)齿间清擦音[　]

(4)舌根浊鼻音[　]

(5)舌面前送气清塞擦音[　]

(6)唇齿浊擦音[　]

6. 参照辅音表列出本族语言辅音分类表(用国际音标,如无本民族文字的可用汉语普通话辅音)。

第五节　语音的结合

一、音节

(一)语言的最小结构单位——音节

人们说话时不是一个音素一个音素发出来的,而是结合成音节汇成语流发出来的。音节是语音的最小结构单位,是说话时的发音单位,也是听觉单位。音节对说汉语和日语的人来讲,很容易从语流中划分出来,因为汉语中一个方块字就是一个音节,日语中大多是一个假名代表一个音节。

音节由音素构成,一个音节可以是一个音素,也可以是几个音素。例如:

衣(yi)　　　[i^{55}]　　　(一个音素)

去(qu)　　　[tɕʰ y^{51}]　　　(二个音素)

含(han)　　　[xan^{35}]　　　(三个音素)

讲(jiang)　　　[tɕian^{214}]　　　(四个音素)

划分音节要考虑到两个方面的情况。一是紧张度。在语流产生过程中每发出一个音节,发音器官的肌肉就紧张一次,即肌肉活动一次。紧张是一个过程,可以是先增强后减弱,也可以是一开始就紧张到顶点,然后减弱。紧张的顶点叫音峰,是音节的中心,紧张的低点叫音谷。音谷是音节与音节的分界处。例如发北京话的"干部"[kan pu]这个词,发音器官的肌肉紧张了两次,因而是两个音节。音峰是元音 a 和 u,音谷在 n 和 p 之间。另一是响度。在语流中音的响度不一样,肌肉紧张的顶点,响度最大,低点响度最小。音峰响度最大,音谷一般是响度最小的音。在有元音的音节里,音峰总是落在元音上,因为元音的响度最大。在没有元音的音节里,音峰落在响度最大的辅音上。通常把这样的音叫作响音。例如英语的 lesson[le‐sn](功课)是两个音节,第一个音节的响音是元音[e],第二个音节的响音是鼻辅音[n]。由此可见,音节中一般要有一个元音,如果没有元音则必须有一个辅音响音,因为一个音节必须有一个音峰。

　　事实上各种语言的音节结构都有自己的特点,很难找到一个为各种语言通用的划分音节的办法。目前划分音节的原则主要是根据西欧和斯拉夫语言的材料制订的。在这些语言中,词的音节划分与词的形态结构的划分是不一致的。如俄语中的 pyka"手"的音节划分是"py‐ka",而词的形态结构划分却是"pyk‐a"。音节的划分不完全与意义相联系,这是印欧语系的特征。这些语言中的词是由音素构成的,一个音素可以单独作语素。而东方的一些语言,如汉语、泰语、越南语等则不同,这些语言中的词是由音节构成的,有的语素小于音节,汉语中音节和语素基本上是相对应的,两者切分的界限多数是一致的,绝大多数的音节和一定的意义相联系。因此,在这些语言中,音节不仅是重要的语音单位,而且也是词的表现形式之一。

　　不同的语言划分音节时总要受到这种具体语言语音要素的性质、地位、语音组合特点的影响。比如阿尔泰语系的一些语言,一个音节总是包含一个元音,而且固有词的音节中没有复元音,这就可以将只包含一个元音或由一个元音与其他辅音结合的语音单位划分为一个音节,而汉藏语系的大多数语言由于有固定的声调,则可以利用声韵调的配合方式和特点来划分音节。

(二) 音节的种类

音节分为开音节和闭音节两种。

以元音结尾的叫开音节。例如汉语的"发"[fa],英语的 play [plei](玩)。

以辅音结尾的叫闭音节。例如汉语的"放"[faŋ],英语的 pit [pit](坑)。每种语言都有自己的音节结构特点,通过不同语言的音节对比就可以看出来,试以汉语和英语的比较为例。

汉语普通话的音节特点是:1. 开音节占绝大多数,闭音节只限于以 n 和 ŋ,两个鼻音结尾。如"俺"[an]、"昂"[aŋ]。2. 没有辅音连缀。3. 必须有元音,辅音不能单独构成音节。4. 有声调和轻声。

英语音节的特点是:1. 闭音节较多,一般辅音都可以做音尾。2. 音节中可以有辅音连缀。如"desk"[desk]"书桌"。3. 响辅音可以构成音节。例如"table"[tei - bl]"餐桌"。4. 有重音,没有声调。

从以上的对比中可以看出,汉语和英语的音节结构是不同的,各自有各自的特点。

研究音节对我们观察语言和学习语言都会有很大的帮助。因为音节是语音的运用单位,语言的语音特点主要表现在音节方面,通过认识一种语言的音节结构特点和规律,可以进一步认识这种语言的结构特点和规律。

二、复元音

由两个或三个元音结合在一起所组成的音节叫做复元音。两个元音结合的是二合元音,三个元音结合的是三合元音。与单元音相

比,复合元音的特点主要有两个:

(一)从发音方式看。一个元音的发音状况迅速向另一个元音过渡,舌位的高低前后、口腔的开闭、唇形的圆展,都是不断变动的,因此,复元音音质的变化也是连续不断的。比如发复元音 ia,从 i 到 a,口腔的开合度逐渐增大,舌位也相应地逐渐下降,音质逐渐变化,中间包括了一系列过渡音;而不是发完 i 之后,再发 a。如果是后一种情况,就成了两个相连的单元音。发复元音 ai 也是一样的道理,只是舌位逐渐上升,中间包括了一系列与 ia 相反方向的过渡音。如果 ai 中间没有过渡音,就成了 a"阿"i"姨"两个音节了。

发复元音时,口腔有一个由一种形式滑动到另一种形式的运动过程,而发两个相连的单元音时,口腔由一种形式跳动到另一种形式,中间没有这个过程,没有过渡音。

三合元音则是舌位在三个点之间滑动,一般都是中间的元音口腔开合度比较大,舌位较低。舌位从高到低,又从低到高。中间改变了一次方向。比如汉语的 uai。

(二)从响亮度看。一般情况下,复合元音中各元音的音长和音强并不相等,其中主要元音发音时最清晰响亮。比如北京话的 ia"鸭",前一个元音 i 听起来远没有 a 响亮,占的时间也短得多。在二合元音中,前一个元音比较响的是前响二合元音,如 ai、ei、ao 等;后一个元音比较响的是后响二合元音,如 ia、ua、uo 等。

通常的情况是,舌位低的元音比较响,由舌位低向舌位高滑动,发出的二合元音是渐升二合元音(舌位渐升),也就是前响二合元音。渐升(前响)的二合元音是由强到弱,它只是表示移动的方向,发音器官的移动常常达不到后一个元音单说时的实际高度,如 ai、ei。渐降(后响)的二合元音是由弱到强,发音器官移动的终点是确定的,如

ia、ie。三合元音是两头的元音轻短，中间的元音响亮，又称中响元音，如 iao、uai、uei 等。

三、复辅音

一个音节中相连的几个辅音是复辅音。复辅音和复元音的特点有很大的不同。复元音中的元音是有机的组合，音质的变化是连续的，中间没有明显的界限。复辅音中的辅音组合比较松散，各有自己的发音过程，音质的变化是跳跃式的，中间有突然转变的界限。为了区分复元音和复辅音的不同，有人主张不用复辅音这个名称，而把一个音节中相连的辅音称作"辅音群"或"辅音丛"。需要明确的是复辅音或辅音群只能指一个音节内部辅音的结合，如果两个音节之间辅音相连，就不能算是复辅音或辅音群。比如不能把英语的 extra [ekstrə]"额外"看作由[ekstrə]四个辅音 k、s、t、r 组成的复辅音或辅音群，因为它们分属于两个不同的音节 eks 和 trə。

有的学者认为，送气塞音、塞擦音也都是数音连发的复辅音，因为声学仪器的语图显示，送气塞音的爆发段和送气段不是同时的，而是先后出现的；塞擦音在音响上浑然一体，听觉上好像是一个单辅音，但语图显示出塞擦音是由塞和擦两种成分前后紧密相连而成的。也就是说，从生理语音学角度看，塞音和擦音的组合过程是在发辅音的一个动程中完成的。从塞音到擦音，只是经历了一次成阻、持阻和除阻，因此，应当看作单辅音为宜。而且从功能上看，在许多语言中，塞擦音功能和非塞擦音相同，比如汉语的 ts 和 t 在[tsu]"租"和[tu]"都"中的功能相同，都起一个辅音的作用。因此，在现代汉语中实际上是把它们当作单辅音处理的。

能够在一个音节中组成复辅音的辅音虽然比较多，结合方式也比较自由，但辅音的组合并不是任意的，而是有一定的规律。一般而言,最容易和其他辅音结合成复辅音的是边音、鼻音、擦音、颤音、半元音,而塞音、塞擦音相互结合的情况比较少见。这主要是由于它们各自发音特点造成的。

在不同类型的语言中,复辅音的结合具有不同的特点。比如在英语中,两个相连的复辅音位于音节开头时,如果前一个辅音是塞音,后一个辅音必然是 l、r 或半元音,如 play[plei]"玩",try[trai]"试",quick[kwik]"快"。如果后一个辅音是塞音或者鼻音,前一个辅音必然是 s,如 speak[spi:k]"说",smile[smail]"笑";三个辅音相连的复辅音位于音节开头时,第一个辅音一定是 s,第三个辅音一定是 l、r 或半元音,如 split[split]"劈开",street[stri:t]"街"等。可以把它们归纳为复辅音结合的三条规则:(1)音节首两个辅音相连:①塞音＋l、r、半元音,②s＋塞音/鼻音;(2)音节首三个辅音相连:s＋辅音＋l、r、半元音。

突厥语族语言的复辅音只能出现在音节尾,其中前一个辅音是l、r、s,后一个辅音一般只能是 t 或 d,即 lt－ld、rt－rd、st 的组合形式,不容许有其他复辅音形式;汉藏语系的复辅音结合较紧,形式比较固定。一般只出现在音节的开头。如苗瑶语族语言的复辅音一般是鼻音与同部位的塞音或塞擦音组合,如苗语石门坎话的 mp、nt';壮侗语族语言的复辅音一般是喉塞音与其他辅音的组合,如水语的ʔm、ʔd。

思考与练习

1. 什么是音节?如何划分音节?

2. 什么是开音节?什么是闭音节?判断下列音节,哪些属于开音节,哪些是闭音节? ɕa tiɲ tɕʰi dam pʰau tʃʰu

3. 对比英语和汉语,总结两者音节的不同特点。

4. 什么是复元音？复元音跟相连的单元音有什么不同？

5. 二合元音有哪些不同的类？各举几个例子。

6. 什么是复辅音？ts^h 算不算复辅音？

7. 汉藏语系一些语言中常见的复辅音有哪些特点？

第六节　语音的功用

一、音位

音位是具体语言中有区别词的语音形式的作用的最小语音单位。音位学把有区别意义的音挑选出来,把不起区别意义的音归纳在一起,用一个音来代表,作为一个单位。音位的分析对拼音文字的创建有极密切的关系。理想的拼音文字应该用为数较少的字母就能有效地拼写语言中全部的音,这就需要对语言的音位有深入的分析。如果以音素为单位,一个音素设计一个字母,那么北京话中的 ɑ、ʌ、a 就需要三个字母,如果以音位为单位,只需要一个字母就可以了。这样有利于书写、减轻人们的学习负担。

音位既然是按社会功能划分出来的语音单位,就和音素不同。有的音素有区别意义的特征,有的音素没有。有区别意义的特征的才是音位,没有区别意义特征的,虽然是音素,却不是音位。

分析音位的方法是先挑出适当的词,连续替换这个词的读音中的某一个音,看是否能形成别的词的读音。如果能够形成,说明这些彼此替换的音有区别词的语音形式的作用,说明它们是对立的,可以给它们立不同的音位。比方我们选出汉语的"标"[piau],如分别用 p^h、t、t^h 替换 p,就得出 p^hiau"飘"、tiau"凋"、t^hiau"挑"……这种替换说明"飘、洞、桃"等词的语音形式依靠 pʰ、t、tʰ 来区别,我们应该给这四个音素立四个音位,写成/p/、/pʰ/、/t/、/tʰ/(音位的标写法是在左右各加一条斜线)。凡是处于对立关系中而能区别词的语音形式的几个音素必定分属于几个不同的音位,对立关系是划分音位的主要根据。

每种语言都有自己的音位系统,不同语言的音位系统不同。首先,每种语言都会有一些其他语言中所没有的特殊音位。如 y 是汉语的一个元音音位,英、俄语中都没有;d 是英语和俄语中的音位,汉语中没有。另一方面,不同的语言中,可以有共同的音素,但不一定都用作音位。如 p、t、k 和 pʰ、tʰ、kʰ,在汉语中是六个音位,但在英语中 pʰ、tʰ、kʰ 不是音位。总之,音位是属于一定语言的,离开具体的语言无法确定一个音是否是音位。

二、音位变体

一个音位在不同的情况下可以有不同的发音,这种不同的音就是音位变体。简单地说,属于同一个音位的各个音,叫做这个音位的变体,也称为同位变体。

根据音位变体在不同语音环境中出现的情况不同,可分为自由变体和条件变体两种。

(一)自由变体

在有些语言或方言中,处在相同的语音环境的几个音可以自由替换而不起区别语言形式的作用,我们把这样几个变体称为自由变体。例如重庆、武汉、南京等地的 n 和 l,东北有些地方的 tʂ、tʂʰ、ʂ 和 ts、tsʰ、s。在相同的环境中随便念哪一个都可以,"难"与"兰"在武汉等地不分,既可以念 nan,也可以念 lan;"山"与"三"在东北有些地方不分,既可以念成 san,也可以念成 ʂan。这里的 n 和 l、s 和 ʂ 在各自的方言中就都是同一个音位的变体。

（二）条件变体

条件变体指在一定的语音条件下，同一音位出现的两个或两个以上的音，不能任意换用，如汉语[a]、[ʌ]、[ɑ]是/a/音位的条件变体。它们各有自己的出现条件，如下表：

音素	出现条件	例字
a	出现在 – i、– n 的前面	来[lai]　　搬[pan]
ʌ	单说或作开音节的单元音	阿[ʌ]　　拿[nʌ]
ɑ	出现在 – u、– ŋ 的前面	高[kɑu]　　放[fɑŋ]

在现代汉语中，a、ʌ、ɑ 三个音素没有区别意义的作用，不是三个音位，而是同属于一个音位的条件变体。这些"同位变体"离开了它们的特定语音组合，便不能单独存在。

应当指出，同一个音位的条件变体，除出现的条件要求互补外，还要在语音上相似。如果语音差别很大，尽管出现的场合是相互补充的，也是不同的音位。所以分立音位时还要结合语音的近似特征来运用互补的原则，不然也可能会把毫不相干的音归并为一个音位。例如北京话里的 t，只出现在音节的开头，而 ŋ 只出现在音节的末尾，出现的环境是互补的。但是 t 和 ŋ 在语音上差别很大，而且又无法说明何以音节的开头要用 t，音节的末尾要用 ŋ，所以 t 和 ŋ 不能归并为一个音位，必须分别单独设立音位。

音位和音位变体之间的关系，我们可以理解为类别和成员的关系。类别由成员组成，成员的数目可以多少不等。北京话的/a/是一个音的类别；它至少包含 ɑ、ʌ、a 三个成员，也就是/a/至少包含三个变体。/p/也是一个音的类别，由于它在不同位置上的差别很小，只有一个成员 p，即/p/只有一个变体 p。"变体"不是相对于"正体"

而言的,所有的成员都叫变体。在各个变体当中,有时需要选一个变体代表整个音位。被选的往往是最常见、受邻近的音影响最小的那个变体。

三、音质音位与非音质音位

（一）音质音位

元音音位和辅音音位都是通过音质的不同起到区别意义的作用,可称作音质音位。音质音位是由音素的不同而产生辨义功能的。"辨义"并不等于表意或含有意义,音位只是一种辨义的单位,本身并不表示意义,只不过它是表义的声音组合中一个不可缺少的成分罢了。

音位的辨义特征是通过对立关系体现的。对立关系就是音素在相同的语音环境替换以后会产生意义差别,即意义对立。

上面这些使意义产生差别的不同辅音或元音都属于音质音位。

（二）非音质音位

前面说到的音位都是以音素为材料,从音质的角度来分析的,叫做音质音位。在语音中,除了音质以外,音高、音重、音长也是区别语言单位的语音形式,从而起区别意义的作用,因此也能构成音位。我们把这种有区别词的语音形式的作用的音高、音重、音长叫做非音质音位,以区别于由音素构成的音质音位。

非音质音位可归纳出以下三种:

1. 调位

调位,指的是不同声调之间的对立。也就是说,声调不同,表义不同,在有声调的语言中调位的辨义作用是很明显的。"妈""麻""马""骂"的元音和辅音以及它们组合的顺序是一样的,都是 ma,只是由于音高变化不同才使它们成为语音形式不同、意义迥异的四个语言单位。又如语气词"啊"，啊！A⁵¹表惊异、赞叹；啊？A³⁵表听不清；啊？A²¹⁴表疑惑。北京话有阴平、阳平、上声、去声四个调位；上海话有阴平、阳平、去声、阴入、阳入五个调位；广州话有阴平、阳平、阴上、阴去、上阴入、下阴入、阳入九个调位。我国的藏语、苗语、壮语等少数民族语言也各有数量不等的调位。

汉藏语系中的大多数语言都有调位。而印欧语系语言一般没有声调，只有瑞典语、挪威语等少数语言是用音节的音高变化区别意义的，也被认为是有声调的语言。不同类型的声调语言之间的差别很大。

2. 重位

重位，指的是重音和非重音的对立。也就是重音不同，表示的意义不同。在有重音的语言中，都有重位。比如英语 con -′tent"满足"和′con - tent "内容"。又如俄语 Mу′ka [muka]"痛苦"，Mуka′ [mu-ka]"面粉"。

汉语中有轻声和非轻声的对立。如："买卖"[mai²¹⁴ mai]指做生意，"买卖"[mai²¹⁴ mai⁵¹]指买和卖。

但是关于轻声和非轻声的对立是否是重音位，在语言学界存在不同的看法。

3. 时位

时位，指的是长音和短音的对立。语音中的长、短音不同，表示的意义也不同。如英语 beat [biːt]"打"，beat [bit]"少许"。

一种语言中音位数目的多少，不能说明这种语言的语音复杂与否。一种语言的语音状况不但表现在音位本身，还表现在音位的组合上。任何一种语言的音位组合，对于这种语言来说都是够用的。

北京话没有小舌塞音,因此没有维吾尔语的/qʰ/音位。北京话有音位/f/,拉萨话则缺少这样的唇齿清擦音。北京话只有 29 个音位,鄂伦春语有 37 个,而佤语多达 54 个。

各国语言中音位的数量差别也很大,最少的在 10 个以上,最多的不超过 100 个。阿兰特的的澳大利亚语有 13 个音位,克什米尔的印度语有 81 个音位,英语有 40 个或 45 个音位,俄语有 39 个音位。这些语言的音位数量虽然有很大差别,但它们都为使用这种语言的人们很好地服务着。

调位、重位、时位都是非音质音位,其数目和包含的具体内容在各语言或方言中是不同的。研究音位对我们了解各种语言的语音系统,研究本民族的语言和方言以及学习外语都会有很大的帮助。

四、区别特征

语言里的音位彼此对立,所以能够区别词的语音形式,从而区别意义。所谓音位之间的对立,其实只是存在于音位之间的一个或几个发音特征的区别。例如北京话的辅音音位/p/　/pʰ/　/t/　/k/　/m/:

/p/	双唇	闭塞	不送气
/pʰ/	双唇	闭塞	送气
/t/	舌尖前	闭塞	不送气
/k/	舌面后	闭塞	不送气
/m/	双唇	鼻音	

可以看到,每一个音位都可以分解为几个不同的区别特征。如/p/与/pʰ/相区别的特征是不送气,/p/以双唇与/t/、/k/相区别,以闭塞与/m/相区别。这种有区别音位的作用的发音特征,称做区别特征。运用区别特征比较容易说清楚音位本身的特点和音位系统的

构成。

音位的区别性特征可以从音响方面,即声谱的图形特点来决定,也可以从发音方面来决定。从发音的方面来定区别特征比较容易理解。每个元音都有自己的舌位和唇形,每个辅音都有自己的发音部位和发音方法,这些发音特征就是音位区别特征的基础。上面所列的区别特征都是从发音方面来定的。

语言里的音位利用哪些特征和其他音位对立,这由它在音位系统里所处的地位而定。如上所述,北京话的/ p /,以"双唇"与/ t //k /相区别,以"不送气"与/ pʰ /相区别,以"闭塞"与/ m /相区别。

从发音特征的角度,汉语普通话的音位系统大体可用 9 对区别性特征加以描写:

(1)有阻/无阻。根据气流通过口腔时是否受阻而确立的一对区别特征。辅音音位都是有阻,元音音位都是无阻,鼻音 m、n 和边音 l 既是有阻(＋),又是无阻(－),二者兼而有之(±)。

(2)鼻音/口音。发音时软腭和小舌的升降情况不同,气流通过鼻腔和口腔的情况也不同,因此可以把音位分为鼻音和口音两类。这一对区别特征可以将鼻音音位/m/、/n/与非鼻音音位区别开来。

(3)唇音/舌音。p、pʰ、m、f 是唇音(包括双唇和唇齿音),其他是舌音。

(4)舌尖/舌面。tsʰ、t、ʂ 等是舌尖音(包括舌尖前、中、后),k、kʹ、x 等是舌面音。在元音音位中,ɿ、ʅ 是舌尖元音,其他都是舌面元音。

(5)塞/擦。p 和 f,t 和 s,k 和 x 的区别就是由这对区别特征体现的。塞音(＋)和擦音(－)是辅音的两种最基本的发音方法,塞擦音是"塞"和"擦"兼而有之(用"±"表示,不必为它单立区别特征)。

(6)送气/不送气。可以利用这一对区别特征，把普通话的塞音音位分为两类：

不送气 p t k 和送气 p^h t^h k^h。

(7)前/后。不仅元音分前后，辅音中的舌尖音和舌面音也分前后，比如舌尖前音 ts、ts^h、s 和舌尖后音 tʂ、$tʂ^h$、ʂ；以及前后舌面音 i、y 和 u。

(8)高/低。元音音位 i、u 与 a 的区别，可以由这对区别特征来体现。

(9)圆/展。元音 i 与 y 的区别就由这对区别特征来体现。

普通话的音质音位基本上可以用这 9 对区别特征加以描写。有些音位涉及的问题复杂一些，但着眼于语音系统，仍然可以用这些特征来说明。比如元音中的不前不后、不高不低的音位是 e，圆而不高的是 o。

思考与练习

1. 什么是音位？音位和音素有什么区别？
2. 举例说明什么是音位的条件变体？
3. 举例说明什么是音位的自由变体？
4. 如何理解音位和音位变体的关系？
5. 什么是非音质音位？
6. 什么叫区别性特征？
7. 描写以下音位的区别特征：

如 j—i 的音位特征是：有阻—无阻

p—p'、m—p、i—y、

i—a、t—s、ts—tʂ、

k—x、ʃ—ʅ、f—r

第七节　语音的变化

一、共时(平面)音变

对语音进行切分和归并,并对其进行细致的阐释,是语音研究的基础。但停留在这一阶段还是不够的。音素在活的话语中总是处在一个不间断的语流中,它们相互结合,组成一串连续的声音来表达意义,而几个音相连往往会互相影响、互相适应,其结果必然导致音素的种种变化。在语流中,由于受到邻音或说话的快慢、语音的高低、声音的强弱等因素影响,从而导致一个或几个音素在发音上产生某种变化,这种变化我们将其称为语流音变或联音音变。常见的共时语流音变现象有同化、异化、弱化、增音、减音、合音、换位、变调等。

同化:为了发音的顺口和便利,相邻的音素相互影响,原来不相同、不相近的音在语流中变为相同或相近的音,这种变化叫做语音的同化。同化是语流音变中最常见的现象。

语音的同化表现在两个方面,即在音节内部和音节外部。音节内部的同化往往表现为各个音之间发音部位的协调;而音节之间最容易出现同化的地方是两个音节的相连处,即前一个音节的末尾和后一个音节的开头。由于这个位置上常以辅音居多;因此,辅音最容易产生同化。比如汉语普通话中:$nan^{35} miɛn^{214} \rightarrow nam^{35} miɛn^{214}$ "难免",即由于同化的作用,使得原来不相同的音(n～m)变为完全相同的音(n＞m～m)。又如土族语的 nesətɕin→neɕtɕin ("飞"的行动词现在时形式),前一音节的 s(s 后边的 ə 同时失去)被后一音节的 tɕ 同化为 ɕ。

一个词素或词的内部可以发生语音的同化,词素和词素之间、词和词之间也可能发生语音的同化。

元音同化的现象比辅音同化现象少,这是由于两个词素或两个词之间的元音往往被词素或词中的辅音隔开,不能直接接触,因此同化现象较少。北京话把"木樨"[mu⁵¹ɕi]读成[mu⁵¹ɕy],后一个音节中的元音 i 受前面音节 u 的影响变为圆唇的 y。于是菜单上出现了"木须肉"、"木须汤"等错误的写法,这是由于按照口语的实际发音书写导致的。

两个音相互影响,也可以同时产生变化。比如鄂伦春语的 murin(马)+wa(确定宾格)→murimma,双唇音 w 受前一个鼻音 n 的影响同化为鼻音 m,而前一个音节的舌尖中鼻音 n 受后一个音节的双唇音 w 的同化变为双唇鼻音 m。

异化:为了避免发音上的拗口,原来相同或相近的音在语流中相互影响、相互调整,变为不相同或不相近的音,这种变化是语音的异化。由于异化作用明显地改变了词的发音,因此,语言中的异化现象比同化现象要少得多。辅音、元音、声调都可能发生异化。比如普通话的两个上声相连,前一个异化为阳平:thu²¹⁴ kai²¹⁴→thu³⁵ kai²¹⁴ "土改"。

弱化:在语流中,发音时由于用力减少、音强减弱、音程缩短,引起音质改变的现象,叫做语音的弱化。语音的弱化可以表现在辅音上,也可表现在元音和声调上。

前元音和后元音变为央元音、复元音变为单元音、紧元音变为松元音、有声元音变为清化元音、圆唇元音变为自然状态的元音等等,都是元音的弱化现象。之所以会有上述变化,是因为央元音舌位自然,单元音没有动程(一个音向另一个音的发音位置变动过渡的过程），松元音喉头肌肉不紧张，清化元音声带不振动，这些变化使得发音更简单轻松了，所以上述变化都是弱化现象。

我们知道，声调主要是由音高决定的，它除了高低之外，还有长短、升降的不同。声调弱化与轻读有关，主要表现为音程缩短，高低趋中，升降不明显。弱化后的声调调值一般用一个数字标记，有时也可以不标记。比如北京话"西边"[ɕi⁵⁵ pian⁵⁵]读作[ɕi⁵⁵ piɛn²]。

汉语中的儿化韵是后附音节弱化之后合并的结果。"儿"字在唐代时还是一个独立的音节，后来，随着汉语的发展变化，逐渐与前一音节合并，变成了韵尾。

增音：为了发音方便、避免发音部位过快的变化，在语流中增加了单说时没有的元音或辅音音素，这种语流音变现象叫做增音。具体来说，造成增音主要有以下几个方面的原因：

一是为了分清音节的界限。比如北京话"这儿"、"那儿"、"哪儿"，有人分别说成"这合儿"、"那合儿"、"哪合儿"，在"儿"[ɚ]之前增加舌根清擦音[x]，以区别两个音节的界限，即把一个音节变为两个音节。

二是为了调整音节结构的形式。在突厥语族语言的固有词中，音素与音素的结合有两个特点：(1)很少有以 r 起首的词，因此，外来语借词尤其是波斯语借词中以 r 起首的词，在发音时要增加央元音 ə 或前元音 i，如哈萨克语的 rəjza→ərəjza"满意"。(2)在固有词中，没有以复辅音起首的词，以复辅音结尾的词也很少，并且只局限在个别辅音的结合上。在这种情况下，要在一些外来语借词中的复辅音之前或之中增加元音，以分化复辅音，使之成为单辅音。这两种增音方式都是为了调整外来语借词的音节结构形式，以适应本族固有词音节结构形式的特点。从本质上看，它是为了适应本族发音习惯，为了发音上的方便。

有时为了防止发音部位变化过快,英语 athlete[æθli:t](运动员)往往读成[æθəli:t]。

减音:减音现象常出现在语速较快的语境中。它使原来应该有的音在语流中不发音,这种现象就叫减音,又叫语音脱落。即在连续发音过程中,减少单独发音时存在的音素。造成减音的原因主要有三方面:

一是语音弱化的结果。弱化音节中的音一般很容易脱落。比如北京话的[tou⁵¹fu]→[touf]"豆腐",元音脱落。

二是词根或词干之后缀加附加成分时,由于音节重组导致语音的脱落。这种现象在少数民族语言中出现较多。

三是为了发音方便而省去某些音。如北京人说话爱把"三个"说成"仨"。

减音的结果往往引起音节的合并,如北京话的"两个"、"三个"不但减去"个"的声母 k,而且 k 后面的 ə 和前面一个音节的鼻音韵尾也减去了,造成音节的合并:"两个"[liaŋ kə]→[lian ə]→[lia²¹⁴],文字上写作"俩";"三个"[san kə]→[san ə]→[sa⁵⁵],文字上写作"仨"。这种读法已经固定下来,不再受语速变化的影响。

合音:两个音或两个音节在语流中合成一个音或一个音节的现象叫合音。合音往往同时包含减音现象,主要有两种表现形式。

一是在语流中,两个音合为一个音。比如北京话的前响二合元音 ai、ei、ao、ou 在轻音音节(非重读音节)中可以变读为单元音 ɛ、e、ɔ、o,这就是一种合音现象。像"明白"的"白"读轻声,韵母 ai 可以读作 ɛ。

二是在语流中,两个音节合并成一个音节。比如汉语不少方言的"儿"音节和它前面的音节合音而成为一个音节,形成一套儿化韵母,像北京话的 huar[xua⁵⁵]"花儿",panr[pʰa³]"盘儿"等,这套儿化合音是成系统的。两个音节合为一个音节的合音现象,在许多语言中都很常见,而且一般多出现在常用词语中。在北京话中,除了儿化现象之外,其他像[pu³⁵iuŋ⁵¹]"不用"→[pəŋ³⁵]~[piŋ³⁵](老北京人)"甭"。前面举过的"两个"→"俩","三个"→"仨"等,是两个音节合并为一个音节。

换位:两个音在语流中前后位置互换的现象叫换位。换位是为了避免发音上的困难而引起的,比如一些老北京人常把 [iɛn³⁵y]"言语"说成[yɛn³⁵i],即 i 和 y 换位。

说话人在交谈中由于紧张或仓促,还会出现偶然换位现象,比如有人把"一个阔[kʰuo⁵¹]人走进铺[pʰu⁵¹]子里"说成"一个破[pʰuo⁵¹]人走进裤[kʰu⁵¹]子里",这是因为"阔"和"铺"的声母 kʰ→pʰ 换位引起的。

自由音变和不自由音变:自由音变是指音变条件出现,但音变现象并不一定必然随之产生。变和不变是两可的,随语言环境和个人习惯而异。比如北京话韵尾-n 后面的音节如果是唇音声母,由于同化的作用,可以变读成-m:"根本"[kən⁵⁵pən²¹⁴]→[kəm⁵⁵pəm²¹⁴],"难免"[nan³⁵miɛn²¹⁴]→[nam³⁵miɛn²¹⁴],但也可以不变。

不自由音变是指只要出现音变条件,音变现象就必然产生,比如北京话的上声变调就属于不自由音变。

由于前面音节的韵母或韵尾的影响,北京话的语气词"啊"常会产生种种不同的语流音变,其中有些是不自由的,比如前一音节的韵尾是-n 时,"啊"必然变为"哪",或者前一音节的韵母是-a、i、y 时,"啊"必定变为"呀";而其他条件下的音变是自由的,比如 a 在-ŋ 后

可以变为 ŋa 也可以不变。

不自由音变不受语言环境的影响,不论说话速度快还是慢,态度认真抑或随便,都会产生音变。自由音变往往要受语言环境的影响。说话快一些,随便一些,就出现音变;慢一些,认真一些,就可能不出现音变现象。其中说话速度是主要的。说话速度比较快时,以上音变就会产生,不因个人习惯而有所不同。只有说话速度正常或更慢一些的时候,才有可能显示出个人习惯的不同。个人习惯并不是完全个人的行为,也具有一定的规律性,有时和年龄、性别、文化程度和社会地位有关,比如新老北京人在一些词汇上的发音会有不同。年轻一代通常就不会将"甭"[pəŋ³⁵]发成[piŋ³⁵]。

连读变调:声调语言中的两个或两个以上音节相连,音节所属调类的调值有时会发生变化,这种现象叫做"连读变调"。连读变调是声调在语流中产生的音变现象,它只能发生在相连的音节之间,因为一个音节只有一个声调,而一个音节在单念时不存在变调问题。

汉语普通话严格说来,只有一种不自由的变调,即上声变调。上声调类单念或处在停顿之前时,调值是 214,处在阴平、阳平和去声之前时变成 21,处在另一上声之前时变读为 35。这就是典型的连读变调现象。其中,214 是分析和记录北京话上声调类的基本形式,称为"本调"或"单字调",21 和 35 是上声音节与其他音节连读时产生的调值变化,称为"变调"。

连读变调是有声调语言中常见的语流音变现象,有的语言连读变调非常复杂,有的语言比较简单,汉藏语系绝大多数语言是典型的声调语言,各语族的变调情况很不相同,苗瑶语族的连读变调一般要比壮侗语族复杂得多。在汉语方言中,吴方言和闽方言的连读变调复杂,粤方言和客家方言则比较简单,几乎不存在明显的连读变调现象。在同一种方言中,连读变调的情况也很不一样,比如北方方言以山西一带的方言最为复杂,北京话则是最简单的一种。

连读变调常产生在三个音节、四个音节甚至更多的音节之间,但一般都以两个音节的连读变调为基础。比如普通话三个音节、四个音节甚至更多音节连读时,如果其中包括上声音节,一般按两个音节上声变调规律变调。一般情况是前两个上声音节都变调读成 35。四个或四个以上音节如果都是上声,最简单的变调是除了最后一个音节外,其余都变成 35。

二、历史(历时)音变

由于古今历史变迁,一种语言在不同历史时期里发展和变化产生的语音差异叫做历史音变。

语音演变的缓慢性及规律性:在同一个历史阶段中的语音演变往往不容易观察出来,而且语音要保持交流上的相对稳定,其发展演变是一个缓慢的、渐变的过程,往往经历漫长的时间。

语音演变的规律性是指语音的演变不是个别的,杂乱无章的,而是成套的、系统的。可以把这种系统的、成套的语音演变归纳成语音规律。语音规律是一种语言在一定历史时期中语音演变的公式。汉语北京话现在只有清的塞音、清塞擦音声母,而没有与之对应的浊的塞音和塞擦音声母,但中古汉语有浊的塞音和塞擦音声母,在现代汉语北京话里都变成了清声母,而这种变化是成套的,有规律的。

语音演变的规律具有严整性的特点,即在同样条件下,整类的音都会产生同样的变化,很少有例外,即使有极少数例外现象,也大都可以找出例外产生的条件和原因。

语音演变的条件:中古汉语的浊塞音,原来属于平声字的都变成了现代北京话的送气清音,仄声(上声、去声、入声)字都变成了不送气清音。根据这样一个条件,可以总结出中古汉语演变成现代北京话的一条语音规律:声调的平仄制约着声母的送气与不送气。

不同语言的语音演变规律不同,这些不同是由不同条件决定的。比如古藏语演变为现代拉萨话的语音规律之一是,声母的清浊制约着声调的高低,即声调的高低是由声母清浊决定的。

语音演变可能以一个音在词间的位置为条件。也可能以外来语言的影响为条件。比如古代突厥语既没有 h 音位,也没有复元音,由于外来语的影响,即成批外来词的借入,一些现代突厥语中增添了 h 音位,像土耳其语的 hastane"医院"。

语音演变还受时空局限,空间即地域上的局限性是指某一规律在甲方言起作用,在乙方言中就不一定起作用。比如上述中古汉语的语音演变规律在北京话中起作用,而在粤方言、客家方言、闽南方言中就不起作用,这些方言至今仍保留着- m 尾。

语音的局部变化对音位系统的影响:语音的历史演变往往是成套的、有规律的发展变化,因此,局部变化常常会引起音位系统的整体变化。

我们知道语言是一个符号链条,链条上的每一个符号都处在既可以和别的符号组合,又可以被别的符号替换这样两种关系中,符号和符号组合起来的关系称为符号的组合关系。而一些符号在相同的位置上可以互相替换并具有某种相同作用,它们聚合在一起组成的关系叫聚合关系。比方说作为构造符号的音位 a 可以和 b、p、m、f 等相拼,构成组合关系,而这些能在相同发音位置上出现的音 b、p、m、f,就构成了一个聚合。音位系统的变化一般主要表现在音位的分合即聚合关系以及音位组合关系的变化两个方面。

一是音位的分合。先看音位的合并。汉语语音发展演变的总趋势是通过音位的合并逐渐简化,比如中古音/ȶ、ȶʰ、ȡ/、/tʃ、tʃ、dʒ、ʃ/、/tɕ、tɕʰ、dʑ、ɕ、ʑ/三组辅音音位在发展过程中逐渐合并。合并的结果,使得原来的三组十二个辅音音位变成了/tʂ/、/tʂʰ/、/ʂ/三个,少了九个。

再看分化。在语言的发展中,分化和合并常常是一个问题的两个方面。有合并,从另一个角度看就可能是分化;比如汉语全浊声母 b、d、g 的清化,根据声调的平仄变为同部位的送气和不送气的两套清音,即 b→p、pʰ,d→t、tʰ,g→k、kʰ,这是分化。

二是音位组合关系的变化。音位的分化和合并必然要影响到音位的组合关系。比如汉语中古音里的/tʂ、tʂʰ、ʂ/、/ k、kʰ、x/两组辅音音位,原来既可以跟开口呼、合口呼韵母相拼,也可以跟齐齿呼、撮口乎韵母配合,后来这两组音位发生了分化与合并;凡跟齐齿呼、撮口呼相拼的,由于腭化作用都变成了/tɕ、tɕʰ、ɕ/。

可见,语音的历史演变,不论在分合即聚合关系上,还是在组合关系上,都有严整的规律性。这种语言规律为我们研究亲属语言以及一种语言不同方言之间在语音上的对应关系,提供了有价值的依据。

思考与练习

1. 什么是同化作用? 举例说明同化作用的表现有哪些?
2. 什么是异化作用?
3. 弱化和脱落、合音有什么区别?
4. 举出增音、减音的例子各一个。
5. 什么是换位? 自由音变和不自由音变的区别在哪里?
6. 什么是连续变调?
7. 如何从历时的角度理解语音的演变? 音位系统的变化表现

在哪两个方面？

8. 下面的例子发生了什么样的音变？

ʃaŋnan(奖励)→ʃagnan

θink(想)→θiŋk

xorən(二十)＋ʂtsən(九)→ xorəʂtsən(二十九)

liaŋ²¹⁴(两)＋kə⁵¹(个)→lia²¹⁴(俩)

y²¹⁴(语)ian³⁵(言)→y²¹ian³⁵

mutʰou→mutʰo

qamlaʃmaq(适合)→qalmaʃmaq

第八节 音系学

一、生成音系学

（一）概述

音系学从音位学衍生而来。音位的发现和研究对语音的研究作出了重大的贡献，但随着音位学研究的深入和发展，音位的概念和作用被无限放大，它忽视了音位不过是自然语言的语音功能分类这一事实，脱离了音位的来源——自然语音实体的分析，把语音和音位对立起来，以音位研究代替语音研究，这就将语音及其功能的研究推入了狭窄的境地。

音系学的建立在一定程度上克服了这种弊病，它把研究的视角放在语音的自然属性和功能属性的结合点上，研究的对象、内容、范围远远大于音位学。从单位来说，不仅研究小于音位的区别特征，还研究大于音位的音组(声韵母)、音联(短语、句子)以及我们将在下文具体介绍的介于语音和语法之间的语素音位，甚至语调等。从研究的内容和范围来说,音系学还要研究共时和历时的语音变化、韵律节奏、语音配列、借词、文白异读等语音现象。当然在音位功能的研究上,音系学和音位学的研究是统一的。

20世纪50年代之前,以音位理论为基础的结构主义语言学家创立了一套分析语音结构的方法,他们认为把隐含于音素中具有区别性作用的特征提取出来,使之成为音系的结构单位,并以此为基础,围绕着位置和替换,就可以分析语音结构的系统性。但它排斥了语义和语法方面的信息,只是进行纯语音的线性结构分析。事实上,离开语义和语法信息,或者说离开对音义关联的语音基本结构单位的研究,音位的分离和分析必然存在一些弊端。音位研究中最重要的程序是寻找最小的对立特征,但音节一多,不同的语言可能是由于若干音节的差异造成的,而不是某一个音位对立造成的。

上述不足,促成了生成音系学的产生。生成音系学兴盛并崛起于二十世纪六七十年代,其主要代表人物是雅可布逊、哈勒和乔姆斯基。生成音系学与结构主义音位学主要存在两方面的区别:(1)前者以音位(音段)作为最小的基本单位;后者强调区别特征的重要性,以区别特征作为最小的基本单位。(2)前者重视语法、语义层面的信息,后者则不考虑语法、语义层面的信息。

(二)确定音系单位的原则

哈勒和乔姆斯基在创立生成音系学的过程中发现,如果从音位出发,根据一定的语音条件就可以得到具体的音素。但反过来从具体的音素出发,根据一定的语音条件不一定都能得到音位。比如北京话的连读变调规律"上＋上→阳平＋上",可以从箭头前的调位推出箭头后的调值,却不能从箭头后的调值推出箭头前的调位。如"土改"(214→35)＝"涂改"。我们平时往往意识不到两词中的"土"和

"涂"调值相同,也意识不到"土改"的"土"(35)和"土地"的"土"(21)的调值有什么不同。这说明,是否同音(或同调)有不同的层次,因此,不仅应当考虑语音条件的同音与否,还需要考虑更高层次的即语素在各种构词环境中是否同音的问题。

也就是说,应该把一个语素在不同构词环境中的所有语音形式抽象为更高一级的语音形式。这样,生成音系学就提出了语素音位的概念。一个语素只有一种语言形式,语素就以这一形式与其他语素相区别,即可以把 book[s]、bag[z]、box[iz]中的[s]、[z]、[iz]作更高一级的抽象,抽象为统一的语素音位形式{s}。前面举过的例子"土改"的"土"(35)与"土地"的"土"(21)可以抽象为统一的语素调位{21[4]}。一个语素有一个统一抽象的语音形式,无论对语法分析,还是对于解释发音人的语感都是很有必要的。它对于分析音系的格局、找出音系的规则也是必不可少的。

有了语素音位的概念,涉及语音的分析就有了三个层次,我们分别用[ ]、//、{ }表示音素、音位、语素音位。

后来为了研究的需要又提出"深层音段/表层音段"(大致相当于"语素音位/音素"),或称作"基本音形/派生音形"。前者决定着音系的格局,同时也是派生表层音形的起点。后者决定实际音值是否相同,但不决定音系的格局。怎样找出音系本源性的深层(基本)单位呢?生成音系学派认为,分析音位根据的是分布能不能预测、分布是否自由这两条原则。

分布能不能预测是指,如果某音的音值可以从其他音加规则推出来,那它是分布可预测的,属于派生音;反之,如果某音的音值不能从其他音加规则推出来,那它就是分布不可预测的,是基本音。规则的条件可以是语音的,也可以是语法、语义的。如普通话"土改"的调值 35＋214,可由单字调 214＋214 加变调规则推出来,所以是派生的。

分布是否自由,一是指语音上的分布自由,即在词形的合乎音理的位置都可能出现;二是在语法、语义上的分布自由,即在不同语法、语义类型的词中都能出现。比如北京话的"诶"[ε]从语义上只能出现在呼语中,从语音上看只能出现在开口呼零韵母的条件下,因此它不是自由分布,不是基本音形。

总之,生成音系学确定音系单位要综合考虑语音、语法、语义的条件及分布,把具体词形中出现的语音单位分为深层(基本的)和表层(派生的)两类,只有深层(基本的)音形才是音系的单位。在汉语的音系中,由于儿化韵只出现在特定的语义语法环境中,-儿与前字的合音,在北方大多与卷舌特征有关,在南方大多与鼻音特征有关,所以属于派生音的性质,不应收入韵母表。

(三) 语音格局

生成音系学把区别特征看作是音系的最小单位,并认为只有确定音系单位、找到音系单位分组活动的模式,才能更加简明地描写音系的格局。在这里,音系的格局有两层含义:一、一套音系的基本单位;二、单位的活动模式。一个语言的具体音形多种多样,但万变不离其宗。音系的单位只能在一定的规则制约下活动。规则和制约也就是语音活动于其中的框架和模式。音系单位在一定框架中的活动不是杂乱无章的,而是有格局的。比如每种语言的音节都不是音位的任意组合,而是有限制的组合。说话人对本族语中哪些音位组合是合格的或者合乎习惯的,哪些不是合格或不合习惯的,都有很好的直觉。音位组合成音节只能在一定的框架中活动,比如汉语普通话中以下音位组合是不能接受的:＊blik、＊lint,因为汉语普通话音节没有两个辅音的直接组合。同样,同一语素的音形交替也只能在一定框架中活动。英语的派生构词常发生长元音变短及重音位置的移动。如:nation – national – nationality,nature – natural – naturalistic;长元音 ei 总是与短元音 æ 交替出现。当代英语几乎每天都有新的派生词见诸报刊或其他媒体,这些派生词常常要发生语音的交替,而英语使用者并不会因为第一次见到它而不会读。因为这些新词构词的语音交替是有严格规律的,只在一定框架中活动,而且符合英语使用者的语感。

在生成音系学理论体系中,规则的地位大大提高。能否最简明地描写音系格局(单位的分组规则、组合规则、交替规则),被看作鉴别音系理论优劣的标准。

(四)语音特征

要想对语音单位进行分组,找出语音单位本质的、最小的组成要素非常重要。只有这样,才可以控制较大单位的活动方式。

从人类听觉感知的角度看,音节是人们感受到的最自然的单位,音素则是最小的线性单位,是人们能够听出来的最短的音。在生成音系学的标准理论中,一个音素被称作一个“音段”(segment)。

但从生理发音的角度考虑,音段并不是不可分析的最小要素。比如 t 是由舌尖中、不送气、清、塞等更小的发音要素组成的,无论替换其中的哪一个要素,都会得到另一个音段。

传统语言学和结构主义也都讲语音特征,其中作为生成音系学源头之一的布拉格学派对语音特征尤为重视。在这一派学者看来,从语音特征出发,可以发现一个音系音位的聚合系统具有平行对称的特点,雅可布逊等人还提出了用以描写人类所有语言的十二对声学语音特征。生成音系学继承了布拉格学派重视语音特征的传统,并有新的发展。

因为每个音段都可以分析为若干个语音特征,所以每个音段也就可以用一束语音特征的集合表达。比如普通话"门"的语音特征如下:(其中响音是指发音时声道内没有空气压力因而有响度的音,所有元音和鼻音、流音、半元音都是响音)

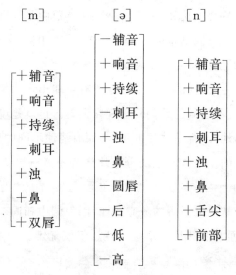

前面所说的"语音特征"就是生成音系学的"区别特征"。在生成音系学看来,如果只从区别词形或语素音形的作用出发,忽略音值上一些细小差异,全世界各种语言的语音都可以用数量有限的语音特征(大约 20 个)来描写。这些有区别词形作用的语音特征被看作"普遍的区别特征",而就某一个具体语言来看,系统地用来区分词形或语素音形的特征就更少。根据在具体语言系统的作用,普遍的区别特征又可进一步分为区别特征和羡余特征两类。

(五)区别特征和羡余特征

具体语言中有区别词形或语素音形功能的特征是区别特征。从单位的大小看,区别特征是音系的最小单位。从单位的性质看,区别特征是音系的基本单位。

区别特征的确定,要考虑语音的分布,还要考虑语法、语义方面的分布。另外,区别特征的分布应该具有在语音、语法、词汇条件下都不可预测的特点。就普通话来说,区别特征应是在单字音中分布不可预测的特征。比如[＋/－清浊]在英语中是区别特征,而在汉语普通话中则不是区别特征。[＋/－送气]正相反,在英语中不是区别特征,在普通话中却是区别特征。

在英语中,清浊的不同出现在所有可能出现的位置:词首、词中、词末;而送气不送气的不同只出现在词首。也就是说,凡有送气与不送气区别的地方,都是清浊的不同;而有清浊不同的地方不一定有送气与不送气的不同。清浊的分布比送气不送气更为广泛。所以,以清浊对立加上词首的位置就可以预测送气与否的特征;而清浊的分布却不可能从送气与否的分布预测,因为词中和词末位置既有清音,也有浊音,而它们都只是不送气音。仅仅确定了不送气和词中词末的位置,还是不能预测它是清音还是浊音。

因此,凡能够用其他条件推出来的特征就是被决定性的,不是区别特征,所以送/不送气不是英语的区别性特征。而不能用其他条件推出来的特征就是决定的特征,即区别特征,英语的清/浊符合这一条件。

在汉语普通话中,塞音可以出现在词首和词中。凡塞音可以出现的位置,都出现了送气和不送气的不同,而清浊的不同则是因为语流音变才出现在词中位置,不出现在词首位置。与英语相反,普通话凡出现有清浊不同的地方,都有送气与否的区别,而出现送气与否的地方,则不一定有清浊的不同,即送气与否的分布更加广泛。这样,浊塞音的分布可以由不送气音加"词中"这一特殊位置而推出，是可预测的分布，因此，它是非区别性特征；送气与否不能用其他条件推出就是区别性特征。

一种语言音系中语音的非区别性特征一般称作羡余特征。羡余是指它虽然是实际存在的，而且在发音时能够用到，但是对于系统的描写不是必需的，是被决定的。由于它是被决定的，可以由规则加区别特征生成，也就是说，找出一个语音的区别特征之后，描写一种语言的语音单位就可以只用区别特征，羡余特征则由规则引入添加，达到简化描写的目的。

二、非线性音系学

生成音系学也有明显的不足，特别是在音系规则的性质及其在语言系统中的位置、音流的组合模式两方面表现得尤为突出。正是因为这两方面的不足，直接激发了新理论的产生，即非线性音系学（non‐linear phonology），更确切地说应当称为多线性音系学（mutipl‐linear phonology）。与生成音系学相比，这两者在语音组合模式的看法上有着本质性区别。前者将音流看成是一条线的线性结构，即由长度相当于音位的音段所组成的单列线形结构，而非线性音系学将音流看作是多条线的线性结构，如声调自成一线、鼻音自成一线等。非线性音系学由此得名。

（一）音节结构

在非线性音系学中，音节是一个重要概念。在我国传统音韵学中，音节一直占有重要地位，声韵调分析法是汉语音韵学的基本内容。在西方音系理论中，音节的地位却比较含糊。从结构主义描写学派开始，到生成音系学的标准理论，更是舍弃了音节概念，直接用音位或音段。西方学者之所以舍弃音节概念是因为：

1. 音节很难找到自然属性上的依据。无论从声学还是从发音生理角度,都很难作出精确定义,特别是在连续的语流中,音节的低谷处应当从何处切开,如何确定前后音节的界限等,虽有各家说法,如响度说和肌肉紧张度说,但都无法确切解答这些问题。比如英语的 national 一词,词中位置的 n 归入前面音节还是后面音节,都合乎响度说和肌肉紧张度说。因此,英语词中位置上的音节界线无法确定,能够定的只是音节的中心。

2. 英语虽然有单音节词(如 sticks),但依据单音节词首末位置的情况总结出来的结构限制,对描写多音节词音形的限制却没有实质性的帮助。比如英语单音节词词首辅音丛最多可以出现三个辅音(如 stray),词末辅音丛最多可以出现四个辅音(如 glimpsed),词中最多可以出现一个长元音或两个短元音。如果把这些情况综合起来,英语最大单音节词的音段组合就是♯CCCVVCCCC♯。如果认为这就是单音节的组合限制,那么,它对于说明一个音节以上的多音节词形而言,毫无价值。因为英语最大的多音节词形并不等于最大的单音节的排列。

非线性音系学重新恢复了音节的概念,而且对音节的性质有了新的认识:(1)音节不是实体性的声音单位,不否认音节有相当一致的自然基础。(2)音节是音系单位层级中的一级,它在单位的组合中起制约作用。主要表现在:第一,有的语音现象涉及到的音系规则,必须用音节界限的概念才能说清楚;其次,许多音系规则引进了音节概念会使表达更加简明;第三,有了音节概念,不少构词音变规则的使用条件和变化结果就变得简明而有理据。

非线性音系学还发现,即使对于英语等重音型语言,音节的概念也并不是可有可无,音节是人类语言普遍存在的一级单位,而不是只适用于单音节、有声调的汉语。在这一点上非线性音系学的认识无疑深化了一步。

从音节结构层次上看,汉语的音节虽然有不同层次,西方重音型语言音节中各个音段的组合关系的紧密程度也不是一致的。比如在一个音节中,元音之前的位置上无论出现几个辅音,对重音都没有影响;而元音之后的位置上出现几个辅音则对重音有直接影响。这至少说明,元音和元音之后的辅音形成了一个对重音有影响的、关系更为密切的单元;元音前的辅音与它们的关系则稍远一层。过去,西方传统的做法是采用线性的元辅音序列,比如 CCVC 之类方式描写音节,这是因为他们忽略了音质成分与重音等超音质成分的关系。非线性音系学提示了这种关系,从而提出了新的音节结构模式。

S　　　　　(S→音节)

O R　　　 (O→音首或声母)(R→韵)

NC　　　　(N→核音或韵腹)(C→尾音或韵尾)

可以看出,非线性音系学提出的新的音节结构模型,与我国传统音韵学的音节模型十分相似。

（二）节律结构

揭示了轻重音的节律结构是非线性音系学的另一个贡献。

节律结构是指音流的轻重音结构。音流中音强的轻重,按一定规则交替出现而形成一种语言特有的节奏节律。

生成音系学标准理论的贡献之一,就是发现了英语重音的规律,并用规则描述了英语多音节词中哪些轻重音搭配是可能的,哪些搭配是不可能的。这比结构主义前进了一步。然而,生成音系学的重音规则基本还是单线性的表述模式,而且把重音看作是附着在元音上的一个区别特征。而非线性音系学则提出了节律有属于自己独立于音质成分的结构。节律与音质音段的关系,就好比歌的曲调和歌词,歌词有音节数目、押韵等结构要求,曲调也有自己的旋律、调式、节奏等结构要求。虽然曲调只能附在歌词上发出,但曲调的结构却不等于歌词的结构。

在音节中,音首与轻重音无关,决定轻重音的只是韵的构成或某些特殊的语素,这是许多语言的共同规律。问题是,韵中哪些成分与重音有直接关系,各具体语言的轻重音按什么模式交替,比如是轻重、轻重地交替,还是轻重轻、轻重轻地交替,各语言可能有所不同。轻重音交替的具体模式,构成了一种语言的特殊"节律结构"。

(三)自主音段与特征几何

生成音系学中的音段,大致相当于结构主义音系学的音位,是从时间上切分音流得到的最小的有音感的单位。它和结构主义一样,把语音看作单线性结构,而音段(或音位)就是单线性音流的最小结构单位,甚至是唯一的结构单位。

非线性音系学在对音节、音步和语音词研究成果的基础上,改进了音段之上音流的模式,使之成为一个多层套合的多线性结构:音段组成韵或声母,是一层线性限制,声韵结合成音节又是一层线性限制,音节组成音步或语音词还有更高的线性限制。因此音段之上的音流已不再是一条单线结构。

非线性音系学提出的自主音段概念,则是针对音段之下的层次的。自主音段是指特征也和音段一样,是语音的独立的线性结构单位,不同的特征在语音的线性流中,可能有自己独立的排列和排列限制,这就意味着音流在音段之下的特征层次也不是单线性的结构。

非线性音系学在研究了各种语言的构词之后发现,语音特征在音流中也有自己的组合限制,它们并不是没有结构地堆放在特征盒里,它们也像音段一样,形成一条条有结构意义的音列(tier),如辅音列、元音列、舌尖音列等等。也就是说,它们有自己独立的线性结构,是自主的。从这个意义上讲,特征也是"自主音段"。研究特征结构的学说叫"自主音段音系学",而这方面的深入研究,产生了"特征几何"(feature geometry,又译"特征架构")学说。

传统语音学讲发音特征,生成音系学讲区别特征,非线性音系学则继承了二者的长处,并有新的发展。

举例来说,如果立足于同一时间能否同时选择,发音要素应分为主动发音器官和发音状态的特点(含被动发音器官和方法)两大类。主动发音器官称作"器官",指某一个音在同一个时间中,使用了唇,还可以同时使用舌体的中段、软腭、声带等。可以同时使用的发音器官有喉、软腭、舌根、舌体、舌前、唇,共 6 个。发音状态的特点称作"特征"。一个特征总是和某些特征相互排斥,如舌体的前与后排斥,高与低排斥。彼此排斥的特征形成对立的一对,这是偶值特征的生理基础。器官是只有正值没有负值的独立要素。特征则正值和负值都形成有意义的聚合。把发音要素分为器官和特征两大类,器官只有正值、特征则为正负偶值,是特征几何学说的基础。

（四）声调

早期的结构主义语言学曾把语言的超音质音位分为音强重音、音高重音和声调三类。

音强重音指类似英语那种以词内音节的音强对比形成的韵律差异,如英语 present"礼物"第一音节比第二音节重。

音高重音是指日语那种以词内音节中的音高对比形成的韵律差异,如日语的 hashi"筷子"是第一音节高,第二音节低;而 hashi"桥"则是第二音节高,第一音节低。

声调指类似汉语的以音节内的音高变化形成的韵律差异,如普通话的 ma 音平调 55 为"妈",高降调 51 为"骂"。

其中,音高重音是词内音节之间的对比,与音强重音类似;但它着眼于音高而不在于音强,这又与声调类似。

声调是 20 世纪 70 年代后美国非线性音系学,特别是自主音段音系学讨论的热点问题之一。然而,他们所讨论的声调是非洲、日语式的声调,即结构主义所说的音高重音。这种声调虽然与汉语的声调有某些共同之处,但也有很大差异。

首先,汉语与非洲语言声调都有声调特征、调型两级声调单位,调型是具有区别词形功能的最小韵律单位;一般声调特征与音节相连,一个音节承载一个声调特征;相同的调型连读时,可能发生声调特征的变化。这是它们的相同之处。然而汉语与非洲语言声调的差异又很大,表现在:

(1)非洲声调语言中有区别意义作用的调型与语素或词相连,与音节数无关。不管几个音节都只连一个调型。汉语除吴方言中一些方言片区或次方言外,有区别意义作用的调型都与单音节相连,单音节一般也就是一个语素。即调型一般与语素即单音节字的韵相关联。

(2)非洲语言中的声调只有平调的分布是自由的,斜调(即非平调)的分布是不自由的,可以预测的,不会出现由三种音高组成的曲折调。汉语平调、斜调的分布都是自由的,曲折调只出现在语素单念时、合音或多音节的末位音节上。比如北京话的四个调值是 55、35、214、51,其中的曲折调 214 在双音词的前一位置时变为斜调 21 或 35(后面是 214 时),在单念或多音节的末位音节时保持曲折调。平调 55、斜调 35 和 51 则可以在单念和除轻声外的各种连续位置上出现。

在研究非洲语言声调的基础上,非线性音系学总结出的区分单音高值的最小单位声调特征和有区别意义作用的组合单位调型的模式,同样可以用于汉语声调的描写。汉语描写汉语声调常用五度制标调法,事实上,它的每个阿拉伯数字相当于单音高值的声调特征,由几个阿拉伯数字组成的调型也就可以看作是有区别意义作用的旋律组合单位。这与自主音段声调学的描写法有异曲同工之妙。

思考与练习

1. 为什么会有生成音系学的产生? 它和结构主义音位学的区别是什么?

2. 确立音系单位的原则是什么?

3. 如何理解音系单位是有格局的?

4. 仿造"门"的示例描写普通话"连"的语音特征。并指出其中哪些是区别特征、哪些是羡余特征?

5. 什么叫非线性音系学?

6. 如何理解非线性音系学恢复使用音节这一概念? 它的音节模式是什么?

7. 什么是节律结构?

8. 自主音段和特征几何这两个概念的建立是如何为说明非线性音系学的理论服务的?

9. 试从汉语和非洲声调的差异理解非线性音系学的声调研究。

参考文献

罗安源、金雅声《简明实用语音学》,中央民族学院出版社,1990

年。

王振昆、谢文庆《语言学教程》,外语教学与研究出版社,1998
年。

林焘、王理嘉《语音学教程》,北京大学出版社,1992年。

王洪君《汉语非线性音系学》,北京大学出版社,1999年。

叶蜚声、徐通锵《语言学纲要》,北京大学出版社,1997年。

第四章　词　汇

第一节　词汇及词汇学

词汇是词语的总汇。一种语言中所有的词和固定词组的总汇就是该语言的词汇。词汇是个集合概念，不是指单个的词，单个的词只是词汇的成员。

词汇具有系统性。一种语言的词汇所包含的词和固定词组可以多达几十万个，但这些词、固定词组相互之间的关系不是杂乱无章的，而是有机地联系着的。从语义上说，有同义、反义、多义等关系，从形式上说，有同音、同形、同素、同构等关系。词汇的系统性还体现为词语相互之间的互补性、制约性。词汇系统中一个词语的变化，往往会对与之相关的其他词语引起连锁演变。如汉语普通话的"爱人"一词，原指未婚的恋人和情人，后来"爱人"又用来指已婚的夫妻，人们为了区别已婚和未婚，就常用"朋友"来指未婚的恋人，并逐步固定下来。现在，"爱人、朋友、情人"已有明确分工，"爱人"专指已婚夫妇，"朋友"专指未婚恋人，"情人"则指婚外情夫、情妇。又如，英语中"meat"原指任何种类的菜肴，后来由于"food"（食物）、"dish"（盘菜）的介入，就缩小了意义范围，只指肉类荤菜。

传统语言学把语言系统分为三大部分：语音、词汇、语法，而现代语言学一般把语言系统分为语音、语义、语法三部分，不把词汇列为同一层面。我们认为,把语言系统分为语音、语义、词汇、语法四部分,能更加清楚地说明语言中形式与内容、符号与组合的关系。词汇与语义虽然有交叉,但不能相互替代,词汇不能完全包括语义,语义也不能完全包括词汇。

以词汇作为研究对象的学科叫做词汇学。词汇学研究词汇系统的层级体系、词语的形式和意义、词语的聚合关系、词语的构造、词语的源流演变以及词语的文化特点等等。

词汇学包括若干分支学科。研究某种具体语言的词汇系统的是具体词汇学,如汉语词汇学、英语词汇学、景颇语词汇学等;探讨人类各种语言的词汇系统的普遍规律的是普通词汇学;对某一时期的词汇系统面貌进行描写分析的是描写词汇学;对不同时期的词汇系统的发展、演变轨迹进行研究的是历史词汇学,其中专门研究词语的源流的叫语源学;对词汇的实际应用问题进行研究的是应用词汇学,包括专名学、词典学等。

思考与练习

1. 什么是词汇?如何理解词汇的系统性?
2. 什么是词汇学?词汇学研究包括哪些内容?

第二节　词汇的层级单位

词汇系统包括三种不同层级的单位:语素、词和固定词组。语素是最小的词汇单位,词由若干语素构成,固定词组又由若干词构成。

一、语　素

语素是语言中最小的音义结合体,所谓最小,就是说不可再分。

如"国家"就不是最小的音义结合体，它还可分成两个更小的有意义的语言单位"国"和"家"。但"玻璃"是最小的有意义的语言单位，"玻"和"璃"分开都没有意义，所以"国家"是两个语素，"玻璃"是一个语素。

语素也都有语音形式，以维吾尔语为例，语素可以是音节中的一个音位，如 akʰam（我的哥哥）中的 m 表示第一人称单数领属，是一个语素；也可以是一个音节，如 su（水）、atʰ（马）、qʰɨz（姑娘）等；也可以是几个音节，如 jaxʃi（好）、kʰijim（衣服）、gilεm（地毯）等。音位组合表示意义时，都是整体的，组合里的每个成分并没有分担着意义的一部分，只有语素才是最小的意义单位。

有些语素的语音形式不大固定，有多种语音变体。如汉语的kən（根）加上后缀"-儿"以后，韵尾-n 就掉了，读作 kər（根儿）。因而"根"这个语素有时候是 kən，有时候是 kə。英语是有词重音变化的语言，一些语素由于重音位置不同而语音形式有所不同。如 record（记录）这个语素，读[ˈrekəːd]时是名词，读[riˈkɔːd]时是动词。英语名词复数形式-s，也有[s][z][iz]三种语音变体。

一个语素可以有几个意义，只要这几个意义联得上，就是一个语素，否则就是几个语素。例如，汉语 mi²¹⁴（米）有"大米"、"去壳后的种子"、"三市尺"等意义。前两者意义联得上，是一个语素。后者的意义跟前两者联不上，是另一个语素。所以汉语的"米"不是一个语素，而是两个语素。

语素最基本的作用是构词，所以又叫词素。

词素可以根据它在词中的作用分为词根和词缀两类。词根是词的核心部分，词缀是表示词的附加意义或语法意义的部分。每一个词都必须有词根，但是可以没有词缀。

词缀根据其所起作用，又可分为构词词缀和构形词缀两类。构词词缀表示词汇意义，附加在词根上构成新词，如英语 teacher（老师）和 worker（工人）中的 -er。构形词缀表示语法意义，附加在词根或由词根和构词词缀组成的词干上，构成一个词的不同形态，如英语 opening（进行式）和 opened（过去式）中的 -ing 和 -ed；德昂语动词 liaʔ "剥"和 biaʔ "撕"若前加 k- 则表示自动态，即 kˋliaʔ "自己脱离"、kˋbiaʔ "自己裂开"，k- 就是构形词缀。

根据所在位置，词缀还可分为前缀、中缀和后缀。

前缀位于词根之前，如汉语"老大""老二"中的"老"，德昂语 ʔiˋmai（男人）、ʔiˋpɔn（女人）中的 ʔi；独龙语 puɯ³¹ suɯ⁵⁵（面粉）、puɯ³¹ sai⁵³（红）中的 puɯ³¹。英语里表示否定的前缀 re-、un-、dis- 等。前缀又叫前加成分或词头。

中缀插在词根中间。如我国南岛语系阿眉斯语 tumiraŋ（站立）由 tiraŋ（身体）加中缀 -um- 构成，rumadiu（唱歌）由 radiu（歌）加中缀 -um- 构成。中缀又叫中加成分或词嵌。

后缀位于词根之后。如汉语"学者""作者"里的"者"，"花儿""鸟儿"里的"儿"；拉萨话 kʰaŋ⁵⁵ pa⁵⁵（房子）、tsʰoŋ⁵⁵ pa⁵⁵（商人）里的 pa⁵⁵；阿眉斯语 fawahan（门）里的 -an（fawah 为"开"）；英语里 physician（内科医生）、musician（音乐家）里的 -ian（physic 为"医学、医术"，music 为"音乐"）都是后缀。后缀又叫后加成分。

二、词

词是最小的能够自由运用的语言单位。

"自由运用"指可以单独成句或独立充当句子成分或起语法作用。这就把词和语素区别开来了：语素是表示意义的最小单位，但并不都能独立运用，如汉语的词缀"老-""-者""-家"，德昂语很多动物

名词如 $a'\text{'}\upsilon^2$（狗）、$a'\text{miau}$（猫）、$a'd\mathit{o}n$（蟋蟀）、$a'\textit{z}ai$（蝉）里的词缀 $a-$，英语里表示人的后缀 $-ist$、$-ian$、$-ant$、$-ent$、$-er$ 等都不能单用，只能附加在别的成分上，不是词。而那些虽然不能单独成句或单独回答问题，但在句子中也不是别的词的一部分的语言单位也是词。例如汉语"你还来吗？"这句话中，"你""来"是词，"还""吗"虽不能单说，但也是词。

词是比语素高一级的单位。它可能只包含一个语素，如汉语的"黑""马""玫瑰"。也可能包含几个语素，如"黑板""马屁精""葡萄糖"。由一个语素组成的词，有其完整的意义，由几个语素组成的词，意义也是完整的，不可分割的，不是几个语素意义的简单总和。如"黑板"不是"黑色"和"板子"，而是"一种教学用具"；"马屁精"则是指"很会阿谀奉承的人"。我国传统语言学没有"语素"和"词"的概念，一律叫"字"。"语素"和"词"的概念是近代从西方语言学理论中引进的。

所谓"最小的"，是指中间不能插入别的成分。如"太阳""耳朵"，英语里的"computer"，维吾尔语的"dost"中都不能插进去任何成分。强调"最小的"性质，用意是把词与词组分开。词组是词的组合，它是句子里面作用相当于词而本身又是由词来组成的大于词的单位。如"红太阳""the computer"就不是词而是词组，因为其间还可以插入别的词，可以说"红的太阳"、"红通通的太阳"、"the new computer"等。

词从结构上可以分成单纯词、合成词两大类。单纯词是由一个语素构成的词，如汉语"天、地、人、多、少、走、跑、窈窕"，藏语"ko¹²（头）、ta⁵³（马）、kũ¹¹ tʂũ¹⁴（葡萄）"，蒙古语"gar（手）、nar（太阳）、xɔl（远）"等。合成词是由几个语素构成的词，又分为复合词和派生词两

·

类。由几个词根复合而成的词是复合词。复合词的词根之间一般有五种结构关系:联合式、偏正式、主谓式、述宾式、述补式等。由词根附加词缀构成的词是派生词。关于构词方式,是语法学研究的对象。

三、固定词组

固定词组是结构、意义都比较固定的词组,由若干词构成,在句中跟词的作用相同。一般的自由短语和句子,不属于词汇单位。固定词组主要包括熟语和专名两大类。

(一)熟语

熟语是结构、意义比较固定的习用短语,有成语和俗语之分。

1. 成语是具有书面语风格的熟语,其意义完整、结构定型、风格典雅。成语的意义一般是一个统一整体,具有双层性:一层是表面上的意义,透过它还有一层隐而不露的意义,而往往这隐含着的才是其真实的意义。如"胸有成竹"不能理解为"胸中有长成的竹子"。每个语言都有不少成语,如:

汉语:鹤立鸡群、刻骨铭心、刻舟求剑、风吹草动、锋芒毕露

藏语:ci^{55}(快乐)n̠am^{55}(一起)tu^{132}(痛苦)n̠am^{55}(一起)——同甘共苦

维吾尔语:tʰɑmɑ-tʰɑmɑ(滴滴)kʰøl(湖)bolɑr(成)——滴水成湖

傣语:kai^{13}(近)ta^{55}(眼)kai^{55}(远)tin^{55}(脚)——知难行易

英语:to kill two birds with one stone ——一箭双雕

　　　Haste makes waste——欲速则不达

成语的结构比较固定,组织严密。其构成成分不能随意颠倒、替换或增减。如"南征北战"不能说成"北战南征","半斤八两"不能说成"半斤五两","阳春白雪"不能说成"阳春的白雪","不胜枚举"不能说成"不胜举"。一般也不能随意仿造。如不能仿照"雪中送炭"造一

个"雨中送伞"。但也不是绝对的,如"揠苗助长"的"揠"字太生僻,就改成了"拔苗助长";仿照"无的放矢"造了一个"有的放矢"。

　　成语大多数是古语的沿用,保留了古代语言的结构特点,具有典雅的风格色彩。有的成语里的字保留了古的读音。如汉语"一暴十寒"里的"暴"读作 pʰu⁵¹;"出没无常"里的"没"读作 mo⁵¹;"图穷匕见"里的"见"读作 ɕian⁵¹。有一些历史不太长的成语,也是仿照古代语言的结构特点构成的,也显得比较典雅,如"百花齐放、百里挑一、全心全意"等。

　　2. 俗语则是具有口语风格的熟语。主要包括惯用语、谚语和歇后语。

　　惯用语的结构也比较固定,具有通俗诙谐的风格特征。如汉语"拍马屁、开后门、放空炮、敲边鼓、碰钉子、乱弹琴、不管三七二十一"等。惯用语在固定的结构形式方面没有成语那么严密,有的可以拆开来加进其他成分,如"拍他的马屁","碰软钉子"等。

　　除惯用语外,俗语还包括谚语和歇后语这两种固定的句子结构。谚语是一种特殊的句子,其结构固定、含义深刻、富于教育意义。格言也属于这一类。各民族语言里都有许多格言谚语。如汉语的"人心齐,泰山移";英语的"He laughs best who laughs last(谁笑在最后,谁笑得最好)";维吾尔语的 iʃliseŋ(你做的话)tʃʰiʃlejsen(你就嚼),意思是"不劳动者不得食";彝语的 lo⁵⁵ tɕi³³(手指)tɕi³³(只)a³⁴ ti³³(有)nu̠³³ ma³³(黄豆)ŋgu̠³³(捡)a²¹ hi⁵⁵(不能)ɕi³⁴ tɕi³³(脚趾)tɕi³³(只)a³⁴ ti³³(有)ke³³ ga³³(路)tsʅ³³(走)a²¹ hi⁵⁵(不能),直译是"只有手指不能捡黄豆,只有脚趾不能走路",意思是"单丝不成线,独木不成林";侗语的 jaːŋ²¹² toŋ²¹²(桐树)əi³⁵(开)wa³⁵(花)ha¹³(才)tok⁵⁵(下)ok³²³(种),tu²¹² nok³²³ tok⁵⁵ uk³²³(布谷鸟)ji³⁵ wan⁵⁵(叫)taːu⁵⁵(咱们)

ɕu³³（就）lam³⁵（插秧），意思是"桐树开花才播种，布谷鸟叫就插秧"。歇后语是由引子和正文两部分构成的一种俗语，一般采用比喻或谐音双关的方式构成。如汉语"和尚头上的虱子——明摆着""哑巴吃黄连——有苦说不出"是比喻，"孔夫子搬家——尽是书（输）""外甥打灯笼——照旧（舅）"是谐音相关。谚语和歇后语虽然是句子形式，但它们在结构和意义上都是一个不可分割的整体，所以也属于固定结构，属于词汇范围。

（二）专名

专名是表示专有名称或专门术语的固定短语，包括国家名、组织名、书名、篇目名和各学科领域专业术语等。如"中华人民共和国""中央民族大学""世界卫生组织""新华书店""社会语言学""分载式多弹头导弹""汉字激光照排系统""United Nationals（联合国）"等。专名往往可以简略，如"中华人民共和国"简称"中国"，"the United States of America（美利坚合众国）"简称 U. S. A，"非典型性肺炎"简称"非典"等。

思考与练习

1. 请举例说明词汇系统包括哪些不同层级的单位。

2. 下面的语言片段哪些是词，哪些不是词？

　　　语　字　英　敢

　　　骑兵　　　　骑马

　　　大家　　　　大碗

　　　红花（中药）　　　　　　红花（红色的花）

　　　黑板　　　　黑布

　　　大路　　　　马路　　　　走路

3. 举例说明什么叫词根、词缀。

4. 固定词组和自由词组有何区别？

第三节 词汇的构成

词汇是一个纷繁而又严密的体系，由若干子系统构成。划分子系统可以采用不同的角度。以下是几种常见的子系统。

一、基本词汇和一般词汇

（一）基本词汇

根据词语在词汇系统中的作用和地位，词汇可以划分为基本词汇和一般词汇。

基本词汇是词汇系统中全民常用的、最稳固的词语，是词汇体系的核心。它具有全民性、常用性和稳固性的特点。

所谓全民性，是指基本词汇不受地区、行业、文化程度等方面的限制，为全体社会成员所共同使用。如自然现象"天、地、日、月、山、水、雷、电、湖、海、树、草"，家畜名称"马、牛、羊、猪"、人的肢体和器官"眼、耳、鼻、手、脚、心、胃"，亲属称谓"父母、丈夫、妻子、儿子、女儿"，方位"上、下、左、右、前、后"，时令"春、夏、秋、冬"，数目"一、二、三、四、百、千"，工具"刀、车、斧"以及与日常言行有关的动作和现象"生、死、吃、说、走、跑、飞、看、听、想、问、长、短、大、小"等等。

所谓常用性，是指基本词汇使用频率很高，是人们经常使用的。有些词语虽然是全民使用的，但不常用，就不属基本词汇，如"宫殿、机枪"等。但要注意，常用词语和基本词汇是有区别的。常用词语只依据较高的使用频率而定，有些新造的词使用频率虽高，但不是基本词汇。基本词汇是常用词语的一部分。

　　所谓稳固性,是指其有很强的生命力,不容易起变化,比较稳固。大部分基本词汇都是历史悠久的,如汉语"人、手、家、大、小、一、二"等,在甲骨文中已经有了,可能是汉语中最早的一批词,而且一直沿用到现在。有些虽然历史不算很长,但其所指的事物现象,现在和将来都是人们生活和意识当中最常接触、不可缺少的,在将来也会久远地存在而不易消失,也具有稳固性。如"广播、工作、党"等。基本词汇里面的词虽然稳固,但在语言的发展中也有被逐渐替换的。如现代汉语,"脚"在古代是"足","眼"在古代是"目","看"在古代是"视","船"在古代是"舟"。被替换的古词虽不再作为独立的词使用,但大多数仍然以词根的身份参与后起词语的构成。所以尽管词汇中的新旧交替在进行,但词汇的核心,构词的材料是非常稳固的。

　　基本词汇中有一部分词具有能产性,即具有很强的构词能力,能和别的语素结合构成很多词。如汉语中的"人、手、大、学"等可以构成"工人、人民、人才、人道""手艺、手法、舵手、经手""大概、大约""大学、学生、学说、学术"等等。这些基本的词一般都是单音节的,称为根词。根词是指最单纯、最稳固、最能产和最常用的词,是基本词汇的核心,是典型的基本词。但是也有少数基本词构词能力较弱,如"牛、羊"等,而汉语代词基本上没有什么构词能力。

　　由于各民族所处的自然环境不同,社会结构、政治、经济、文化生活内容和方式也不一样,因此各民族语言的基本词汇的内容和范围也有差别。如北美的爱斯基摩语的基本词汇中,空中飞的雪、结成冰的雪、融化了的雪都有不同的名称。这是因为他们的生活需要经常分清不同状态的雪;蒙古语基本词汇中有关畜牧业的词特别丰富,如各种牲畜都有通称和按年龄、性别加以区别的特定的词,各种牲畜发出的叫声、马的各种不同步伐、奶制品和牧场的不同用途也都用区别非常细致的词来表示。这些词汇以及藏语的 ma:[13]（酥油）、tsam[55] pa[55]（糌粑），维吾尔语的 nan（馕）、kʰɛtʰmɛn（坎土曼）在本族语里是基本词，在汉语里则不是。而汉语的"稻、米"等在藏语、维吾尔语、蒙古语中也不是基本词。所以研究某种语言的基本词汇，必须联系这个民族的社会和历史条件。

（二）一般词汇

词汇中基本词汇以外的词构成一般词汇。如汉语的"邂逅、车床、宰相、物理、航天"，英语的"radialization（辐射、放射）、semibreve（全音符）、camelry（骆驼骑兵）"，哈萨克语的"alarmanbastawəʃ（导购）、televijzor（电视）"等。一般词汇主要特点是：不是全民常用的，或者虽然在短时期内为全民所常用，但较易产生变动，没有基本词汇那样强的稳固性。一般词汇所包含的词却有着自己特有的灵活性。社会的各种变迁、新事物的出现、旧事物的消亡，首先在一般词汇中得到反映。所以，一般词汇所涉及的词范围广、数量大、成分杂、变化快。它的内容包括：一些历史上传承下来的，但并不被全民普遍使用的词，如"薄暮、苍穹、徜徉、鼻祖、造诣、呻吟"等；一些新出现的词"新潮、遥控、剥离、违心、一国两制、高科技、软着陆"等；大部分外来词如"麦克风、荷尔蒙、雷达、探戈、华尔兹、坦克、芭蕾舞、霓虹灯"等；一些行业词如"辐射、支点、引力、元素、植被、高血脂、出生率"等；以及一些古旧词如"君主、陛下、老爷、邮差、戏子、姨太太"等。一般词汇的词语在一定条件下可以转化为基本词汇，如"政治、革命、民主、法律、信息"等词都是现代才从一般词汇转入基本词汇的。基本词汇和一般词汇相互影响、相互转化，构成语言既相对稳定，又不断变化的词汇体系。

在词汇体系中，基本词汇和一般词汇的一些词语在语义、构词上都相互联系，往往以基本词为核心汇聚同族词语，形成"词族"，如汉语以"人"为核心，构成"人民""人格""工人""商人""白人""黑人""大人""小人"等。词族中这些有共同来源的、意义相通的词称为同族词。同族词的同源关系是历史沉积下来的，根本性质上是历时现象或古代事实的反映。如景颇语 pat^{31}"往返"–pat^{55}"抽打状"–phat^{55}"招（手）"是一组同族词、tut^{31}"挤（指东西多）"– tut^{55}"接上状"–kǎt^{31}ut^{31}"相遇、碰上"– kǎ^{31}tup^{31}"遇到、冲突"– kǎtep^{55}"逼"是一组同族词。在词族中，有些词语属于基本词汇，如汉语"人民、工人"，有些词语属于一般词汇，如"人民性、人格化、小人物"等。词族的存在说明词汇具有体系性。

二、通用词汇和专用词汇

根据是否受使用者和使用场合的限制，词汇可以分为通用词汇和专用词汇两类。通用词汇是不受使用者和使用场合限制的词汇。专用词汇是某些特定的区域、社群中的人们所使用的词语，或在特定的场合使用的词语。主要包括方言词、社群词、口语词和书面语词等。

（一）方言词

方言词是某方言区使用而其他地区不用或很少使用的词语。研究方言词，对于方言的划分和语言比较研究、确定语言规范有很大作用。方言词之间的差别表现在以下几个方面：

1. 同一个概念各地用不同的词表示。如汉语的"甘薯"，北京叫做"白薯"，东北叫做"地瓜"，湖南叫做"红薯"，贵阳称"番薯"，四川叫做"红苕"；"向日葵"，河北唐山叫"日头转"，承德叫"朝阳转"，任丘叫"望天转"，山东济南叫"朝阳花"，昌乐叫"向阳花"，栖霞叫"转日莲"，湖南邵阳叫"盘头瓜子"等。英语的 bag（口袋）在美国南方各州叫

poke, pruse（钱包）则叫 pocketbook。藏语的"风"，拉萨话叫 ɬak⁵⁵
pa⁵⁵，西康话叫 luŋ³³，安多话叫 seru。蒙古语的"蚊子"，内蒙古方言
叫做 ʃarɛlaː，卫拉特方言叫做 pøkʰyːn，巴尔虎布里亚特方言叫做
hutn。

2. 同一个词在不同的方言里含义不同。如汉语的"手"，北京只
指从腕到指尖的一段，而从腕到肩的这一段叫"胳膊"，而湖南把整个
上肢都叫做"手"；"下海"，大陆指放弃铁饭碗而从事风险性较大的行
当，而港台指正式沦为舞女或艺妓；在河北话中"汤"有晚饭的意思，
"鼻子"有鼻涕的意思，与普通话不同。蒙古语的 pɔrɔːn，内蒙方言和
巴尔虎布里亚特方言是"雨"的意思，而卫拉特方言却表示"暴风雨"。
维吾尔语 muz 在中心方言中指"冰"，在和田方言中指"冰雹"；
pʰatʃʰaqʰ 在中心方言中为"小腿"，在和田方言中为"织毯架上的直
柱"。有时候，同一个词在不同方言里所指的概念恰好相反。如许多
汉语方言把横吹的管乐器叫"笛"，直吹的管乐器叫"箫"，可是福建话
恰好相反。藏文（转写）thon 在拉萨话里是"出发"的意思，而安多话
则是"到达"的意思。

3. 有的词是某一方言特有的，其他方言没有相当的词。如汉语
北京话的"劳驾"，上海话的"瘪三"，云南话的"饵块"（一种大米制成
的食品），河北话"脚核桃（踝骨）、闲摆（聊天儿）、扯空儿（撒谎）"等。
维吾尔语的 tʰirna（小鱼）、santʃʰʁaqʰ（鱼叉）只存在于罗布方言中；
dɛlgɛ（冬天）、sikilɛk（少妇）、kʰødʒym（稠密的）只存在于和田方言
中，其他方言没有。

方言词有的是承古而来的，如闽南潮州方言中的"颔（脖子）、翼
（翅膀）、目（眼睛）"，粤方言中的"饮（喝）、食（吃）、企（站）、着（穿）"，
河北方言"没耳性"（不听教诲，不吸取教训）等。有的是现代新造的，

如"单车(自行车)、电驴(摩托车)、电棒(电筒)、雪条(冰棍儿)"等。随着语言的发展,许多方言词缩小了使用范围,有的则被共同语吸收,扩大使用范围,成为全民语言的一部分。因此方言词是丰富标准语的来源之一。

(二)社群词

社群词是某特定社会群体使用而其他人不用或很少使用的特殊词语,又称社会方言,主要包括阶层语、行业语、隐语等。

阶层语是某些特定社会阶层的人们使用而其他阶层不用或很少使用的特殊词语。如上层社会的雅言"令尊、令堂、令郎、贱内、在下、府上、寒舍"等,下层社会的俗语"婆娘、堂客(妻子)、门面(儿子)"等。

行业语指某些特定行业、学科使用而其他人不用或很少使用的特殊词语。如"方程、通分、拓扑、张力、导体、化合、电解、音位、义素、内存、格式化"等。为避免造成混乱,行业语一般是一词一义,而且没有色彩。可在不同的行业里,同一个词可以表示不同的概念。如"运动",在物理学中指"物体位置的移动",在哲学中指"物质存在的形式",在体育中指"锻炼身体的活动",在政治生活中指"有组织有目的的群众性的社会活动"。行业语随着人民文化水平的提高和科学技术的普及,有可能进入到全民使用的词汇中,还可能成为常用词语。如汉语"惯性、直角、通讯、直观"等都已成为常用词语,而"细胞、共鸣、重心、背景"等,则不仅常用,而且经常使用其新产生的引申义了。

隐语是某些群体为了保密而使用的一些特殊用语,如土匪、盗贼的黑话,地下组织、保密机构、商人的暗语等。如"肉票(被绑架的人质)、撕票(杀害人质)、天窗(上兜)、底仓(裤兜)、线人(暗中为警察通风报信的人)、托儿(摊贩的同伙,假装成顾客诱人购物)、横川(三)、侧目(四)"等。隐语最初都是为了保密而产生和使用的,但其中有些逐渐为外人所掌握，失去了保密作用，成为一般行业语。

（三）口语词和书面语词

口语词是主要用于口头交际场合的词语。如"嘴皮子、老婆子、心窝子、脑袋瓜、鼓捣、瞎闹"等，其中有些带有方言色彩，如"脑壳、溜号儿、练摊儿、侃大山"等。书面语词是主要用于书面交际的词语，如"头颅、脸庞、孩提、研讨、允诺、修缮、寂寥"等。口语词和书面语词主要是使用场合不同，同时也受使用者的限制。在指称同一事物、表达同一概念时，一般是口语词音节较少，书面语词音节较多。如汉语"住——居住"、"听——聆听"、"流感——流行性感冒"、英语的"flu（口语词，流行性感冒）——influenza（书面语词）"等。并非所有的口语词和书面语词都是一一对应的。如现代汉语的口语词"傻眼儿、二流子"等，就没有跟它们对应的书面语词；"景仰、晶体、淙淙"等就没有跟它们对应的口语词。

词汇除去口语词和书面语词，其余的是口语和书面语都通用的中性词。如汉语里"瞧"是口语词，"视、睹、观、睨"是书面语，"看"则是通用的词。由于近代以来，书面语不断吸收口语词，而一部分书面语也以表现力较强或有规范作用等原因而逐渐渗入到口语里去，一些口语词和书面语词逐渐消磨掉原有的色彩，成为通用的词语。如同样在口语和书面语里都经常使用的"马虎、小心、打听、七上八下"，原是口语词；而"保守、推敲、文明、岂有此理"则本是书面语词。

三、外来词汇和方源词汇

从词语的特殊来源的角度来看，词汇可分出外来词汇和方源词汇两类。

（一）外来词汇

自古以来各个语言都借其他语言的词来丰富自己。外来词汇就是借用其他民族语言中词语的形式而产生的词,又称借词。借词包括音译词和借形词。

1. 音译词

音译词是用音译方式翻译外族语言而产生的词,可分为全借、全借加注、半借三种。

全借是将原词的语音和意义一起借入,是借词最主要的方式。如:

汉语:"沙发"借自英语 sofa

　　　"马达"借自英语 motor

　　　"绷带"借自英语 bandage

　　　"维他命"借自德语 vitamin

　　　"芒果"借自马来语 mango

藏语:tɕem^{13} tse^{55}(剪子)借自汉语

　　　am^{55} tɕʰi^{55}(大夫)借自蒙古语

维吾尔语:lim(檩)借自汉语

　　　　　ɑdɛm(人)借自阿拉伯语

　　　　　qʰɛʁɛz(纸)借自伊朗语

哈萨克语:syj(罪)借自汉语

　　　　　lama(喇嘛)借自蒙古语

　　　　　kino(电影)借自俄语

我国各少数民族都借汉语词,汉语也吸收各个民族语言的词。现代汉语外来词中有不少是以全借的方式来源于蒙古语、藏语、满语、维吾尔语的,如:

源于蒙古语的:戈壁、乌鲁木齐、呼和浩特、包头、哈达

源于藏语的:拉萨、日喀则、喇嘛、糌粑、氆氇

源于满语的:萨其玛、嬷嬷、福晋、努尔哈赤、爱新觉罗

源于维吾尔语的:阿訇、冬布拉、热瓦甫、可汗、克拉玛依

全借加注是在借用别族词语时,觉得音译词不好理解,就在音译词上加一个表示意义类别的本民族词来说明。如:

汉语:"卡车"借自英语 car ＋车

　　"啤酒"借自英语 beer ＋酒

　　"芭蕾舞"借自法语 ballet ＋舞

侗语:ma⁵ po⁴⁴ tsʰai⁵⁵(菠菜)是 ma⁵⁵(侗语固有词"菜")＋po⁴⁴ tsʰai⁵⁵(借自汉语的"菠菜")

纳西语:kue⁵⁵ xua³³ ba³¹(桂花)是 kue⁵⁵ xua³³(借自汉语的"桂花")＋ba³¹(纳西语固有词"花")

半借就是一半音译一半意译。例如汉语"冰淇淋"是借自英语 ice－cream,ice-部分是意译,－cream 部分是音译;"迷你裙"借自英语 miniskirt,mini-部分是音译,－skirt 部分是意译;"沙文主义"借自法语 chauvinisme,chauvin-部分是音译,–isme 部分是意译;东乡语的 naitsɯarsun(奶皮)中 naitsɯ 是汉语"奶子"的音译,arsun 是东乡语固有词"皮"。蒙古语 tsʰuluːntʃʰai(砖茶),tsʰuluːn(石头)是汉语"砖头"的意译,tʃʰai 是"茶"的音译。

有一些完全用本语固有的语素材料来翻译外语词的意义而造成的全意译词,只吸收了词的意义,而没有采用词的形式,不能看作是外来词。汉语吸收外来成分时就不喜欢借音,而喜欢用自己的语素来构词,如"黑板(blackboard)、足球(football)、蜜月(honeymoon)、鸡尾酒(cocktail)、牛津(Oxford)"等。在这一点上,汉语和德语相近而不同于英语、日语等。藏语的 lu⁵⁵(赎)ȵo⁵⁵(买)"赎买",蒙古语的 osan(水)saŋ(库)"水库"等,也都是根据汉语的意义翻译成词的,无任何音译成分,是意译词,不算是外来词。

2. 借形词

借形词是借用外族语言的字形而产生的词。文字形体相近的最易产生借形词。日语从汉语中借用了大量的词语,其中有的既借字形又借字音;有的只借字形不借字音,按日语词的语音来读,即所谓"训读"。汉语也从日语中借用了不少词,也是只借其汉字字形而按汉语的字音来读,如"抽象、瓦斯、液体、道具、干部、领土、流体、混凝土、手续、水准、文明、环境、哲学、系统、现象"等等。

任何语言都有自己的结构规则和发展规律,在语音、语法、词汇上都有自己的特点。在吸收外来成分时,都要适当地加以改造,使之纳入本民族的语音、语法、词汇体系。如汉语的音译方法,主要是把音节起首的浊辅音改为汉语具有的最相近的清辅音,把汉语所没有的元音改为汉语相近的元音,把部分收尾辅音改为音节,复辅音改成两个音节,去掉原有的重音或元音的长短,使所有改出的音节都带声调。而汉语的"茶",在借入维吾尔语以后,在语音方面,取消了声调,把舌间音改成了舌叶音,读作 tʃʰɑj;在语法方面,它跟固有词一样有数、领属人称和格的变化;在借入俄语以后,读作 чай,语法上归入了一定的性,也有了格的变化。蒙古语借汉语动词时,往往要在后面加上词缀-l 或-n,形式上如同一个派生词,如 duən"刹"、dʒignən"蒸"、tʃiilən"用尺量"等。有时借词的意义也发生变化。如藏语的 $la^{55}ma^{55}$ 原义是"上人、活佛",汉语借来以后,泛指西藏的一般和尚。汉语的"博士"本来是官名,蒙古语借去以后,读作 pakɕi,意思变成了"老师",后来汉语又从蒙古语借了回来,又变成了"把势"和"把戏"。汉语的"前"和"后",既表示时间,也表示处所。朝鲜语借去以后,读作 tsən 和 hu,都只表示时间,不表示处所。汉语的"针",既指缝衣的"针",也指医疗用的"针"。朝鲜语借去以后读作 tsʰim,专指针灸的

"针"。汉语的"拳"借入水语以后读作 ton³¹,意思变成了"打"。

借词虽然不是本民族固有的,但是经过广大人民长期使用,服从了本民族语言的规律,也就成了本民族语的有机组成部分,经过广泛而长久地使用,人们已经察觉不出它们是借词了。如汉语"葡萄、石榴、苜蓿、菠萝、狮子、玻璃"是汉代从西域借入的词;"佛、菩萨、罗汉、阎罗、魔、僧、尼、和尚、塔"是汉代以后从印度借入的佛教用词;"胡同、站、蘑菇"是元代时借入的蒙古语词。有的老借词甚至进入了基本词汇。如白语中借自汉语的 so³¹(笑)、se⁴²(小)、pɯ³³(父)、tsʅ(虫)、kɯ³¹(旧)、ko²¹(谷)、pɛ̃²¹(平)、ka³¹(讲)、tɯ²¹(头)、sɯ³³(手)等都是基本词。有的老借词已经成为派生新词的基础。如藏语的 tɕʰa¹³tsa⁵²(滤茶器)是由汉语借词 tɕʰa¹³(茶)构成的,蒙古语的 ʃaŋŋǎl(奖品)是有汉语借词 ʃaŋ(赏)构成的,鄂伦春语的 piːtʰi(有笔的)是由汉语借词 piː(笔)构成的。借词不仅服从本民族语言的结构规则,而且服从本民族语言的演变规律。一些老借词的形式和内容变得跟原来大不一样。因此区别固有词和借词,特别是亲属语言之间的同源词和老借词,成了一个难题。

借词如果适合使用的需要,有时甚至能在长期的竞争中战胜本族词,取而代之。如汉语中表示车站的"站",原来叫"驿",这个词后来借入日本,今天在日本仍叫驿。而汉语在南宋时从蒙古语中借用"站"(蒙古语 jam),"驿""站"两词并用,后来随着元蒙政权的建立,在各地设立"站","站"就代替了"驿"。元朝灭亡后,明朝皇帝曾通令从洪武元年起"改站为驿",但是在老百姓的口语里一直用"站"。清朝时也是"驿""站"并用。"九·一八"事变后日本帝国主义在东北建立"满洲国",也要改"站"为"驿",但这些行政措施始终行不通。可见借词只要符合社会的需要就会在语言中扎根。"站"在现代汉语中已经进入基本词汇，可用来构成"车站、站台、广播站、水电站、接待站"
等很多词语。

　　在词的借用过程中还有借出去的词再借回来的现象。往返之
间，音、义会有一些变化。最典型的例子在日语和汉语之间。魏晋六
朝以后，汉语对日语有很大影响，汉字也被用作日语的书写工具。在
那个时期，日语先从我国东南沿海地区借去"吴音"，后又从中原地区
借去"汉音"，汉语的词大量涌入日语。日本在明治维新之后，提倡向
西方学习先进的科学技术，对汉语借词或赋予新义或用作构词材料，
构成反映西方新事物、新概念的新词。中国开始大规模地向西方学
习科学技术是在日本之后，日语的这些表达新事物、新概念的词也适
合汉语的需要，于是又成批地从日语里借回来。如"思想、具体、资
本、政治、演绎、劳动、理性、垄断、悲观、乐观、储蓄、节约、警察、间谍、
交涉、理论、学士、硕士、博士、卫生、封建、反对"等是汉语中原有而后
又从日语中借回来的；"哲学、主观、共产、归纳、观念、经验、政党、方
针、谈判、分子、原子、反应、纤维、资料、学位、体操、批评、反动、支部"
等是日本人民用汉语材料构成的新词，也被汉语借用。这些词的构
词材料、构词规则都是汉语所固有的，所以从日语借回来并不感到有
外来词的色彩，与本族词并没有什么区别。借词是民族关系的一种
见证，是民族发展、语言发展历史的重要研究材料。

　　借词和构词是增加新词的两个途径。但是各个语言的重点不一
样。就汉语而言，从两汉时期借用匈奴和西域的词语开始，经历了魏
晋南北朝时代佛教词语的大批吸纳，再到近代社会受西方语言的影
响，产生了一系列的新词。但总的说来，新词的产生还是以构词为
主，借的数量相对少一些。有的语言则借词占了很大的比重。例
如日语是外来语极多的语言，日语词汇中 60% 以上的词语是汉语，

也有梵语、荷兰语、葡萄牙语等,明治维新以后,还从英语、德语、法语等语言中吸收了很多词。英语也是外来语很多的语言,现代语词汇中约 60% 的词语来自法语。

借词是丰富语言的重要手段之一,一般说来,它不会削弱本民族语言的特点。但如果词语的借用数量很大,也可能出现音位、音节结构、构词规则乃至句法规则的借用。英语由于借入了大批法语词,吸收了原来没有的[v]和[ʒ]两个音位。我国一些少数民族语言在向汉语借用大量词语时,吸收了汉语的一些结构要素和结构规则。有的语言增加了一些新的音位和复元音,有的语言固有的一些音位变体变成了独立的音位。如侗语[ph][th][kh][tɕh][phj][khw],这些送气音原来只是相应非送气音的音位变体,现在都已变成独立的音位。裕固语除增加[ʃ][f]这两个辅音外,还增加了[ai][au][ei][ie][uo][ye][ian][iən][uai][əu][ia][io][ua][uə][ue][ya]16 个复元音,其中后七个复元音除了在汉语借词里使用外,还用于本族语言的词语里。南方一些少数民族语的构词规则原来是"中心成分＋限定成分",现在已使用和汉语相同的"限定成分＋中心成分"规则。这种新的结构规则开始时可能只支配借词,后随着民族关系和语言影响的进一步加深而扩大自己的运用范围。如侗语原来把"我的书"说成"$le^2 jau^2$"(书我),自从借用了汉语的"的"(借作[tji])之后,在语序上就和汉语一样说成"$jau^2 tji^6 le^2$"。这在侗语的北部方言中已经代替旧形式而成为唯一的结构规则。一般说来,社会之间的关系越密切,这种借用现象也就越常见。

(二) 方源词汇

一个语言共同语除了搬借外族语词,还可以吸收本语言中某方言的词语以丰富自己,这些词称为方源词汇。方源词和方言词不同。

凡存在于具体某个方言中,有不同于共同语或其他方言的特殊含义、特殊构造材料或构造方式的词,是方言词;而来源于方言、成为共同语词汇单位的词,是方源词。吸收的过程一般是连音带义整个搬取过来而在语音形式上按照本语音系和读音习惯加以改造。如汉语普通话从广州方言吸收过来的"龙虎斗"(指蛇肉和猫肉一起烹烩的一种菜肴),原语音形式是 $luŋ^{11} fu^{35} teu^{33}$,普通话把它改为 $luŋ^{35} xu^{214} tou^{51}$。如汉语普通话的方源词,有来自作为其基础方言的北方话的,也有来自某些南方话的。如:来自华北官话的"老爹、老油子、姥姥、哥儿们、娘儿们、拉倒、磕巴、念叨、装蒜",来自西北官话的"二流子、馍、手电",来自西南官话的"搞、耍、甩、帮、耗子、名堂",来自吴方言的"瘪三、蹩脚、把戏、货色、尴尬、噱头、龌龊、晓得",来自粤方言的"龙眼、阔佬、阿姨、腊肠、花市、牛仔裤、电饭煲、冲凉、顶呱呱、即刻"等。

思考与练习

1. 基本词汇有哪些特点?举例说明。

2. 什么是"同族词"?用你的民族语、汉语方言或外语举例说明。

3. 用自己熟悉的几种语言(或方言)为例,谈谈借词的方式、特点和作用。

4. 什么是方源词?举例说明。

5. 下列每组词全都属于基本词汇的是(　　)。

　　A. 丈夫、妻子、兄弟、令堂

　　B. 若干、屹立、篇章、父母

　　C. make,look ,do,get

　　D. 电视、开发、能力、学派

6. 下列汉语词语中都属于借词的是(　)。

　　A. 雷达　足球　芭蕾舞

　　B. 卡车　电话　哈巴狗

　　C. 纳粹　吉他　比萨饼

　　D. 沙龙　朝廷　艾滋病

第四节　词汇的发展

　　词汇是语言中最活跃的部分。随着社会不断发展,人类思维日益精密,人们对现实现象的认识不断加深。新事物的出现、旧事物的消亡和认识的深化,在词汇中反映得最直接最迅速。这具体地表现在如下几个方面:新词语的产生、古旧词语的消亡和被替换、词语意义的演变。

　　随着社会的发展,人们创造了新的事物,发现了事物的新的属性,得出了新的结论。语言因此而产生了新词语。如解放后,汉语出现了"总路线、生产队、劳模、化肥、自留地、半导体、责任制"等新词语;在社会的进一步发展中"电饭锅、方便面、冰箱、空调、吸尘器、电脑、软件、激光、导弹、航母、立交桥、地铁、校园歌曲、教师节、开小灶、展销、法盲、普法、环保、仿冒、拼搏、评估、智力投资、技术开发"等词语又应运而生。随着人类登月计划的进展,英语中就有了 deep space(外层空间)、moonwalk(月面行走)、perilune(近月点)、apolune(远月点)等新词;女权运动的发展也产生了一些新词,如 sexism(性别歧视)、用 chairone 或 chairperson 代替 chairman(主席)等。

　　新词语的出现是我们很容易感觉到的。构成新词语的材料,少数从外语借来,多数是利用语言中原有的语素按照固有的构词规则构成的。英语中新近出现了 kleenex(擦面纸)、xerox(复印)、quark(夸克)这样看来似乎是完全新造的词,其实前二者分别来自一种擦面纸和一种复印机的商标名,后者出自爱尔兰小说家 J. Joyce 作品中的一个词,用于现代物理学中,表示作为假说而存在的三种不同性质的粒子。以已有的词为基础构成新词语保证了其作为表达新义的工具,容易被社会所接受。新词语的数量相当可观,范围也有很强的变动性。有些新出现的词语,一时传用得很广,但由于社会变动和人们思想观念转变等原因,只存在了短暂时期就销声匿迹了,就不能算作新词语。如"文革"期间出现并一度流行的"红五类、'忠'字舞、文攻武卫、工宣队、支左、批斗"等,随着"文革"永远成为历史而很快被社会所摈弃。而目前在国内互联网论坛和聊天室中,年轻人正使用着一种简约化的交流方式,形成这一群体的特定语言和代码:网络语言。网络语言通常以屏幕文字、音频及视频等形式进行相互间的传递和沟通。其中经常包含一些具有特定意义的词汇,如"东东"指东西、"晕""倒"意指对方说的话有点不可思议,不能理解,"蛋白质"指"笨蛋、白痴、神经质"、网络新手被称作"菜鸟"、在网上乱留言叫"灌水"、"很 S"形容说话拐弯抹角、"BF"指男朋友、"GF"指女朋友、"Zzzz…"指在睡觉、"斑竹"即版主,指论坛的管理人员等等。目前关于这些新出现的网络词汇的争议比较多,其发展如何,我们拭目以待。

古旧词汇是在古代语言或某个历史时期中使用、现在很少使用或只在某些特殊场合使用的词语。汉语的古旧词语又可分为古词语和旧词语两种。古词语是产生、流行于古代而只在现代书面语中沿用下来的词语,如"履、徙、目、首、视、睹、眠、卧、禽、兽、饮、食、毋、吾、尔、汝、之、乎、哉"等。如果词语虽然古老,但也同样在现代口语中使用的话,就不能算作词语,因为这表明词语一直活在人们的口头交际中,有充分的生命力。如"人、手、山、雨、岂有此理"等,就不能看成是古旧词语。旧词语是指产生的历史比较长,在现代前些时期还流行,可是由于不适合于现代社会的思想观念和风尚,现在已极少使用或一般不使用的词语。旧词所指事物现象一般并未消失,但已被新的词语所取代,如"听差、脚夫、邮差、门丁、侍者、老爷、少爷、少奶奶、名媛、缙绅、衙门、洞房、洋行、叩拜、光宗耀祖、衣锦还乡"等。

古旧词语的消亡原因主要有两个:一是随着社会政治、经济、文化、科学的发展,一些事物、概念消失了,相应的词语也就不使用而成为古旧词语,继而消亡。如汉语的"进士、太庙、社稷、陛下、顶戴、马褂、黄包车""女子无才便是德""五世其昌"等。二是词汇系统的变化、认识的变化也可以引起古旧词语的消亡。在汉语的发展中,先秦是词汇系统发生变动的一个重要时期。在上古,汉族人对某些现象的划分很细致。表示白的颜色因所表示的事物的不同而有不同的说法:月白为"皎",日白为"晰",人白为"晰",霜雪白为"皑"等。表示"行走"的意义,也按场合和方式有所不同:在堂上小步走叫"行",堂下举足徐行叫"步",在门外快走叫"趋",在中庭快走叫"走",在大路上疾行叫"奔",在草丛、山林中走叫"跋",在水中走叫"涉"等。后来这种种不同的名称和说法显得不必要和过于细致,逐渐都消失了,只要是同类的事物或现象就用同一个词语去表达,在词汇系统中只留下"白"、"走"。其他的词有的消亡了,有的虽失去了独立运用的能力,却保留在现代汉语的复合词或成语中,如"奔跑、跋山涉水"。有的古旧词语可以在描写古代历史或某种特殊的场合使用。如在外交场合可以用到"公主、陛下",在讲到古代社会时可以用到"鼎、太庙"等。古旧词语的消失并不像生物的死亡那样一去不复返,有的随着社会的发展而又能脱旧翻新,重新流行起来,如"小姐、赚钱、做买卖、久仰、开门大吉、恭喜发财"等。

古旧词语的替换是指有一些事物、现象本身并没有发生改变,但其名称被另外的词语所代替。引起词语替换的原因是多方面的:其一是社会因素。如我国古代称三十年为一世,唐初时因避唐太宗李世民的讳,用"代"替换"世";江苏的宜兴原名义兴,宋朝时避宋太宗赵光义的讳,就把"义兴"改为"宜兴"了;解放以后,汉语中很多反映旧的社会意识的词语都改变了说法,如"邮差、厨子、车夫、手民、戏子"被"邮递员、炊事员、司机、排字员、演员"所代替。每种语言都有社会因素所促成的词语替换。其二是语言系统内部的调整。词汇是一个系统,在这个系统内的各个成分、各种关系,都以自己的特点和方式发生着变化,有可能产生许多碰撞和矛盾,出现一系列的失衡现象,而词汇系统内部会随时加以调整,以达到新的平衡。矛盾的不断出现和不断解决,会推动词汇的不断发展。如汉语系统中随着语音形式的简化,同音词越来越多。为避免同音混淆,就用双音节词代替单音节词。如以"妻子"代替"妻",以"栖息"代替"栖",以"亲戚"代替"戚",以"欺骗""欺负"代替"欺"等;以"看见"代替"见","践踏"代替"践","宝剑"代替"剑","逐渐、渐渐代替"渐",都是这个原因。英语中许多词消失的原因也是同音混淆,"Gretan"(古英语"叫喊")和grētan(古英语"迎接、招呼")、hrūm(古英语"烟垢")和 rūm(古英语"房间")由于语音相似而导致了前者的消亡。其三是语言表达的精密化。人类认识由浅入深的发展,会推动许多词语的意义向丰富化、科学化发展,如"人"、"水"、"云"、"光"等词义从古至今即经历了这种变化发展。有一些词语的意义在发展中有了细致的分工。如古代汉语"保"的意思很多,不易区分,现在分别说成是"保护、保卫、保存、保养、保持、担保"等；单音形容词的使动用法现在大都被双音节词所替换，如"高"的使动用法"使……高"的意思现在说成"提高、抬高、增高、拔高、加高"等。

词语的替换有时在很短的时间内完成，有时却是一个长期的过程。如汉语"嘴"代替"口"的过程，前后经历了两千多年。秦以前，人的"口"和禽兽的"嘴"分得很清楚，后来人们在斥责、挖苦、讽刺时，用"嘴"来指人的"口"，即用于贬义。像《水浒》《西游记》中还保持着这种用法。到了《红楼梦》等比较晚近的小说中，对金陵裙钗也用"嘴"，"嘴"就彻底失去了贬义色彩，完全代替了"口"。可见"嘴"代替"口"的时间并不很长。

词汇的发展变化不仅表现为以上所说的数量的增减，还表现为原有词语的内容的变化，即词语意义的演变。词语意义的演变包括词语意义的增加、减少和替换。

词义的增加是大量的。例如汉语的"江"、"河"原本是"长江"、"黄河"的专名，现在用来泛指一切河流；"红"原来只指浅红，古汉语中深红叫"朱"或"赤"，现在"红"的意义扩大了，包括了浅红、深红在内；"老化"最初的意义是指"橡胶、塑料等高分子化合物在光、热、空气等的作用下变得黏软或硬脆"，后来增加了"老年人比重增长"和"知识等变得陈旧过时"这两个新义。英语的 dog 原指一种专门品种的狗，现在泛指一切品种的狗；earth 原来指"土地"，哥白尼创立天体学说后，增加了"地球"的意思。维吾尔语的 qʰɑtʰtʰɯqʰ 原义是"坚硬"，后来增加了"严格"的意义；ɦɑlqʰɑ 原义是"铁环"，后来引申出"环节"的意义。哈萨克语的 dʒurt 原义是"遗址"，后来又增加了"故乡、乡亲、群众"的意义。

词语意义的减少是指在词语的发展中，原有的意义减少或缩小了一部分。如汉语的"正房"原有"正面的房屋"和"大老婆"两个意义,"丫头"原有"女孩子"和"丫环"两个意义,"小生"原有"戏曲中生角的一种"和"青年读书人的自称"两个意义,现在后一个意义都已经没有了;唐代"可怜"有"可喜"(如"可怜春浅游人少,好傍池边下马行")和"值得怜悯"的意思,但现在"可喜"的意义已经没有了。汉语"汤"原泛指一切热水,在成语"赴汤蹈火"中还可看出"汤"的原义,现在只用来指煮好的一种流体食品。英语 deer 原来的意义相当于今天的 beast(兽、牲畜)或 animal(动物),现只指专门的一类动物"鹿"。

词语意义的替换是指旧词赋予新义。例如汉语"革命"古代指"改革天命",现在指"彻底改革社会制度、思想意识"等;"状元"古代是一种科举称号,现在指拔尖人物。中古英语"bird"原来指"幼鸟",后来产生了新的意义"一切鸟类",在现代英语中,这一新意义则完全取代了旧意义;pen 原义是"羽毛",由于古代以羽毛杆儿作为书写工具,故又转为"笔"的意义。哈萨克语 bala 原来指"禽类的雏",现在已变成"孩子、儿童"的意义。

在词汇的发展中,既有旧词语、旧义的消失,也有新词语、新义的产生,但总的趋势是产生的词语和词语意义比消失的词语和词语意义多得多,数量不断增加。以汉语为例,东汉许慎编的《说文解字》只有九千多字,清朝编的《康熙字典》增加到四万七千多,1915 年编的《中华大字典》增到四万八千多,1976 年台湾省编的《中文大辞典》共收汉字四万九千多。汉字的增加无疑反映了词语的增加。随着人们对客观世界认识的深入,词汇在质的方面也产生了意义更概括或区别更细致的词语。如汉语原来只有"煤""木炭""石油"等,现在有更概括的"燃料";原来只有"分子""原子",现在有表示更小粒子的"电子""质子""中子""光子"等。这使得语言的表达能力越来越丰富、越纷繁。

思考与练习

1. 词汇的演变发展包括哪些内容?

2. 新词语是如何出现的?

3. 什么是古旧词语?其演变的原因是什么?

4. 举例说明词语意义的演变。

5. "社稷""太监""丞相""符节"等词在现代汉语中已不再使用,它属于( )。

    A. 词义的演变   B. 旧词的消亡

    C. 新词的产生   D. 词语的替换

6. 把下列各词的词义演变的语言现象分别归于:a.词义的增加 b.词义的减少 c.词义的替换这三类。

①英语 meat 原指食物,现指食用的肉类。

②俄语 пиво 原指一切饮料,现指啤酒。

③英语 bird 原指幼鸟,现指鸟。

④英语 knave 原指男孩、小伙子,现指流氓、无赖、恶棍。

⑤"臭"原指一切气味,现指臭味。

⑥"墨水"原指写字用的黑色液体,现指写字用的各种颜色的液体。

⑦俄语 глаз 原指鹅卵石,现指眼睛。

⑧"涕"原指眼泪,现指鼻涕。

第五节　词汇的意义

词汇的意义就是和词汇的语音形式结合在一起的、比较稳定的、客观事物的概念指称,具有社会约定俗成的固定意义。词汇是由词和固定词组组成的,词汇的意义也应该从词和固定词组两方面来说。固定词组的意义由不止一个的词义组合起来所形成,但是其构成和表现不是单个词义的简单总和,而是有自己的重要特点。现代汉语不少固定词组中含有不能单独使用的,甚至不在其他地方出现的词,如"居心叵测"中的"叵","刚愎自用"中的"愎","岌岌可危"中的"岌岌"等。这些在固定词组中保留下的古代的词,其意义是固定语义的成分,但是却并不作为一般活的、独立的词义而存在。有的词虽然能单独使用,但出现在固定词组中时表现的是一种特殊意义,如"纷至沓来"的"沓"表示"不断","分庭抗礼"的"抗"表示"平等地相对着行(礼)"。固定词组的内涵还往往同一定的历史故事、传说或典故相关联,如"三顾茅庐"、"刻舟求剑"等。另外,固定词组一般还具有单义性,即只含单个意义,多义的很少。词的意义与固定词组的特点有所不同,下面我们主要讲词的意义。

一、词汇意义和语法意义

词的意义是一个错综复杂、完整而庞大的语义系统,可分为词汇意义和语法意义。由词的语法关系产生的意义叫语法意义;人们对现实现象的反映及主观评价,叫做词的词汇意义,又称作概念意义或逻辑意义,简称"词义"。

词义是一定语音与一定客体的约定俗成的联系在人脑中的反映。比如汉语"人"这个词的词义就是和 rén 这个语音形式结合在一起的"用两条腿走路、会说话、会干活的动物"。"单身汉"就是和 dānshēnhàn 这个语音形式结合在一起的"未婚成年男性"。"椅子"就是和 yǐzi 这个语音结合在一起的"有靠背、有腿、供人坐的家具"。

词义与语音并没有必然的本质联系。语言中最早一批词的语音形式同客体的联系是任意的。如"鸟"在汉语里用 niau[214] 这个语音形式来称呼，在英语里用 bird 来称呼，在蒙古语里用 ʃɷbɑ: 来称呼，在德昂语里用 sim 来称呼，在莽语里用 van^{11} θom^{13} 来称呼。有一些词是根据客体的声音造的词，如汉语"知了、蝈蝈、布谷、轱辘"等。但这些词在别的语言里不一定是拟声造词，即使是拟声造词也有不同的语音形式。如汉语里蟋蟀又称"蛐蛐"，而在佤语里称 si kriat；布朗语里称 krik^{55} krik^{55}；克木语里称 tʃɤk ruat；英语里称 cricket。后来产生的派生词、复合词却有理据性，而以什么作为理据能够体现出不同民族、不同语言的特点。如"麻雀"在汉语里、英语里都是单纯词，在德昂语、彝语里则用合成词来表示：在德昂语允欠话里称为 sim（鸟）rau（寨子），在德昂语汝买话里称为 sim^{412}（鸟）kram^{412}（树枝），在彝语里称为 mu^{33}（马）dʐa^{33} dʐa^{33}（拟鸟叫的声音）。

在有的语言中，一部分词使用什么因素表示意义与事物的形状有一定的关系。形状相近的使用相同的因素表示。如在景颇语的部分词中，a 多用在表示"大、粗、宽、远"的词上，i 多用在表示"小、细、窄、近"的词上，如 kã^{31} pa^{31}"大"、pa^{33}"宽"、tʃa^{33}"饱满"，kã^{31} tʃi^{31}"小"、kjip^{55}"窄"、lã^{31} si^{31}"瘦"等；而带 o 元音的多表示与筒状、方状、肥大状有关的事物或形状，如 nom^{31}"全部"、pom^{33}"发胀"、ʒot^{31}"涨起"、ʒoŋ^{31}"耸立状"、ʒon^{33}"鼓起"、pok^{55} pok^{55}"丰满状"等。

语言中大多数词既有词汇意义，又有语法意义，这样的词叫做实词。少数词只有语法意义，没有词汇意义，这样的词叫虚词。一般说来，语法意义和词汇意义比较容易区别，但也有时不太容易分清楚。有一些词，作为实词所固有的词汇意义并没有削弱，但同时衍生出虚词。两种相关而相近的意义并存于同一个语音形式，往往就易混淆不分。如汉语"起来"在"他起来想走""快起来，要迟到了"中就是词汇意义；"大家都笑起来""天气热起来了"中是语法意义。"在"在"今

晚我在家"中是词汇意义,"我们在教室排节目"中是语法意义。语法
意义是语法学研究的对象,词汇意义是我们这一节所要研究的对象。

二、理性意义和色彩意义

人们通常理解某个词义,都是以现实现象作基础,抽象地从本质
特点或区别性特点来把握该对象,是理性认识的过程,因而这种意义
称为理性意义。以上的例子就是理性意义,是甲词义区别于乙词义
的关键所在。词的理性意义可分为内涵和外延两部分,如"车"的理
性意义的内涵是"陆地上有轮子的运输工具",而其外延则是包括汽
车、火车、摩托车、自行车在内的一切车辆。理性意义的外延部分会
随着旧事物的消亡、新事物的出现而处在多变状态,而其内涵部分则
相对比较稳定,短时期不会轻易变化。

对于同样的现实对象,人们的主观态度可以不同,因而在形成理
性意义的时候可以带进人们的主观态度,这就给词义附加上了一层
色彩意义,从而使得词义更加缤纷多彩、区别细微。如"祖国、妈妈"
带有亲爱、亲切的感情色彩,"致哀、悼念"带有庄严、肃穆的感情色
彩;"谈"有严肃的态度色彩,"聊"有随便的态度色彩;"成果"是带有
褒义的色彩,"后果"则带有贬义色彩;"老头儿"带有亲切的态度色
彩,"老头子"则含有鄙薄态度色彩。英语的 little 和 small 都是"小"
的意思,small 不带感情色彩,little 则有指小和爱称的感情色彩。如
a little house 和 a small house 的感情色彩是不一样的。鄂伦春语的
附加成分 kʰaːn 接在名词、形容词后边,构成指小、表爱的名词、形容
词。如 ʃiŋarın(黄)kʰaːn"黄得可爱",təjiː(鸟)kʰəːn(小鸟儿),olo
(鱼)kʰoːn(小鱼儿)。很多语言的敬辞、尊称或客气词语、谦辞,都带
有鲜明的态度色彩。如一些语言中第二人称代词单数有两个形式,
如法语的 tu 和 vous;德语的 du 和 Sie;俄语的 ТЫ 和 ВЫ 等,分别相

当于汉语的"你"和"您"。一些语言还涉及到这类代词用作主语时句中作为谓语的动词和形容词也必须与其在语法上取得一致。藏语的"敬语"用于社会地位比较高的人。如 ko^{13}（头）是一般词语，用于普通人，u^{55}（头）是敬语，用于高贵的人。有少数敬语词还按地位高下、恭敬程度，分为几等。如"去"的敬语分两等，p^he^{253}、$tc^hip^{55}cur^{55}na^{55}$；"母亲"的敬语分为 4 等，$a^{55}ma^{55}la^{53}$、$jum^{14}$、$4a^{55}jum^{55}ku^{55}cu^{253}$、$cε^{11}jum^{14}ku^{55}cu^{253}$ 等等。景颇语也有尊称词，有的用普通词的词根加别的词根合成，如"妇女"num^{33}（普通词）——nu^{51}（母）num^{33}（妇女）（尊称词）；也有的用别的词表示，如"男子"la^{33}（普通词）——$\int \tilde{a}^{31}ta\eta^{33}$（尊称词）；另外，景颇语里还有少量憎称词，带憎恶的感情色彩，如"私生子"$n^{31}kji^{231}ma^{31}$（私生＋子：普通词）——$ma^{31}ka^{33}$（孩＋花：憎称词）、$ma^{31}jau^{33}$（孩＋杂：憎称词）；"聋子"$na^{31}pha\eta^{55}$（耳＋聋：普通词）——$na^{31}pji^{33}pat^{35}$（耳＋堵：憎称词）。

三、概括性和模糊性

词义具有概括性。人们对现实现象进行分类后，把有共同特点的现象归在一起，给一个名称，以使其与其他现象区别开来。这个概括的过程使人们能够把现实现象中特殊的、复杂的东西当作普遍的、一般的、简单的东西来掌握。比如我们对"橘子"这个词理解为：橘子树的果实，果肉多汁，内有整齐竖立的瓣儿，果皮略呈凹凸状，皮同瓣儿分离。我们的这种理解很显然舍弃了这种水果的品种、大小、形状、颜色、口味、产地等种种特殊性和复杂性，而只概括地反映了橘子有别于苹果、葡萄、芒果、梨等水果的本质特征。"人"这个词的词义就舍掉了男人、女人、大人、小孩、古人、今人、不同民族的人等意义的区别，而只剩下区别于其他动物的特点。词在这种由繁到简的过程中形成，成为交际的筹码，用来指称同类事物中的各个具体的、特殊的东西。

同时，经过概括而形成的词义，本身往往带有一定的模糊性，它只有一个大致的范围，没有明确的界限。比如汉语"幼年""少年""青年""中年""壮年""老年"，"潇洒""清丽""帅气"，"早晨"和"上午"、"下午"和"傍晚"、"傍晚"和"夜晚"等都只有一个大致的范围，没有明确界限。不同语言间的差别就更大。"早晨"一词的意义在汉语中一般是"从天将亮到八九点钟的一段时间"（《现代汉语词典》），而英语中一直到上午十一点左右仍同七八点一样可称为"morning"，甚至到快吃午饭时仍用"good morning"来打招呼。

词义之所以会出现模糊性，第一是由于客观事物的连续性造成的。这主要涉及一些名词和动词。如时间、颜色等原本就是处于连续状态中的，而词义则是需要把这些分割成便于概括、指称的小段，为了调和这一对矛盾，语言便进行了模糊处理，出现了"红、橙、黄、绿、青、蓝、紫……"等边界模糊的词。第二是由主观感受的差异性造成的。这主要涉及一些表性状的形容词，不同的人按个人的知识、经验、审美标准而有不同的理解。如"静"和"闹"，多少分贝为"静"，多少分贝为"闹"，会因场合的不同而不同，医院里被认为是"闹"的声音分贝恐怕要比自由市场"静"的声音的分贝低。类似的如轻和重、大和小、高和低、深和浅、长和短、快和慢、宽和窄、胖和瘦、软和硬等，都没有一个明确的标准。

词义的模糊性，对所有现代汉语词义来说，并不是一种普遍现象，而是一部分词所具有的特征。在现代汉语词义中，有相当多的词义并不具有模糊性。如"水田、桌子、铁路、元宵节、秋分、东、西、公里、公斤"等。即使在时间词中，有一部分词义也不具备模糊性，如"1月、2月、1997年、2003年、前天、昨天、明天"等，还是有泾渭分明的界限的。

思考与练习

1. 什么是词的词汇意义和语法意义？
2. 词义与语音有怎样的关系？
3. 什么是词的理性意义和色彩意义？
4. 如何理解词义的概括性和模糊性？

参考文献

叶蜚声、徐通锵《语言学纲要》，北京大学出版社，1997 年。

马学良《语言学概论》，华中工学院出版社，1981 年。

第五章　语义

第一节　语义和语义学

一、语义

（一）语义的性质

语义是语言各种单位的意义。语言是由音义结合而成的：语音是语言的形式，而语义是语言的内容，二者缺一不可。研究语言，既要研究形式，也要研究内容，还要研究形式与内容的关系。不研究语义，就难以认识语言的全貌，也不能科学地认识语音、语法的现象。

语言是由大小不同的单位组成的，有音位、音节、语素、词、短语、句子、篇章等。音位和音节是语音形式，不是表义单位。如汉语的元音 i 分别表示"衣、一、医、依"等意义，汉语的音节 pa 有"八、巴、疤、粑"等不同意义。语素、词、短语、句子、篇章等都是表义单位，依赖一定的语音形式反映各种不同的意义。语义所表示的是这些不同的意义单位，包括语素义、词义、短语义、句义、篇章义等。由于词是造句的基本单位，句子又是语言交际的基本单位，因而在上述各种表义单位中，词义和句义是语义研究的重心。

语义是客观事物和现象的反映，具有客观性的特点。人们在认识客观事物的过程中，逐渐形成了概念，并用语音形式巩固下来。没有客观事物和现象，就不会有语义。例如："牛"的语义是以"牛"的客观存在的特征为依据的,包括"头上长角、趾端有蹄、体大温顺、反刍哺乳"等。由于人类认识客观事物有个逐步深入的过程,因而语义反映客观事物除了大多是一致的外,也存在一些不一致的。比如"鬼怪、妖精"等反映迷信意识的词,在客观世界中本来就不存在,但人们由于认识上的局限性,则以为它是存在的。不过,这种不一致形成的词义,也有它的虚幻的客观依据。

人类的思维具有共性,因而与思维紧密相关的语义也具有共性。不管是什么民族,语义都是客观事物的反映,而且在语义的分类、概括上都是大同小异的。比如:"动物"概括的范围比"牛"高,"牛"又比"水牛、黄牛"高;"水果"包括梨、桃、橘、苹果……等各种果名。"花"由"兰花、桂花、玫瑰、芙蓉"等组成。"好、高、大、长"等都有与之相配的反义词"坏、低、小、短"等。以上所述的语义特点几乎都是各民族语言所共有的。语义共性是语言共性的一个重要方面。由于语义存在共性,不同民族相互学习语言,不同语言相互翻译才有可能。

但是还应该看到,语义又具有民族性。这是因为不同的民族由于文化背景不同,对语义内容的确定也各自带有本族语言的一些特点。比如"土豆"一词究竟是蔬菜还是主食,不同民族的认识不完全一致。生活在城市的汉族多用来做蔬菜食用,而有些民族(如四川彝族)则主要当主食。"鸡"和"鸟"在汉语是不同的词;而在景颇语里是用 u^{31} 一个词表示,是多义词,反映了景颇族先民把"鸡"和"鸟"看成是一个客观事物。又如:说嘉戎、羌、木雅、普米等语言的羌语支族群,由于长期生活在高山峡谷,形成了一套以山河为定向标准的方位词,这是汉族所没有的。如嘉戎语:ata 直上方——ana 直下方,aku 上游方——adi 下游方。

语义既有明晰的一面,又具有模糊的一面。语义的模糊性是语义的特点之一。语义的模糊性有来自客观事物的因素,也有来自人们认识的原因。客观事物构成的不同类别,相互间的界线有的是清晰的,如"人"是动物,"树"是植物,可以截然区分,没有模糊度。但有的则是模糊的,相互有交叉的。如"温"和"热",究竟几度以上算"温",几度以上算"热",始终没有一个统一的标准。不同民族、不同地区、不同行业的人,对语义的认识也存在一些差异。四川人爱吃辣,对什么才算辣,不同于不吃辣的地区。在四川饭馆吃饭,你向厨师交代说"菜不要太辣,有点辣就行",但端上来的菜可能使你辣得吃不下去,因为"有点辣"的语义是模糊的。又如,同一个"老",用在"老中医、老教授"上的年龄会比用在"老教练、老运动员"上的大得多。中医、教授不过50岁一般不认为老;而教练、运动员过了30岁就算是老的。语义的模糊还与语用有关。有的词,理性义是清晰的,但用作比喻义时就模糊了。"三"、"五"、"九"、"十"等词,理性义表示确定的数词,但在"三番五次"、"三教九流"、"五光十色"中则不指确定的数目,而是泛指"多"的数目。

(二) 语义的类别

语义的类别既可以就语言中存在的不同单位而划分,还可以根据其功能的不同而划分。语义从功能上可以分为理性意义、语法意义和色彩意义三种。

理性意义又称概念意义或逻辑意义,是人脑概括反映客观事物基本特征所形成的意义。比如:"马"的理性意义是"一种供人骑或拉东西的家畜";英语的 refrigerator"电冰箱"的理性意义是"一种装有电动器的冷藏柜子"。词有理性意义,短语、句子、篇章等也都有理性意义。

理性意义虽是客观事物的反映,但不同的人由于对客观事物特点认识程度的不同,以及接受客观事物、信息量的不同,对理性意义认识的深刻程度也往往存在差异。例如对"狗"一词,文化水平高的人理解为"一种嗅觉和听觉都很灵敏的哺乳动物",一般人则理解为"长有四条腿的家畜",而儿童认为是"会看门的"、"会咬人的"、"会摇尾巴的"。又如对"语言"一词,一般人的解释是"人说的话",而语言学家的理解是"传达信息、交流思想的工具"。

语法意义是指理性意义进一步概括并具有语法特点的意义。如将表示事物的"人、父、母、牛、马、花、草、风、雨"等理性意义概括为名词,将表示性质状态的"大、小、红、黄、好、坏"等理性意义概括为形容词。名词、形容词是语法意义。理性意义不同于语法意义,但理性意义在句中的功能含有语法意义。如表示动作行为的"走、看、听、打"等在句子中能当谓语用,含有谓语的语法意义。不同单位结合在一起所反映的结构关系意义,也是语法意义。如"热爱祖国"是一个"动词+宾语"的支配结构短语,"木头房子"是一个"名词+名词"的修饰结构短语。

色彩意义是指附加在理性意义上的某种倾向的意义,它表示说话者的主观情感以及语体风格等附加意义。如"结果、效果、后果"几个词具有相同的理性意义,即表示"事物发展形成的最后状态"的意义,但各自的色彩意义不同。"结果"为中性色彩,"效果"含褒义色彩,"后果"则有贬义色彩。"你真行"的"行",表示"能干"义,用于肯定,在"这事也敢做,你真行!"的语境中,"行"则是贬义,含有讽刺的意味。景颇语表示人体的"重"有两个:一个用于活人的,含褒义,称 $mǎ^{31} tʃun^{55}$,一个用于死人的,含贬义,称 li^{33}。二者在语用中有严格的界线。

由于文化背景不同,不同语言间理性意义与色彩意义的配合关系存在差异。如表示"狗"的词,西方人赋予褒义色彩,常说 a lucky dog"幸运儿"、dog bag"食物袋"、a jolly dog"快活人";而东方人则多赋予贬义色彩,构成"走狗、狗腿子、看家狗、狗急跳墙、狗仗人势、狗头军师"等贬义概念。理性意义、语法意义比较稳定,不容易发生变化;而色彩意义特别是与社会文化特点有密切关系的色彩意义容易发生变化。如"小姐"的色彩意义在中国大陆几经变化:20 世纪 50 年代至 70 年代,赋予"资产阶级"的色彩;改革开放之后,含有对年轻女子的尊称;近来又出现交际花的色彩,转向贬义。

语体也有不同的色彩。常见的是口语色彩与书面语色彩的差异。书面语色彩的词语多用于书面写作和比较庄重的场合(如报告、谈判)。例如:

口语	书面语
眼睛	目
走	行
死	逝世
好看;漂亮	美丽
这	此

二、语义学

语义学是研究语义的性质及其发展演变规律的科学。语言是一种符号,从这个角度上说,语义是以语言符号与客观所指以及符号与符号之间关系为研究对象的。语义学与语音学、语法学、词汇学并列,成为语言学中的一个主干分支学科。但语义学的出现较晚,一直到 20 世纪才逐渐被广泛使用,在语言学中是一门比较年青的学科。人们对语义研究重要性的认识是逐步加深、逐步扩大的。

"语义学"这一术语出现于 19 世纪末。1893 年,法国学者 M. 希雷阿尔首次提出了"语义学"这一术语,并在 1897 年出版了他的第一本专著《语义学探索》。从此,语义学开始从词汇学中独立出来,成为一门独立的新学科。但在相当长的一段时间里,语义研究与语音、语法研究相比,进展较慢。其原因是语义结构复杂,容易变化,难以形式化。拿语音来比,任何一种语言的音位都是有限的,音系的区别性对立特征比较容易求出。加上语义与心理、逻辑、文化等因素密切相关,语义研究要有这些学科的配合,需要相关学科相互渗透的条件。但自 20 世纪 60 年代以来,语义研究有了很大的进展,特别是西方各国越来越重视语义研究,出现了许多新的流派,在语义研究的理论、方法上有了不断创新。

人类对语义的思考和研究由来已久。世界上凡有古文字的民族,都有对古代典籍词语的诠释,如古希腊对荷马史诗的诠释,古印度对吠陀经文的诠释,中国古代对古书的诠释等。这些都属于语义研究的范围。在中国,早在先秦两汉,就有人对汉语词义的来源及变化进行研究,这门学问称为训诂学。但传统语言学研究语义,主要限于词义,包括研究词义的共时特征和历时变化,其研究范围较窄,是狭义的语义学。因为传统语言学认为,意义的单位是词,研究意义就是研究词义。19 世纪建立起来的词汇学,对词义的类别、关系、变化都有了不断深入的研究,形成了词义学。词义学研究语义,主要局限在词的内部进行,未能在更深、更广的层面上认识语言的意义,所以有人将词义学称之为狭义语义学。

结构语言学强调研究语言形式,而忽视研究语言意义。他们以为意义是语言之外的东西,不是语言单位应该研究的。直到 20 世纪 60 年代以后才开始注意语义的研究。早期的转换生成语言学也忽视了语义研究。到了上世纪 60 年代,随着句法研究中出现了大量的语义问题,才引起对语义研究的重视。乔姆斯基注意到了语义研究对句法研究的重要性,修改了他的理论,把语义列入生成语法的组成部分。但他又认为,句法有生成性,而语义只有解释性。而生成语义学派的观点则与之相对,认为语义和句法是不可分离的,都是语法的基础。

现代语义学是在传统语义研究的基础上产生的,它运用现代语言学的观点、方法,并汲取传统语义研究的成果,形成自己的科学体系。与传统语义学相比,现代语义学具有以下几个特点:

1.在语义研究的深度和广度上,现代语义学已大大超过传统语义学的研究范围。它不仅深入到词内部更小的单位,分析了义素的特征,而且还扩大至义丛、义句的分析,开辟了语义研究的广阔新天地。这种变化,反映了人们对语义有了更深、更广的认识。

2.在研究方法上,现代语义学与传统语义学相比有了更新,创造了一些新的方法。如义素分析、语义场分析法等。这些方法能够更精确地揭示语义的深层结构和语义关系。现代语义学追求语义研究的形式化,有其重要的应用价值。

我国开展的现代语义学研究,始于上世纪 70 年代。先是引进国外语义学的理论、方法,然后是结合我国传统词义研究的成果以及汉语的实际进行新的探索。80 年代起,语义学课程已在一些高等院校的语言专业中开设。学术界相继出版了一些语义学专著,并在刊物上发表了大批的论文。语义研究的逐步深入,对我国的词汇教学、词典编纂都起到一定的促进作用。至于少数民族语言的语义研究,半世纪以来虽有一定的进展,但在总体上仍处于初始阶段。

语义研究因方法的不同可分为不同的分支。主要有:对语义的现状进行微观、系统分析描写的,称为描写语义学;研究语义的历史演变的称为历史语义学;用结构语言学原理研究语义关系的称为结构语义学;用转换生成理论研究语义的称为生成语义学;结合文化研究语义的,称文化语义学等。上世纪 60 年代末提出的格语法,是着重从语义特征研究语法结构的新理论,在学术界影响很大。

思考与练习

1. 什么是语义? 语义的内容是什么?

2. 举例说明语义的民族性。

3. 语义的理性意义和色彩意义有什么不同,举例说明。

4. 语义学的任务是什么? 为什么说它是语言学中的一个主干分支学科?

5. 与传统语义学相比,现代语义学有哪些特点?

第二节　义素和义素分析法

一、义素

义素是语义中最小的单位,是语义分析中的一个最重要的概念。但要说明义素,先要认识什么是义位。

义位是语言中可以独立运用的最小语义单位。"中国、上海、我、你、一、二"等只有一个义位;"泼辣"有"蛮横、有魄力"两个义位;"辫子"有"发辫、像辫子的东西、把柄"等三个义位。在词典释义中,同一个词的不同义位称为"义项"。"义项"在词典编纂及语文教学中是一个很有用的术语。

不同语言的词,义位的分布存在差异。举例来说,"兄、弟、姐、妹"这四个表示同辈嫡亲称谓的概念,在汉语、白语里分别用四个词素表示，每个词只有一个义位；在蒙语里用三个词表示，"弟、妹"共用一个词，这个词有两个义位；阿眉斯语（台湾高山族一种语言）用两个词表示，"兄、姐"用一个词，"弟、妹"用一个词；英语也用两个词表示，"兄、弟"用一个词，"姐、妹"用一个词。列表对比如下：

汉语	白语	蒙语	阿眉斯语	英语
兄	$a^{31}ko^{33}$	axa	kaka	brother
弟	$a^{31}thi^{33}$	degu		
妹	$jv^{33}thi^{33}$		safa	sister
姐	$a^{31}t\underline{a}^{55}$	$egetʃ^{h}i$		

　　义素是构成义位的语义单位，是语义切分的微观层次。它是通过词义的分析提取出来的带有区别性特征的语义单位。义素是理论上抽象出来的语义单位，不是自然语言的单位。它没有语音形式，不像词素、词一样是音义结合体。因而义素不能从自然语言中直接观察到，而要通过理论分析才能得到。例如："男人"这个义位，包含着"人"、"男性"、"成年"等义素；"母亲"这个义位有"亲属"、"上辈"、"嫡亲"、"女性"等义素。又如：哈尼语的 mo^{31} "马"这个义位，包含着"家畜"、"有蹄"、"无角"、"可骑"等义素；$a^{55}go^{33}$ "哥哥"有"亲属"、"平等"、"嫡亲"、"男性"等义素。"义素"又称"语义成分"、"语义原子"。

　　任何语言的词，语义数量都是庞大无限的，但义素的数量则是有限的。语义研究的重大进展之一，是从义位中提取了义素。义素的提取，反映人们对语义特征的深入认识和科学把握。通过义素的对比、替换准确地把握不同词的语义特征，并将其异同形式化。看下面列出的两组同类的词，我们能够通过义素符号显示其区别，如果改变其中一个义素，其意义也会随之改变。

义位＼义素	人	男性	成年
男人	＋	＋	＋
女人	＋	－	＋

义位＼义素	家畜	蹄	角	供骑
mo³¹ 马	＋	＋	－	＋
a⁵⁵ ȵu³¹ 牛	＋	＋	＋	＋
a³⁵ tsʰi³¹ 羊	＋	＋	＋	－
a³¹ ɣa³¹ 猪	＋	＋	－	－

二、义素分析法

义素分析法是语义研究中的一个最基本、最重要的方法。其目的是通过一组义位的对比，进而分析、提取最小的语义单位——义素，并描写义素之间的关系。这是语义学家公认的一种科学有效的语义分析方法。

义素分析的主要过程是：先将义位相关的一组组词提取出来作为比较对象。所谓相关，是指主要意义属于一类的。如"祖父、祖母、父亲、母亲、叔叔、伯伯"等是一类，都表示亲属称谓；"青菜、白菜、茄子、黄瓜、冬瓜"等是一类，属于蔬菜类。然后仿照音位分析法中提取语音区别性特征的方法，分析、归纳这一类词的义素，并用图表和符号表示义素的对立关系，使之形式化。义素的对立关系即"非此即彼"的关系，用"＋"和"－"表示。比如：若把动物类中的"公牛、母牛、老牛、牛犊"放在一起比较，可以从中提取出"家畜"、"雄性"、"雌性"、"年老"、"年幼"等五个意义单位，五个都具有"家畜"义，与"非家畜"

义相区别。"公牛"和"母牛"都有性别特征,其区别在于"公牛"是"雄性","母牛"是"雌性";"老牛"和"牛犊"都有"年龄"的特征,其区别是"老牛"为"年老","牛犊"为"年幼"。由于"雄性"和"雌性","年老"和"年幼"是对立的,其中一个可以作为另一个的变体看待,因而可以进一步归纳为"家畜"、"雄性"、"年老"三个义素。这四个义位的义素分析列表如下:

义素　　义位	家畜	雄性	年老
公牛	＋	＋	±
母牛	＋	－	±
老牛	＋	±	＋
牛犊	＋	±	－

从上表可以一目了然地看出这四个义位在义素上的共同点和不同点。"公牛"和"母牛"的区别,是[＋雄性]和[－雄性]的对立;"老牛"和"小牛",是[＋年老][－年老]的对立。又如:动作行为义素的对比:

义素　　义位	自然(一紧张)	一只脚着地 (一两只脚着地)
走	＋	＋
跑	－	－
跳	±	±

人类对客观事物的认识有共性,因而不同的语言的义素分布也有共同点。但不同民族、不同地区的人,由于在社会历史、文化背景、

语言结构上存在差异,义素的分布也会有所不同,因而在义素分析的方法上也会有所区别。下面看看景颇语亲属称谓的义素分析。景颇语的亲属称谓非常丰富,常用的有 300 多个,义位、义素的分布十分复杂。但通过义位、义素分析,语义特征就比较清楚。分析时先把亲属称谓词分单式和复式两类。单式是基式,有 26 个,为单一语素;复式是在单式的基础上构成的,有两个或两个以上的语素。26 个单式亲属称谓可提取出以下 5 个义素:1.辈分(＋长辈,－晚辈),2.性别(＋男性,－女性),3.亲疏(＋血亲,－姻亲),4.长幼(＋年长,－年幼),5.呼方性别(＋呼方男性,－呼方女性)。这些称谓大多只用前三个义素就能区分清楚,只有少数还要使用后两个义素。例如:

		长辈	男性	血亲
wa^{51}	父	＋	＋	＋
nu^{51}	母	＋	－	＋
tsa^{51}	岳父	＋	＋	－
ni^{33}	岳母	＋	－	－
ku^{51}	公公	＋	＋	＋
moi^{33}	婆婆	＋	－	＋
$\int a^{51}$	儿	－	＋	＋

辈分有长一辈以上和晚一辈以上的,用迭加符号表示。若是同辈,用"＝"表示。例如:

		辈分	性别	亲疏
$t\int i^{33}tui^{33}$	祖父	＋＋	＋	＋
$t\int i^{33}khai^{33}$	祖母	＋＋	－	＋
$t\int i^{33}$	曾祖父	＋＋＋	＋	＋

woi³³	曾祖母	＋＋＋	－	＋
ʃu⁵¹	孙	－－	＋	＋
ʃu³¹ mǎ³¹ ʃi³¹	曾孙	－－－	＋	＋
la³³	丈夫	＝	＋	－
num³³	妻子	＝	－	＋
phu³³	哥	＝	＋	＋
na³³	姐	＝	－	＋
nau³³	弟	＝	＋	＋

　　景颇语部分亲属称谓，区别呼方性别，因而得再加"呼方性别"（＋男性，－女性）义素。例如：

		辈分	性别	亲疏	呼方性别
tsa⁵¹	岳父	＋	＋	－	＋
ku⁵¹	公公	＋	＋	－	－
phu⁵¹	哥	＝	＋	＋	±
jur³³	（女之）哥	＝	＋	＋	－
na³³	姐	＝	－	＋	±
tʃan³³	（男之）姐	＝	－	＋	＋

　　义素分析法对语言理论及语言应用的建设具有重要的价值。在理论上，义素分析法摆脱了对语义的笼统分析，将语义分析引上微观、形式化的轨道，使语义研究更加精密化、科学化。应该说，这是语义研究的一大进步。在应用上，义素分析法能以少量语义成分建立起不同层次的语义系统，能够说清不同的语义关系，能够比较准确地分析语言中的同义、近义、反义等语义关系。而且语义分析有助于从理论上解决词语意义的搭配问题，为语言教学提供了方便条件，有助于提高语言教学的质量。

义素理论和义素分析法在语义研究中虽有一定的创新，但也存在一定的局限性。由于语义是事物在人们头脑中的反映，而人们因社会条件、地位以及年龄、性别的不同，语义的确定也不同，因而对义素的认识往往存在差异，很难确定一个统一的标准。例如，我们通常把"男人"的义素列为"人、成年人、阳性"，但有的学者则认为这几个义素只是从生物学的角度分出的，没有顾及人的社会特征。所以对具体词语的义素分析，目前只停留在"仁者见仁，智者见智"的阶段，未能取得大体一致的意见。再说，语义研究的历史还不长，理论、方法还不够完善，有待逐步充实、完善。比如，语义分析在词义分析上积累的经验较多，而句子、篇章单位的语义研究较少；对实词语义的研究较多，而虚词的语义研究较少。这些不足都有待今后不断改进、充实。

思考与练习

1. 什么是义位？举例说明。
2. 什么是义素？举例说明。
3. 义素分析有哪些步骤？
4. 用义素分析法分析下面两组词的义素结构：

   挑、抬、扛、背、举、提

   牛、羊、狗、猪、鸡、鸭
5. 分析英语 brother、sister 二词的义素特征。
6. 义素分析法的理论价值和应用价值是什么？

第三节　语义关系

任何一个语义都不是孤立存在的，而是在一个系统中与别的语义相互联系、互相制约的。语义上的这种关系,称为语义关系。语义关系可分为语义聚合和语义组合两种不同的类型。

一、语义聚合

相关的语义聚集成群称语义聚合。相关的语义既指相同、相近的语义,又指相反的语义。语义聚合存在两种情况:一种是一个词内部不同义位的聚合,即多义词内部不同义位的关系;另一种是不同词之间的义位关系。

(一) 多义关系

词的义位存在多少不同的差异。一个词只有一个义位的称单义词。如"中国、北京、葡萄、苹果、牛、马、辅音、元音、氢、氧"等都是单义词。单义词只有一个义位,因而词内部不存在义位的聚合。一个词有一个以上义位的,称多义词。如:藏语的 ŋy:[55] 是多义词,有"银子、钱"两个义位;英语的 pencil 有"铅笔、小画笔、笔调、笔状物"等四个义位。不同义位的意义都是有联系的。多义词的出现,是人类表达思想日益丰富、不断精密化的需要。由于客观事物的数量是无限的,人们对客观事物的认识又是不断深入的,因而要使用语言中有限的词表示无限的客观事物就要扩大词义的表义能量,使得单义的词成为多义词。如"贝"原指"水中有介壳的动物",后因使用其介壳作为货币,增添了"货币"义位。又如景颇语的 nam[31] pan[33] 原只有"花"义,后来又指"天花"。

多义词的不同义位,其中总有一个是主要的。这个主要的义位称之为"核心义位"。其他义位的语义,大多是由这个核心义位派生的,称之为"派生义位"。派生的手段有引申、比喻、转义等。例如:"拿"的核心义位为"用手取",其他义位如"掌握"(拿权)、"刁难"(拿不住人)、"凭借"(拿眼睛看)等都由"用手取"派生的。"入口"原指

"进入口中"，后又用来比喻"江河、道路、关卡"的进入地点。载瓦语的 pui^{51} ŋji^{55} 核心义为"日子"，后又引申出"生活"义。哈尼语的 tsho^{31} 本指"罩（鸡）"，后来出现了帽子，又转指"戴（帽子）"。苗语大南山话的 qu^{31} 本义是"螺蛳"，后又指"人的圆形指纹"。又如："白旗"原有两个义位，一是"作战中表示投降打出的旗子"，二是"作战双方派人联络所举的旗子"，在 50 年代"大跃进"浪潮中，曾用"白旗"比喻"落后的单位"，一时间"拔白旗"成为常用的词组。核心义位多是最初出现的，又称"原始义"。但古今原始义和派生义会发生转换的。如"江"原是一个专有名词，只有"长江"一个义位，后来义位转移并增加，主要指"江河"，并特指"长江"（江南）。"河"也是这种变化。原先指"黄河"现指"河流"，并特指"黄河"（河东）、"银河"（河外星系）。

不同类别的词，义位多少存在差异。一般说来，专有名词、科学术语、数词、代词的义位多为单义位，如"上海、质子、中子、化合、化验、音位、音系、数学、二、四、五、你、他、这、那"等都只有一个义位。而动词、普通名词、形容词的义位则比较丰富。"存"有"存在"、"保留"（存根）、"寄放"（存车）三个义位；"小"有"大小"（小树）、"短时间地"（小住）、"排行最末"（小儿子）、"年纪小的"（下有小）等四个义位；"架子"有"支撑物"（花瓶架子）、"装腔作势的作风"（摆架子）、"组织、结构"（文章架子）等三个义位。

不同的语言，义位的分布存在差异。如：阿昌语的 pa^{255}"羊"，有"山羊"、"绵羊"两个义位，而哈尼语分为 a^{31} tsi^{231}"山羊"、a^{31} jo^{55}"绵羊"两个词，各有一个义位。又如，汉语的"洗"在景颇语里分为多个词，有 kă^{31} ʃin^{31}"洗（碗）"、puŋ^{31} khʒut^{31}"洗（头）"、mjit^{55}"洗（脸）"等。汉语的"分"是个义位丰富的多义词，翻译成英语则要用不同的词表示，有 divide"分开"、assign"分配"、distinguish"辨别"等。

（二）同义关系

词义相同的词构成同义关系，称同义词。同义词之间主要义素应该是相同的。但语言中完全同义的词很少。完全同义是指理性意义和非理性意义都相同，如"嫉妒"与"妒忌"，"山河"、"河山"。这类词又称"等义词"。同义词中大多是意义相近的，主要是理性意义相同而非理性意义不同的词。如"母亲"和"妈妈"是同义词，二者都指"子女的上辈女性"，理性意义相同，但"母亲"是书面语，"妈妈"是口语，色彩意义不同。又如：

爷爷——祖父　　　奶奶——祖母　　　爱人——配偶

教师——教员　　　手机——大哥大　　　长相——容貌

歌颂——讴歌　　　悲凉——凄凉　　　极力——竭力

语法意义的差异，也构成同义词。如载瓦语的动词通过松紧元音、不同声调的变化表示自动和使动的对立。不过，这种对立除了语法意义外还含有语义的差异，因此有的学者则主张当不同的词对待。例如：

	自动		使动
tso^{21}	吃	$tso\underline{\ }^{21}$	使吃
tan^{21}	飞	$ta\underline{\ }^{21}$	使飞
mju^{21}	浮	$mju\underline{\ }^{21}$	使浮
$kju^{?21}$	害怕	$kju\underline{\ }^{?21}$	使害怕

用义素分析法来对比同义词，能够较清楚地看出其异同。例如：

$$\left\{ \begin{array}{l} \text{生日（＋人或组织，＋尊敬，＋口语）} \\ \text{诞辰（＋人或组织，＋尊敬，－口语（书面））} \end{array} \right.$$

$$\left\{ \begin{array}{l} \text{胖（＋脂肪多，＋指人体）} \\ \text{肥（＋脂肪多，－指人体）} \end{array} \right.$$

同义词的产生有多种途径。大量的是语言内部出于某种需要而产生的,不同的词都是用本语材料构成的。上面所举的同义词例子都属于此类。但语言接触也是产生同义词的一个途径,构成一对由外来音译词与本语词组成的同义词。如:阿司匹林——退烧药,麦克风——扩音器。"非典"在亚洲爆发时期,这一传染病名也出现了一对同义词:萨斯(sars)——非典(非典型性肺炎)。这一对同义词不仅在日常口语里而且在传媒语言(如电视、广播、报纸)里都同时并用,但意译词已占上风。处于多民族关系之中的我国少数民族语言,都不同程度地从汉语和其他少数民族语言里吸收汉语借词来丰富自己,其中有些词与本语固有词构成同义关系,并存并用。如阿昌语:pzˌut^{35}(固有词)——thɔŋ^{31}(汉语借词)通,tsˌ^{55}(固有词)——lau^{31}xə^{35}(傣语借词)酒。

(三) 反义关系

词义相反或相对的构成反义关系,称反义词。如:"高——低"、"好——坏"、"重——轻"、"生——死"、"赞成——反对"等。英语的big"大"——little"小"、good"好"——bad"坏"、early"早"——late"晚"也是反义词。

任何语言都有反义关系,都有丰富的反义词。但不是每个词都有与之相配的反义词。有的词有正面词,无反面词;有的词有反面词而无正面词。如仙岛语(分布在云南的一种藏缅语,有 lum^{31}"圆"无"方",有 phɛt^{55}"反"无"正")。

在各种词类中,形容词因为表示事物的性质、状态,反映反义关系最丰富。如"长"——"短"、"粗"——"细"、"宽"——"窄"、"厚"——"薄"等,名词、动词、代词中也有一些。如:"优点"——"缺点"、"全面"——"片面"、"阴性"——"阳性"、"来"——"去"、

"爱"——"恨"、"拥护"——"反对"、"上面"——"下面"、"这"——"那"等。

反义词的语言形式多以不同的词表示，这是共性。但也有以不同的词根表示的。如：

苗语 qa^{33} ɬoŋ^{33} 中间 qa^{31} pu^{44} 边边

景颇语 ʃã^{31} ni^{55} 白天 ʃã^{31} na^{ʔ55} 晚上

凉山彝语还有以不同的前缀变换表示反义关系的。a^{33} 表示正义，i^{44} 表示反义。如：

a^{33} mu^{33}	高	i^{44} mu^{33}	矮
a^{33} fu^{33}	粗	i^{44} fu^{33}	细
a^{33} fi^{33}	宽	i^{44} fi^{33}	窄
a^{33} ʂo^{33}	长	i^{44} ʂo^{33}	短

也有同一个词既表示正面又表示反面的。这种反义关系是通过词内不同的义位来表达的。在句中使用哪个义位要靠其他成分或上下文表示。如：景颇语的 sa^{33} "来、去"，拉萨话的 ja:^{33} "借、贷"，苗语养蒿话的 me "买、卖"等。

反义词不全是"一对一"的。若是多义词，则有"一对多"的。如："老"——"幼、少、嫩、新"。景颇语：kã^{33} tʃa^{33} "好"——then^{31}、n^{55} mat^{55}、n^{55} khʒu^{ʔ55} "坏"。怒语：khʒoŋ^{33}、mz̩ər^{33} "深" – ba^{55}、a^{33} ba^{53} "浅"。哈萨克语：dʒajlə "心情舒畅"——dʒajsəz "心情不佳"、quwanəʃsəz "不快乐的"。

反义词"一对多"的，在语义组合中各有自己的环境。如："瘦"与"胖、肥"构成反义词，但与别的词结合时"肥"、"胖"各有自己的出现条件。例如：

	肉	子
瘦	瘦肉	瘦子
肥	肥肉	—
胖	—	胖子

又如，英语中与 tall"高"构成反义关系的有 low"低"和 short "矮"。后者各自有自己的分布：

		tree"树"	man"人"
tall	高	a tall tree 高的树	a tall man 高个的人
low	低	a low tree 低的树	—
short	矮	—	a short man 矮的人

由否定词构成的反义关系，如"美——不＋美（丑）"、"肥"——不＋肥（瘦）"，一般认为不属于反义词范围。

反义词的语义关系存在两种不同的情况：一种是绝对反义词。这种反义词的语义关系是绝对对立的，非此即彼的，二者之间不容许别的意义插入。比如"男"和"女"这对反义词是绝对对立的，非男即女，非女即男。"不男不女"虽是形容说法，但还是有性别属性的。又如：

正——反	是——非	有——无
动——静	生——死	合法——非法
有限——无限	胜利——失败	善意——恶意

另一种是相对反义词。这类反义词是相对独立的，二者之间不存在"非此非彼"的意义。否定一方并不一定肯定另一方。如"高"和"矮"是一对反义词，但二者的语义不是绝对对立的。"不高"不一定是"矮"，"不矮"不一定是"高"，"高"和"矮"之间还有"不高不矮"、"略高"、"略矮"的中间意义。其他又如：大——小、胖——瘦、高——低、

快──慢、美──丑、热──冷、胜──负、反对──支持等。

二、语义场

现代语义学区别于传统语义学的重要标志之一，是把分散的语义看成是成系统的。语义场理论的提出，反映了语义研究进入了系统的新阶段。

所谓语义场是语义单位按语义关系聚合而成的"场"。属于同一语义场的词，在语义上都具共同的特征，结成一个词汇的网络。比如："祖父、祖母、父亲、母亲、哥哥、姐姐、儿子、女儿"等，都具有（＋亲属）义素，这些词共同组成一个语义场，称之为"亲属称谓语义场"。"树、柳、松树、杉树、桃树、梨树"等，都具有（＋树木）义素，共同组成一个"树木"语义场。"打、抓、撕、拿、提、拉、拽"等都有（＋用手）义素，组成一个"手的动作"语义场。

多义词进入特定的语义场，只以其中一个意义对待，如"黑"有"像煤一样的颜色"、"秘密（黑话）"、"坏（黑心肠）"等义位，但进入颜色语义场的义位是第一个。同一语义场内的词，在语义上都是相互联系、相互制约的。

语义场具有层次性。语义有大有小，语义场也有大小、层次之分。一个语义总场下面还有层次不同的子场。例如：动物语义场下分"人"与"非人"两个子场；"人"的子场下面又分"亲属称谓"、"职业名称"等子场；"动物"的子场中又分"家养"与"野生"、"哺乳"与"非哺乳"等子场。

确定语义场，要区分不同的层次，一直分到最小的单位。语义场的语义层次序列与词汇和概念的层次序列基本相同。所以有的又称"语义场"为"词汇场"、"概念场"。

在语义场的不同层次中，居于上位的称上位词，居于下位的称下位词。如:"水果"是上位词,"梨、桃、苹果、葡萄、荔枝"是下位词。下位词的意义比上位词具体。上下位关系又称类属关系。上下位关系大多是使用不同的词表示,但也有通过变音构成的。如景颇语有"个称名词"和"类称名词"的对立,前者是下位词,后者是上位词。类称名词构成的主要手段是在个称名词的基础上加配音音节。例如:

	个称		类称
$nam^{31} si^{31}$	水果	$nam^{31} si^{31} nam^{31} so^{33}$	果类
$\int at^{31} mai^{55}$	菜	$\int at^{31} mai^{55} \int at^{31} mo^{33}$	各种菜
$thi\eta^{31} pu^{31}$	邻居	$thi\eta^{31} pu^{31} thi\eta^{31} pje\underline{n}^{33}$	左邻右舍

不同语言的语义场层次都有共性。下列矩阵是动物语义场的子场分布:

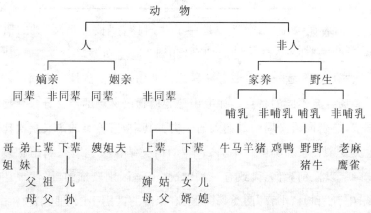

语义有多样性,语义场的分类也存在兼类交叉。因此,同一义位可以出现在不同的语义场里。如:"牛"可以与"羊"、"鸡"、"鸭"等构成一个"家畜"语义场;但又可与"马"、"骆驼"等组成一个"可供骑、驮"的牲畜语义场。

语义场是 20 世纪 30 年代发展起来的。它的出现,标志着人们已把语义看成是一个相互联系、相互制约的系统,认识到语义是一个有结构关系、划分层次的体系。这种认识,是语义研究的一大进步。有了语义场的理论,人们在分析具体词义时,可以把它放在一个场内进行考察,从与相关的词的比较中,把握其本质特征或主要特征。如从下列的语义场的义素对立关系中,能够一目了然地看出这一组义位的语义差异。

义位 ＼ 义素	直系亲属(±)	男性(±)	长一辈(±)
父亲	+	+	+
母亲	+	－	+
祖父	+	+	－
祖母	+	－	－

上表显示,这四个义位是一个共同具有"长辈亲属"义的语义场。"父亲"和"母亲"、"祖父"和"祖母"是性别差异,"父亲"和"祖父"、"母亲"和"祖母"是辈分差异。语义场具有民族性。不同语言的语义场各有不同的特点。如凉山彝族动物语义场的语义分布就比较复杂,是名词语义场中最庞大的一类。其中,家养类的语义层次比野生类复杂。家养类中,"牛、马、羊"的语义结构又比"猪、鸡、狗"多而复杂。以性别为例,大致有三种情况:一是区别较细的,阴性中还分"未生育"和"已生育"两类,甚至还有年龄的区别。二是区别较粗的,只有阳性和阴性的区别,甚至有的只有阳性而无阴性,如"野猪"。还有一种是没有性的区别,其中有凶猛不可及的动物(如"虎、豹、黄熊"等),有不易识别性的(如"苍蝇、蛇、小鸡"等)。凉山彝语性别的区别除阳性/阴性的对立外,还有骟性/非骟性的对立。单式语素为通性(如 m^{33}"马"),单式语素加 bu^{33}、pu^{33}、pa^{35}、la^{33} 表阳性,加 $mɯ^{42}$ 表阴

性,加 ʂwɯ³⁵、na³⁵表示骗性。凉山彝语动物名词语义特点的复杂性,与长期居住在山区并经历过畜牧经济形态有关。

三、语义的组合

(一) 什么是语义组合

语义组合是指人们在语言交际中用词语造句的语义组合规则。语义的结合不是随意的,除了受语法规则的制约外,还受语义条件的支配。例如:由“名词+动词”组成的主谓结构,“我去”成句,“哥哥去”也成句,而“马去”、“桌子去”不成句,因为“去”的施动者规定的语义是“人”,而不能是动物、用品。又如:“数词+量词+名词”组成的修饰结构名词短语,“四位客人”可以说,但“四位仇人”则不能说,因“位”一词用于敬意。“一个耳朵”可以说,“一个胸”就不能说,因“胸”不能数数。可见,符合语法规则的词语搭配不都是通顺的。

不同的词语能否组合,决定于其理性意义、色彩意义是否相融,是否相配。这可以通过义素分析加以验证。在理性意义上,“打”的义素是(+用手、+拿器物),能组成“用棍子打、用枪打”;而“踢”的义素是[+用:用脚、-拿器物],不能组成“用棍子踢、用枪踢”。在色彩意义上,褒义词总是与褒义词或中性词相结合,不能与贬义词结合。例如:“敬爱”一词的理性意义是[+尊敬、+热爱],只能与正面人物相结合,说成“敬爱的老师、敬爱的首长”;而不能与“仇人、敌人、小气鬼”等反面人物结合。在多数情况下,口语词与口语词结合,书面语词与书面语词结合,混杂了就不协调。例如:“死”和“逝世”是同义词,都含有[+失去生命]的义素,但色彩不同,“死”是个中性词,而“逝世”用于庄重场合,因而二者在语义场组合上各有自己的条件。可以说,“不幸逝世”,而不能说“不幸死去”;可用“逝世三周年”,而不说“死三周年”。“生日”和“诞辰”也是色彩意义不同的同义词,但用法不同。我们可以说"今天是我的生日"、"生日蛋糕",这两处的"生日"都不能用"诞辰"替换。

词语的各种意义是在词语的组合中体现的,因而,可以从词语的结合关系中揭示、确定词语的多义性。例如:"吃"是多义词,其核心意义是(＋用嘴、＋咽下)。其他意义又有:在"吃食堂"中是(＋用嘴、＋在食堂),在"吃山靠山"中是[＋依靠山],在"吃力"中是(＋耗费),在"吃了一个炮"中是(＋消灭)等。

(二)词语组合的语义关系

词语组合不只是受结构关系的制约,而且还受语义关系的限制。词语组合反映客观对象的相关关系,是无限的词语配合关系的抽象概括。词语组合的语义关系主要有以下几种:

施动关系:施事与动作的关系。如"弟弟上学","弟弟"是施事,"上学"是由"弟弟"施行的动作。

受动关系:受事与动作的关系。如"帮助弟弟","弟弟"是受动,接受帮助的对象。

领有关系:领有与被领有的关系。如"他的衣服"中的"他"是领有者,"衣服"是被领有者。

限定关系:限定与被限定的关系。如"黑箱子"中的"黑"从性质上限定"箱子","一条鱼"中的"一条"从数量上限制"鱼","箱子"、"鱼"是被限定者。"他今天去"中的"今天",从时间上限定"去"。

补充关系:补充与被补充的关系。如"扫干净"的"干净"补充"扫","干净"是补充者。

同指关系:不同的词语表示同一对象。如"中国的首都北京"、"历史古城西安"、"我的老师李教授"等。

词语组合的语义关系,是从句子的词语意义中抽象出的意义关系类型,不同于句法结构关系类型。如施事与动作的关系不等于主谓关系,因为前者是语义关系,后者是句法关系。句法关系除了有意义关系外,还有外部的语法形式作为标志,是意义与形式的结合体,而语义关系则没有外部的语法形式。

思考与练习

1. 什么是多义关系,多义词的不同义位是如何形成的?
2. 分析下列多义词的不同义位:
   高度、高峰、入口、墙角、近、热、蜕化、靠
3. 什么是同义关系,试对下列同义词作义素分析对比。

   保护——庇护　　　　散步——溜达

   煽动——鼓动　　　　整理——整顿
4. 什么是反义关系,反义词有哪些类型?
5. 什么是语义场?语义场的理论价值是什么?
6. 选出一组水果类名词,并作语义场分析。
7. 什么是语义组合?主要有哪些类型?

第四节　语义与语境

通常所说的词语语义,是就一般的语言意义而言的。但具体人的言语活动,总是在一定的环境下进行的,其语义的选择必然受到语境的制约。例如,"狐狸"一词,本义是"形状似狼的一种哺乳动物",比喻义是"形容奸诈狠毒的人",如出现在"他嘴不说,心里会盘算,简直是条狐狸"的语境中,用的是比喻义。

语境有小语境与大语境之分。小语境是指上下文、前言后语的

言语环境；大语境是指具体说话的场合、环境、背景等。前者是语言因素形成的语境；后者是社会因素构成的语境。在不同的语境中，语义会有不同的变化。研究语义与语境的关系，是寻求不同语境条件下语义变化的规律。语境对语义的制约主要表现在以下两个方面：

一、语境规定词语义位的单一性

上面说过，词语有单义位的，又有多义位的。多义位的词语在特定语境中只具有一个义位。比如"爱"一词有"热爱、喜欢、爱护、容易发生"等四个义位，在不同语境中各有义位选择。用在"爱祖国、爱人民"中是"热爱"义；在"我的弟弟爱看书"中是"喜欢"义；如果在"每个人都要爱公物"中是"爱护"义，而出现在"他的妹妹爱生气"中则是"容易"义。又如："蓝蓝的天上白云飘"中"天"是"天空"义，而"我的天啊"则是"主宰自然的神"，含有迷信义。客观事物是无限的，词语是有限的，要用有限的词语去反映无限的客观事物，词语的语义必然要具有多义的功能。但在特定的语境中，一个词语只能是一个义位，否则就难以准确地沟通思想。又如："车"在不同的语境中专指不同类型的车，"我的车铃坏了"中的"车"是指"自行车"，在"我们三人都坐你的车"中的"车"是指"汽车"。

二、语境可使词语转义

在特定语境中使用的词语，有的不是使用其原来的约定的语义（或词典中立项的意义），而是赋予其一种临时的意义。这种临时意义与原义相关，二者的关系有引申、比喻等。如："一朵玫瑰花插在牛粪上"，"玫瑰花"在这里已不是"一种花名"，而是指"美好的女子"，由"花"转为"人"。"天下乌鸦一般黑"中的"乌鸦"转指"贪官污吏"。"你父母都笨嘴笨口的，哪儿生你这么一个八哥嘴"中的"八哥嘴"转指"会说话的人"。特定语境下的转义，也有转为反义的。如："他什么事都干得出,什么话也说得出,好一个正人君子"中的"正人君子",原为褒义,指"品德端正的人",这里用作贬义,指"品德不好的人"。

思考与练习

1.什么是语境？语境与语义有什么关系？

2.语境对语义的影响主要表现在哪些方面？

3.举两个例子说明语境使语义发生了变化。

4.分析"老"一词在不同语境中的特定意义。

参考文献

张志毅、张庆云《词汇语义学》,商务印书馆,2001年。

贾彦德《汉语语义学》,北京大学出版社,1992年。

徐烈炯《语义学》,语文出版社,1990年。

伍谦光《语义学导论》,湖南教育出版社,1988年。

第 六 章　语 法

第一节 语法的性质

一、语法的概念

语法是词的构成和变化的规则以及句子的组成规则的总和。语言是线性序列，序列里的基本单位是词。但是词的构成不是任意的，而是按规则组合的，因而语言中词的构成成分不能随意变动。如汉语中"学习"这个词不能说成"习学"，"择业"不能说成"业择"等。又如傣语的 kin¹"吃"phak⁷"菜"是"吃菜"的意思，若把词序倒过来改成 phak⁷"菜"kin¹"吃"，意义就变为"吃的菜"。可见，词的构成有一定的规则。词与词的组合也有规则。英语的 I go"我去"中的 go，若与 he"他"组合就要变成 goes，即 he goes"他去"。其中的- es 表示时、数、人数的语法意义。维吾尔语动词词根加- di（- thi，- du，- thu，- dy，- thy）表示过去时，再加上- m 、- ŋ 等表示不同的人称。如动词词根 bar -"去"、kh|l -"来"加上上述各种相应的词尾后，人称和时态也都随之发生了变化：

　　　　bardɨm 我去了　　　 kh|ldɨm 我来了　　 bardi 他（他们）去了 kh|ldi 他（他们）来了

　　　　barding 你去了　　　 kh|lding 你来了　　 barduqh 我们去了 kh|lduqh 我们来了

bardiŋlar 你们去了　　　kh|ldiŋlar 你们来了

这些不同的意义都是通过一个词的变化形式表现出来的。可见,词形变化也有一定的规则。我们把词的构成和变化的规则叫做词法。

语法包含有大大小小的单位,最大的语法单位是句子,其次是词组,再次是词,最小的是语素。大单位总是由小单位按照一定的规则组合起来的。每个句子都是由词或词组按照一定的规则组合起来的。例如:汉语"他上大学"是由"他"、"上"、"大学"三个词依照"主—谓—宾"的线性排列顺序组合而成的,不能说成"大学上他"或"他大学上"。又如傈僳语 ma⁵⁵ pha³¹"老师"so̠⁴⁴ pha³¹"学生"tɕ⁵⁵"助"ma⁵⁵"教"是"老师教学生"的意思,如果把 so̠⁴⁴ pha³¹"学生"调到句首,即 so̠⁴⁴ pha³¹"学生"ma⁵⁵ pha³¹"老师"tɕ⁵⁵"助"ma⁵⁵"教"就变成了"学生教老师"的意思。可见,句子的组成也有一定的规则。我们把句子的组成规则叫句法。

词法和句法是语法概念的基本内容。

二、语法的特点

从整体上看,语法主要有四个特点:

1. 抽象性。语法是从语言符号中抽象出来的固定规则,它不同于具体的表达内容。例如英语中的 books"书"、dogs"狗"、pens"笔"、desks"桌子"等词,虽然各表示不同的词汇意义,但在词法上都是附加了词尾 s 来表示复数的语法意义。又如汉语的"我看书"、"他写字"、"鸟吃虫"等等,虽然是不同的句子,但是它们在句法上都是按照"主—谓—宾"的格式构成。又如基诺语的 ŋo³¹(我)a⁴⁴ mɛ⁴⁴(饭)tsɿ⁴⁴(吃)"我吃饭",ŋo³¹(我)a⁴⁴ pjo⁵⁴(书)tɛ³³(看)"我看书",也是不同的句子,但它们都严格按"主—宾—谓"的词序组词成句。所以,语法具有抽象性,是对一系列具体的词和句子的组成规则的抽象。

2.稳固性。一种语言的语法规则并不是一蹴而就的,它是该语言的使用者在漫长的历史过程中逐渐积累而成的,因而在语言中根深蒂固。它的发展相当缓慢。例如汉语的"主—谓—宾"、"副词—中心词"等句子格式在甲骨文中就已经存在,如"王亥杀我?"(乙5403),"不雨"(粹 708)等。这种句式沿用了三千多年,至今没有任何变动。另外,语言中语法结构很不容易受外来的影响。如壮语从先秦起就一直受到汉语的巨大影响,至今壮语中的汉借词几乎占其全部词汇的百分之七十以上。但是壮语的语法结构大体上没有变化,如修饰成分位于中心词之后的词序依然如故,没有受到汉语修饰成分位于中心词之前的格式的影响。可见,语法是语言中最稳固的部分,它会在很长的时期内保持自己的基本特点。

3.民族性。每一种语言都具有自己独特的语法系统。如汉语的修饰性词组的词序是修饰成分＋中心词,例如"绿色的草原","年轻的朋友"等等。而壮语的修饰性词组的词序却相反:中心词＋修饰成分,如:

ra：n² ha：u¹ 白的房子 vun² pa：i⁶ ro：k⁸ 外地人
房 白 人 外

又如汉语述宾词组的词序是"述语＋宾语",如"看小说""开汽车"等等;但藏缅语族语言的述宾词组的词序却是"宾语＋述语"。例如:

景颇语:lai³¹ k a³³ thi⁵⁵ 读书
书 读
哈尼语:xa⁵⁵ de³³ tshe³¹ 犁田
田 犁

又如壮语的量词可以单独作主语、谓语、宾语。例如：

作主语、宾语：pou⁴　　kɯn¹　　an¹　　每人吃一个

　　　　　　　个(人)　　吃　　　个(物)

作谓语：pou⁴　　　　an¹　　每人一个

　　　　个(人)　　　个(物)

而汉语的量词就没有这种特点。

4. 递归性。递归性是从数学借来的术语,意思是同样的结构规则可以重复使用,层层嵌套。下面句子的层次就反映出各层结构嵌套的情况：

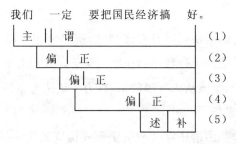

这个句子总共可以分为五层,第一层是主谓结构,里面包含着三层偏正结构,一层述补结构:(5)的述补结构作为中心语包含在(4)的偏正结构中,(4)的偏正结构作为中心语包含在(3)的偏正结构中,(3)的偏正结构作为中心语又包含在(2)的偏正结构中,(2)的偏正结构作为谓语又包含在(1)的主谓结构中。这样的语法组合结构一层套一层,形成结构规则的递归性。递归性也表现在简单结构扩展为复杂结构的现象之中。如英语：

This is the man. 这是那个男人。

这是个简单句子,但可以扩展为：

This is the man that married the girl that brought some bread.

这是那个跟带来一些面包的姑娘结婚的男人。

人们还可以在这个句子上不断加上无限数目的 that-从句而保持句子成立。这表明语法能够以有限数目的规则来生成无限数目的句子。正如乔姆斯基所提出的重写规则：

$$X \rightarrow S$$
$$S \rightarrow S \frown R$$

这里 X 是初始符号，S 为句子，R 为 that-从句，→是重写符号，⌒是比连符号。利用这两条规则可以生成数目无限的带 that-从句的句子。语法规则是有限的，但可以递归地生成潜在的无限的成立的句子。

由于语言的语法规则具有递归性，所以能用有限的规则支配相对有限的词去造出无限数量和长度的句子。人们之所以能够说出从未学过的句子，听懂从未听过的话，得力于语法规则的递归性。

三、语法成分

语法成分是由语法意义和语法形式构成的统一体，前者是语法成分的内容，后者是语法成分的形式。语法意义是通过语法形式表现出来的。如英语的 computers"计算机"、telephones"电话"、birds"鸟"等词都有语法形式 s，表示复数的语法意义。Worked"走"、looked"看"等词的语法形式-ed 表示过去时的语法意义。又如蒙古语：

	哥哥	教师
单数主格	ax	paks—
单数领格	ax-iːn	paks—-iːn
复数主格	ax-nar	paks—-nar
复数领格	ax-nar-iːn	paks—-nar-iːn

从上表中可以看出,ax 和 pak－是两个词汇意义不同的词,但它们都用-iːn 和- nar 的语法形式分别表示"领格"和"复数"的语法意义。又如汉语"他学习"、"马跑"、"今天晴天",都用"主＋谓"这种语法形式来表示主谓关系的语法意义。京语 ?aːu⁵ dɔ³ "红衣服"、ŋɯɯ²baik⁷kin¹ "北京人"都是用"中心词＋修饰成分"来表示偏正关系的语法意义。

语法形式可以分为词范围内的语法形式和词范围外的语法形式。前者叫做形态,如上述英语的 birds、looked 中的 s 和 ed 就是一种形态。后者叫做词序,如上述汉语的"主＋谓"、京语的"中心词＋修饰成分"就是词序。

四、语法手段

把具有共同特点的语法形式概括起来就成为语法手段。不同的语法形式之间一般都有一些共同的特点,可以做高一层的概括。如英语的 bird 和 birds 中的零形式(不加词尾的形式)和-s,俄语的 Книга 和 Книгу 中的-a 和-y 虽然是不同的语法形式,但都可以概括为形态。汉语"他学习"中的"主＋谓"和"学习他"中的"谓＋宾",京语 ?aːu⁵ dɔ³ 中的"中心词＋修饰成分"和勉语 siaŋ¹² pau³ "新家"中的"修饰成分＋中心词",也都是不同的语法形式,但可以概括为词序。这样,形态和词序就是两种不同的语法手段。

人类语言中的语法形式多种多样,但归纳成语法手段却是有限的。语法手段主要有词序、虚词、附加法、内部屈折、重音变位、重迭、异根、语调八种。

1. 词序。通过词在句子中的排列次序来表达语法意义的手段叫做词序。汉语"我看你"、"你看我",英语"mother love son"、"son love mother"中的"我"、"mother"和"你"、"son"的主语和宾语地位完全靠词序来确定,也就是说,这四个名词只要位于动词前就是主语,位于动词后就是宾语。又如汉语的"学习雷锋"是动宾关系,把宾语"雷锋"转换到"学习"的前面,构成"雷锋学习"的词序,就变成了主谓关系。可见词序在这些语言中已成为一种重要的语法手段。

不同的语言在表达同一语法意义时可能会使用不同的词序。如同样表达主谓关系这一语法意义时,汉藏语系语言使用"主+谓"的词序,而高山族语言却使用"谓+主"的词序。又如,同样是表达动宾关系这一语法意义时,汉语使用"动+宾"的词序,而日语、藏缅语却使用"宾+动"的词序。再如,同样是表达定中关系,汉语使用"定语+中心语"的词序,而法语、侗台语族语言和孟高棉语族语言却使用"中心语+定语"的词序。

2. 虚词。虚词不能单独充当句子成分,但能表示一定的语法意义。虚词包括介词、连词、助词、语气词、冠词等。在汉藏语系中,虚词跟词序一样也是表示语法意义的主要手段。例如汉语的"修改的文章","祖国的明天";景颇语的 kǎ^{31}nau^{33}(弟弟)a?^{31}(的)lǎ^{31}pu^{31}(裤子);哈尼语的 a^{31}ɲi^{55}(弟弟)ɣ^{33}(的)la^{31}tshø^{31}(裤子)等都分别使用了虚词"的"、"a?^{31}(的)"、"ɣ^{33}(的)"来作为定语和中心词的连接成分,以表示定中关系这一语法意义。此外,汉语还用时态助词"着、了、过"来表示"体"的语法范畴。如"门开着"(正在进行体),"我吃了饭"(完成体),"我去过英国"(完成体)。

3. 附加。给词加上一定的附加语素来表示语法意义的手段叫附加。附加可以根据其发生作用的位置分为前加、中加和后加三种。如俄语 делатъ"做"—(未完成体),c - делатъ "做"—(完成体);читать "读"—(未完成体),про - читать "读"—(完成体)等词用前加 c -、про -附加语素的方法表示完成体的语法意义。独龙语 kam^{55}

"干"，suɯ³¹ kaːm⁵⁵"使干"；dat⁵⁵"断"，suɯ³¹ daːt⁵⁵"使断"等词用前加
suɯ³¹一方法表示使动态的语法意义。英语 book"书"—（单数），
books"书"—（复数）；student"学生"—（单数），students"学生"—（复
数）。锡伯语 t'atɕ'iɕI"学生"—（单数），t'atɕ'iɕis"学生"—（复数）；
nun"妹妹"—（单数），nunt'əs"妹妹"—（复数）。维吾尔语sinip'"教
室"—（主格），sinip'-niŋ"教室的"—（领格），sinip'-t'in
"从教室"—（从格）等。词用后加-s、-t'əs 和-niŋ、-t'in 的方法分
别表示复数和领格、从格的语法意义。高山语百宛话 səqas"砍"、
səməqas"正在砍"、sənəqas"被砍了"等词用中加-mə-和-nə-的方
法分别表示主动态和被动态的语法意义。

　一般说来，表示语法意义的前加成分叫"词头"，后加成分叫"词
尾"，中加成分叫"词嵌"。

　4. 内部屈折。用词根内部的语音变化来表示语法意义的手段叫
内部屈折。例如英语单数的 man[mæn]"男人"变成复数的 men
[men]"男人"，是通过改变 æ 为 e 来实现的，也就是说利用元音的变
化来表示复数的语法意义。类似的变化还有 mouse[maus]"鼠"（单
数）变成 mice[mais]"鼠"（复数），foot[fut]"足"（单数）变成 feet
[fiːt]"足"（复数）等。又如阿拉伯语用元音的变化来表示被动态的
语法意义，如 qatala"他杀了"变成 qutila"他被杀了"，其中前者的前
两个元音-a-和-a-分别变成了后者的前两个元音-u-和-i-。阿
昌语陇川话还用前辅音的变化来表示使动态。例如：tʂap³⁵"粘"，
tʂ'ap³⁵"使粘"；ŋau⁵⁵"哭"-n̥au⁵⁵"使哭"。利用声调表示不同的语法意
义的手段也属于内部屈折，如现代藏语拉萨话的 laŋ¹³"起来"，laŋ⁵⁵
"使起来"；k'o¹³²"脱出"，k'o⁵²"使脱出"；lo¹³²"回来"，lo⁵²"使回去"；
ȵɛː¹³"睡"，ȵɛː⁵⁵"使睡"，就是用声调的变化来表示使动态的语法意

义。

5.重音变位。改变重音的位置来表示语法意义的手段叫重音变位。如俄语中的 pykи́"手"（单数、属格）变成 pýkи"手"（复数、主格），其中后者的重音从后边的位置移到了前面的位置。又如满语动词原形的重读音节一般在倒数第二个音节上，但在表示动词的命令式、祈使式等语法范畴中，重音变位到最后一个音节上，如 ja'bu"走"（命令式）。

6.重迭。用同一个语素或词的重迭来表示语法意义的手段叫重迭。例如藏语用疑问代词重迭来表示复数的意义。如 su"谁"（单数）变成 susu"复数"。又如壮语用量词的重迭来表示复数的意义，如 tu²（表示动物类的量词，单数）变成 tu²tu²（复数）。再如马来语的 guru–guru"各位老师"也用重迭法表示复数的语法意义。布嫩语用词根部分重迭来表示进行体的语法意义，如 maΦudah"打，原形"，ma–ΦaΦudah"正在打"，Φu–Φudahun"正被打"。

7.异根。用词汇意义一样的不同词根的词来表示语法意义的手段叫异根。异根又名错根或增补。印欧语中的人称代词多用异根来表示"格"的语法意义。例如"我"的主格和宾格用不同的词根来表示。

	主格	宾格
英语	I	me
法语	je	me
俄语	я	меня
拉丁语	ego	me

在英语中，一些单音节形容词用不同的词根来区别级的语法意义。例如：

原级	比较级	最高级
good	better	best
bad	worse	worst
little	less	least

塔吉克语的动词也用不同的词干来表示"时"的语法意义。例如：

方言	词义	未过时	过去时
萨里库尔方言	扔	patou	patoud
瓦罕方言	扔	buun	bond

8.语调。利用句子里声音的高低变化和快慢轻重来表示语法意义的手段叫语调。音高可以表示整个句子的语法意义。例如：

车到站了。　　（降调:表示陈述语气）

车到站了？　　（升调:表示疑问语气）

停顿可以区别不同的句法关系。例如"六（停顿）乘三加九"（＝72）和"六乘三（停顿）加九"（＝27）实际上都是由一组相同的词构成的短语,但由于各自停顿处的位置不一样而形成了两种不同的句法结构。停顿还可以区别单复句。例如：

无停顿　　　　　　有停顿

你听他不听？（单句）　你听,他不听。（复句）

语法手段是对语法形式的概括。语法形式还可以分为两种,一种是词范围内的语法形式,另一种是词范围外的语法形式。根据这一点又可以把上述八种语法手段归纳为两大类:一类是通过词范围内的语法形式变化来表示语法意义。如附加、内部屈折、异根、重叠、重音等,称为综合性语法手段;另一类是通过词范围外的语法形式（变化）来表示语法意义,如词序、虚词、语调等,称为分析性语法手段。各类语法手段在不同的语言中有不同的地位。例如汉藏语系语言以分析性语法手段为主;俄语、德语、印地语等以综合性语法手段为主。

五、语法的分类

"语法"一词有两个意思,一个指客观存在的语法,另一个指按语法学家主观认识而形成的语法学和语法书。

由于语法学家们研究的出发点不同,因而产生了不同的语法类别。

从方法上看,有实证语法和唯理语法。前者始于古希腊,着重语法现象的分类。后者源于 17 世纪法国,着重语法现象的解释。

从时间上看,有历时语法和共时语法。前者记录语法的历史,如王力的《汉语语法史》;后者记录语法的共时状态,如朱德熙的《语法讲义》。

从目的上看,有规定性语法和描写性语法,有研究性的语法和教学用的语法。前两者出于社会目的,后两者出于教育目的。规定性语法以语法学家的主观判断为准,描写性语法以客观的实际用法为准。如英语的双重否定句 I don't know nothing. 规定性语法认为错误,描写性语法则认为在某些场合如朋友闲谈不算错。研究性语法的目的是明语法之理,教学用语法的目的是致语法之用。

从范围上看,有普遍语法和语别语法。前者指适用于各种语言语法的普遍性原则。它主要采用两种方法进行研究:一种是统计调查方法,即通过比较来归纳各种语言共有的语法特征,以美国的格林伯格为代表;另一种是理论推演方法,以乔姆斯基为代表。乔姆斯基认为,句子是从潜存于大脑的深层结构通过语言和语义的处理而呈现为表层结构的。这一理论适用于人类的一切语言。语别语法指一种语言特有的语法规则系统。我们常见的描写具体语言的语法著作都是语别语法。

上述诸语法研究类别,可以归为两大类:一类是实证语法,包括历时和共时语法,规定性和历时性语法,普遍和语别语法;另一类是唯理语法,包括普遍语法。研究性语法有兼类性,因为这种语法有的是解释性的,所以属唯理语法。如乔姆斯基的《句法结构》。有的是分类性的,属实证语法,如朱德熙的《语法讲义》。在实证语法和唯理语法这两大类中,唯理语法对实证语法有一定的依赖性。法国阿尔诺和朗斯洛著的《保罗·罗瓦雅尔语法》是唯理语法的代表作,但它对词进行分类的时候却采用了实证语法的方法。显然,唯理语法不能脱离实证语法而存在。由此可见,实证语法是一切语法研究的基础。

思考与练习

1. 语法的概念是什么?

2. 什么是词法?

3. 什么是句法?

4. 语法的特点是什么?

5. 举例说明什么是语法意义?

6. 举例说明什么是语法形式?

7. 指出下面的语法形式中哪一些是形态,哪一些是词序。

汉语:学习雷锋(主谓式)　　雷锋学习(动宾式)

　　　快点走(偏正式)　　　走快点(动补式)

英语:working　　　　　　pens

　　　showed　　　　　　oxen

8. 举例说明什么是语法手段。语法手段主要有哪几种？

9. 指出下面各例子的语法手段：

(1) 单数　　　　复数

kitab"书"– kutub"书"

at"马"– atlar"马"

kema"脚"– ukema"脚"

(2) 阳性　　　　　阴性

figlo"儿子"– figla"女儿"

ama"父亲"– eme"母亲"

ma^{55}pha^{31}"男教师"– ma^{55}ma$\underline{\,}^{44}$"女教师"

(3) 主语　　　　宾语　　 (4) 主谓结构　　偏正结构

我　　爱　　祖国　　　　生活好　　　好生活

祖国　爱　　我

(5) 主格　　　　宾格　　 (6) 单数、属格　　复数、主格

we"我们"　us"我们"　　 горо́да"城市"　города́"城市"

(7) 我买的书　　　the legs of table

(8) nguoi"人"　　 nguoi nguoi"人人"

(9) 下大雨了。　　下大雨了？　　下大雨了！

第二节　词法

一、语素

语素是语言中音义结合的最小的语法单位。如：汉语的"工"、"人"、"学"、"家"、"看"等；壮语的 pit^7"鸭"、to:k^8"读"、si^3"写"等。汉语基本上是一个汉字表示一个语素，少数用两个汉字表示一个语

素，如"玻璃"、"葡萄"，如果分割为"玻"、"璃"、"葡"、"萄"，每个字就没有意义，不是语素。壮语多数情况是一个音节代表一个语素，只有少数情况是两个音节表示一个语素。如：$ak^7 e^2$"蛤蚧"、$kuŋ^4 sou^1$"蛤蟆"的 ak^7、e^2、$kuŋ^4$、sou^1 是拟声音节，没有意义。

语素可以根据其作用分成两类：一类是词根语素，是词的核心部分，表示主要意义；另一类是附加语素，是词的次要部分，表示附加意义。例如汉语的"第一"、"作者"中的"一"和"作"是词根语素，"第"和"者"是附加语素。英语中"teacher"、"unequal"中的"teach"和"equal"是词根语素，"- er"和"un -"是附加语素。又如拉珈语的 $kan^3 ja^2$（耳朵）和 $lak^8 fai^5$"年青人"的 ja^2……"耳朵"和 fai^5"细"是词根语素，kan^3 和 lak^8 是附加语素。

附加语素所包含的意义主要分为两种：一种是词汇意义。如英语的- er 表示"人或动作者"的意思，壮语的 tu^2-表示动物类属，ko^1-表示植物类属。另一种是语法意义。如英语的 books 中的- s 表示复数的语法意义。在一些语言中，附加语素同时兼有语法意义和词汇意义。如壮语某些后附语素的动词就有这种特点：$kɯn^1 kaɯ^5$"快吃"中的 $kɯn^1$ 是词根语素，表示"吃"的意思，$kaɯ^5$ 是附加语素，表示"催促、快速、干脆"等词汇意义，同时又表示"式"（命令式）的语法意义。

在附加语素中，那些表示词汇意义的语素被称为词缀，如英语的- er。那些表示语法意义的语素被称为词尾，如英语的- s。词缀又可根据它在词中所处的位置分为前缀、中缀和后缀。

前缀是指位于词根前的词缀，如汉语的"第一"、"老师"，英语的 unable"不能的"、telephone"电话"、incomplete"不完全的"，瑶语勉话语的 $bu^2 kou^3$"雷公"、$mu^2 go:ŋ^3$"头"。

中缀位于词根中间,如马来语的 patuk"啄"加上中缀 - el -变成 p elatuk"啄木鸟"。又如高山语百宛话 səqas"砍"可以分别加上中缀 - mə -和- na - 变成 səməqas"正在砍"sənəqas"被砍了"。

后缀位于词根之后。如汉语的"旁观者"、"现代化";英语的 employee"雇员"、socialism"社会主义"、duckling"小鸭"等,侗语的 ma³ɕa³"软弱"、təŋ⁵ təp⁷"漆黑"等。一些语言的后缀有时不止一个。如英语的 professor ship"教授职位"、unaffected ly"不矫揉造作地"。

词尾可以位于词根之后,例如英语的 dogs"狗"(复数)、desks "桌子"(复数)。也可以位于后缀之后,例如英语的 duckings"小鸭子"(复数)、professors"教授"(复数)。

词是比语素大一级的语法单位,它是由语素构成的。一个词可以只由词根语素构成,如汉语的"车"、"田鸡"、"火车";也可以由词根语素加附加语素构成,如汉语"老师"、"第一",英语的 professor"教授"、quickly"很快地"。可见,词根语素可以单独构成词,附加语素不能单独构成词,它必须跟词根语素合在一起才能构成词。

由一个词根语素构成的词叫单纯词,如汉语的"山"、"头"、"蜘蛛",英语的 good"好"、man"人"、run"跑"。土家语的 pa⁵³"看"、wo⁵³ "蛇"、ta³⁵"穿"等。由两个或两个以上语素构成的词叫合成词。合成词又可以分为复合词和派生词两种,前者全部由词根语素构成,如汉语的"手机"、"电脑"、"位置"等。土家语的 ȵie²¹ pa²¹"双亲"、tɕhi³⁵ loŋ⁵⁵"豆豉"、mi⁵⁵ za⁵⁵"火花",英语的 classroom"教室"、highway"公路"、overcoat"大衣"等;后者则由词根语素加词缀构成,如汉语的"石子"、"木头",土家语的 a⁵⁵ ma⁵⁵"祖母"、kha²¹ kho²¹"森林"、li³⁵ pa⁵⁵ "公老虎",英语的 professor、quickly。

另外,还有一种由派生词或复合词层层嵌套起来的复杂结构。

例如英语的 upperclassman"高年级学生"是个复合词,由 upperclass
"上等阶层的"和 man"人"组成。其中 upperclass 是个派生词,由前
缀 upper 和词根语素 class 组成。又如壮语的 tu^{2}ro：k^{8}pit^{7}是个派
生词,由前缀 tu^{2}和词根 ro：k^{8}pit^{7}组成,其中 ro：k^{8}pit^{7}本身又是个
复合结构。

二、构形法

构形法就是构成词的语法形式的方法。上文提到的八个语法手
段都可以用于构形。例如可以用变换词序的方法来表示"动＋定"
(如"看我")和"主＋谓"(如"我看")等语法形式;用虚词"的"来表达
汉语"定语＋中心词"的结构,如"祖国的明天";用附加法来表示词的
形态,如英语的 book＋s＝books(复数);用内部屈折法来表示词形
变化,如英语 foot[fut]"脚"(单数)变为 feet[fi：t]"脚"(复数);用重
音变位法来移动词的重音,如将俄语表示"手"意思的词 pýки(单数、
属格)的重音从后边移到前边,变成 pýки(复数、主格)的形式;用重
迭法来构成词的重叠形式,如把马来语的 guru"老师"(单数)变成
guru－guru"各位老师"(复数);用异根法来造成同一个词的不同的
词根,如把英语 I"我"(主格)变成 me"我"(宾格);用语调来表示不同
的句子类型,如用降调表示陈述语气:汉语"车到站了。"用升调表示
疑问语气:汉语"车到站了?"

三、构词法

构词法是按照一定的语法规则构成新词的方法。可以分为三
种:

1.派生法。给词根加上表示词汇意义的词缀而构成派生词的方
法。词缀可以加在词根的前面,也可以加在词根的后面。加在前面
的如汉语"第一"、"老师",英语 unable、telephone、incomplete,畲语

的 ka^{22}to^{55}"尾巴"、ta^{22}tho^{35}"豆子"。加在后面的如汉语"作者"、"木头"，英语的 employee、duckling，畲语的 ja^{22}ko^{55}"石头"、ne^{31}taŋ^{22}"孩子"。有的语言如英语的词根可以同时加前后缀，如 unaffectedly"未受影响地"。

2. 复合法。用两个或两个以上的词根语素组合起来构成复合词的方法。例如汉语"手机"、"电脑"、"火车"，英语的 classroom"教室"、highway"公路"、overvoat"大衣"，怒语的 dzo^{33}ɕu^{43}"食物"、ɕa^{11}tshɯ^{55}"腊肉"。

有的语言中的复合词是按一定的句法关系构成的。例如汉语的"道路"、"波浪"，彝语的 bu^{55}ve^{33}"草花"、zɯ^{33}ꊩ^{33}"子孙"dʑi^{34}phu^{33}"奴隶"是并列关系；汉语的"电车"、"象牙"，彝语的 tɕe^{33}mu^{33}"驮马"是偏正关系；汉语的"提高"、"说服"，彝语的 tʂho^{21}va^{55}"矫正"，tɯ^{21}ȵe^{55}"起迟"是动补关系；汉语的"司机"、"顶针"，彝语的 ŋgɯ^{33}fu^{33}"荞饼"、ʂɯ^{33}di^{21}"冻肉"是述宾关系，汉语的"地震"、"眼熟"，彝语的 mu^{33}ŋgo^{33}"阴天"，xe^{33}vu^{33}"喜欢"是主谓关系。

3. 缩减法。把词组缩减成词的方法。如汉语的"政治协商会议"缩减为"政协"，"人民代表大会"缩减为"人大"，"中华人民共和国"缩减为"中国"；英语的 The British Broadcasting Corporation 缩减为 BBC"英国广播公司"，United Nations Educational，Scientific，and Cultural Organization 缩减为 UNESCO"联合国教科文组织"。

除了上述构词法外，构形所使用的语音交替法和重音变位法也能用来构词。语音交替法：如英语的 food"食物"（名词）变为 to feed"喂食"（动词）是利用元音的变化来构词；汉语的好［xau^{214}］—好［xau^{51}］是利用声调的变化来构词；布依语的 ka:p^8"挟"—kap^8"提"是利用长短音的变化来构词。重音变位法：如英语的 content ['kɔntent]"容量"（名词）变成 content [kən'tent]"满足的"（形容词）是利用重音的移动来构词。

此外，一些学者认为，"四音格"也是一种构词法。所谓"四音格"就是由四个音节按一定结构形式构成的词。如西部傣语常用两种"四音格"构词：(1)由一个中心词和两个意义相关而读音不同的词按照 ABAC 格式构成。如 sɔŋ¹（两）tin¹（脚）sɔŋ¹（两）mɯ²（手）"指手画脚"、sɔŋ¹（两）tsai¹（心）sɔŋ¹（两）xɔ³（颈）"三心两意"。在这种格式中，A 在意义和结构上是相对固定的主要成分，而 B、C 则是可以用其他词替换的次要成分。(2)由四个不同音的单音词按照 ABCD 的格式构成。如 ma:k⁹（果子）xau³（粮）met⁸（粒）nam⁴（水）"粮食"、pɔ⁶（父）hai⁶（地）me⁶（母）na²（田）"农民"。这种格式中的 A 和 C、B 和 D 在意义上往往是对仗的。又如，景颇语用三种"四音格"构词：(1)联绵"四音格"，如 thau³³ li³³ thau³³ la³³"妥善地"。(2)复合"四音格"，如：n³¹ pot³¹（根）n³¹ phaŋ³³（丛）"根源"(3)由单纯词加陪衬音节构成的"四音格"。如：thiŋ³¹ pu³¹（邻居）thiŋ³¹ pjen³¹（陪衬音节）"右邻右舍"。

四、语法范畴

语法范畴就是语法意义的类别，是对词的语法形式所表示的语法意义的概括和归纳，如俄语名词有阳性、阴性、中性三种语法意义，这三种语法意义虽然不一样，但具有共同的意义领域——性。因此，俄语名词的阳性、阴性、中性之分可以概括成性的语法范畴。又如英语动词有过去时、现在时、将来时三种不同的语法意义，由于其共同的意义领域是时，所以，可以把这三种语法意义归纳为时的语法范畴。语法范畴和具体语法意义是一般和个别、共性和个性的关系。如上述时的范畴就是对动词的过去时、现在时、将来时等语法意义的概括。语法范畴有狭义和广义之分,前者指对词形变化所表示的语法意义进行概括、归类而成的语法范畴,如印欧语名词的性、数、格,动词的时、体、式等范畴。后者则把词类也包括在内,如名词范畴、动词范畴等。甚至连各种句法关系也算语法范畴。本书主要谈前者。语法范畴一般包括数、性、格、体、时、人称、态、式、级、主、趋向等。

1. 数。表示名词、代词等的数量。如英语中的名词有单数和复数的区别,如 book"书"(单数)—books"复数"。哈萨克语名词也有单复数的对立,如 bala"孩子"(单数),balalar"孩子们"(复数,加 lar 表示)。高山语布嫩话的人称代词有单复数的区别,如 su"你",mu"你们"。有的语言的量词也可以分单复数,如侗语南部方言 to²²"只"(单数),nto²²"只"(复数,用前加 n 表示)。有的语言还多出一个双数。例如佤语人称代词 maiʔ"你"(单数)—paʔ"你俩"(双数)—p eʔ"你们"(复数)。双数和复数用 a 和 e 的元音变化来表示。

2. 性。表示名词、代词等在语法上的性别。语言中的性一般可分为阴性、阳性和中性。有的语言中的性与天然性别基本一致。如英语 hero"男英雄"(阳性)—heroine"女英雄"(阴性);bridegroom"新郎"(阳性)—bride"新娘"(阴性)。但有的语言中的性与天然性别并不一致,例如德语的 das weib"妇女"属于中性。因此,语言学的"性"只是一个语法概念,与生物学的性概念不完全一致。表示物体的名词也可分成各种性,但在不同的语言中表现各异。如太阳在法语中是阳性,在德语里是阴性,在俄语里是中性。代词的性别主要体现在第三人称上,如英语的 he"他",she"她"。

3. 格。表示名词或代词与其他词的关系。例如英语的代词有三个格:主格、宾格和所有格。如 I"我"(主格)—my"我的"(所有格)—me"我"(宾格)。东乡语有主格、属宾格、与位格、从比格、造格、联合格、方向格、方面格等,用后缀表示:主格无后缀,属宾格用后缀–ni～ji 表示,与位格用后缀–də 表示,从比格用–sə 表示,造格用–Gala 表示,联合格用–lə 表示,方面格用–rə 表示,方向格用–ʁ 表示。格的数目在不同语言中有差别,东乡语和满语名词有 8 个格,蒙古语有 7 个格,俄语有 6 个格,德语有 4 个格。此外,不同语言中格的内容也不一样。例如维吾尔语有主格、领格、与格、宾格、位格和从格等。俄语有主格、属格、与格、宾格、造格、前置格等。

4. 体。表示行为动作进行的方式。不同的语言有不同的体。英语有一般体、进行体和完成体。如 I work“我工作”(一般体),I am working“我正在工作”(进行体),I have worked“我已完成工作”(完成体)。又如泰语的 tham^{33}“做”(一般体),tham^{33}ju^{31}“正在做”(进行体),tham^{33} leu^{55}“做了”(完成体)。高山语百宛话动词有未完成体、完成体、进行体,如“砍”səqasən(未完成体),paʔasəqasən(完成体),səqasəqasən(进行体)。蒙古语动词的体多达 4 个,例如:

反复体:	tʃəxil—	不停地打
瞬间体:	tʃəxisxi—	打一下
完成体:	tʃəxitʃix—	打了吧
继续体:	tʃəxildsɔɔr baidʒ	打着打着

5. 时。表示行为动作发生的时间。“时”的范畴分为现在时、过去时和将来时。现在时表示说话时刻发生的行为动作,如英语的 I work;过去时表示过去发生的行为动作,如英语的 I worked;将来时表示将来发生的行为动作,如英语的 I shall work。东乡语的陈述式动词也有三种时的范畴:现在时用后缀- dʐɯwo 表示,将来时用后缀- nə 表示,过去时用后缀- wo、- dʐuo 表示。

6. 人称。又叫“身”,表示行为动作属谁。属说话人的是第一人称,属听话人的是第二人称,属说话人、听话人以外的是第三人称。在许多语言中,人称取决于动词的变化,也就是说动词用一定的语法形式表示行为动作是说话者、听话者还是听话者以外的人所发出的。例如俄语:

人称	动词	词义	语法形式(词尾)
第一人称	CMAHY	我开始做	-Y
第二人称	CMAHEшB	你开始做	-eшḇ
第三人称	CMAHET	他开始做	-eT

又如乌孜别克语:

单数过去式:	动词词干＋dI＋人称－数后缀	
第一人称	bʌr＋dı＋m→ bʌrdım	我去了
第二人称	bʌr＋dı＋ŋ→ bʌrdıŋ	你去了
第三人称	bʌr＋dı＋o→ bʌrdı	他去了

拉丁语:

单数现在式:	动词词干＋词尾	
第一人称	amo(词尾为-o)	我爱
第二人称	amas(词尾为-as)	你爱
第三人称	amat(词尾为-at)	他爱

可见,人称是动词所有的语法范畴。

7. 态。表示行为动作和主体的关系。有的语言分为主动态和被动态两种。前者表示行为动作由主体发出,如英语 Everybody likes the cook.“大家都喜欢这个炊事员”;后者表示动作由主体承受,例如英语 The cook is liked by everybody.“这个炊事员被大家喜欢”。有些语言态的范畴不止主动态和被动态两种,如突厥语族动词有基本态、共同态(交互态)、被动态、反身态和强制态五种。例如维吾尔语动词"写"：jazmaq'（基本态），jezi∫maq'（共同态），jezilmaq'（被动态），jazdurmaq'（强制态），k'ijinmɛk'（反身态）。独龙语动词有自动、使动、互动三种态。自动态：动词后加 ɕɯ³¹，词根（带韵尾的）元音一律读短元音，例如：la：n⁵⁵"叫"（称呼），la：n⁵⁵ ɕɯ³¹（自动态）；a³¹ poʔ⁵⁵（变化），a³¹ poʔ⁵⁵ ɕɯ³¹（自动态）。使动态：动词前加 sɯ³¹，词根（带韵尾的）元音一律读长元音。例如：kam⁵⁵"干"，sɯ³¹ ka：m⁵⁵（使动态）；kai⁵⁵"吃"，sɯ³¹ kai⁵⁵（使动态）。互动态：动词加前缀 a³¹（有的与前面的音节合并），词根（带韵尾的）元音一律读短元音。例如：mɔi⁵⁵"爱"，a³¹ mɔi⁵⁵（互动态）；sɯ³¹ na：ŋ⁵⁵"帮助"，sa⁵⁵ naŋ⁵⁵（互动态）；tɯ³¹ k：ɯʔ⁵⁵"拉"，ta⁵⁵ kɯʔ⁵⁵（互动态）。汉语常用虚词（"被"、"给"等）来表示被动意义。如汉语：他被狗咬了。纸给火烧掉了。

8. 式。表示说话人对行为动作的态度。"式"可分为陈述式，如英语 You are very careful. "你很细心"；祈使式，如英语 Be more careful. "细心一些"；虚拟语气，如英语 I wish you were careful. "但愿你更细心些"，等等。阿尔泰语系诸语言都有"式"的范畴。蒙古语有叙述式、命令式、愿望式三种。例如：jaβnǎ"我走"（叙述式），jap"你走"（命令式），jaβa：rǎĕ"你走"（愿望式）。维吾尔语有叙述式、命令愿望式和假定式。例如：barimɛn"我去"（叙述式），baraj"让我去吧"（命令愿望式），beriŋ"你去"（命令愿望式），s'arsun"让他去"（命令愿望式），barsam"如果我去的话"（假定式），barsa"如果他去的话"（假定式）。朝鲜语的动词也用不同的附加成分表示叙述、疑问、命令、劝诱等语气。例如：haks'ɯphanta"学习"（叙述式），haks'ɯphamnika"学习"（疑问式），haks'ɯpha"学习"（命令式），haks'ɯphatsa"学习"（劝诱式）。

9. 级。表示同一性质状态在程度上的等次，一般属形容词和副词所有的语法范畴。英语形容词、副词都有级的范畴。形容词级的形式是：原级，形容词无后缀；比较级，形容词＋-er 或 more＋形容词；最高级，形容词＋-est 或 most＋形容词。如：

词义	原级	比较级	最高级
伟大的	great	greater	greatest
难的	difficult	more difficult	most difficult

不规则变化：小 little　less　least

副词级的形式与形容词的相同，例如：

词义	原级	比较级	最高级
努力地	hard	harder	hardest
快乐地	happily	more happily	most happily

不规则变化：好　well　better　best

藏语、塔吉克语、蒙古语等语言的形容词也有级的范畴。例如：藏语 riŋ¹³-pa⁵⁵"长"，riŋ¹³-ŋa"比较长"，riŋ¹³ɕo⁵²"最长"；kam⁵⁵-po⁵⁵"干"，kam⁵⁵-pa"比较干"，kam⁵⁵-ɕo⁵²"最干"。塔吉克语：ləur"大"，ləur-der"较大"，ləur-əu"最大"；dzul"小"，dzul-der"较小"，dzul-əu"最小"。蒙古语形容词有原级、弱程度、强程度、比较级、最高级的区别。

10. 主。是指动词的自主和不自主。例如在藏语中，自主动词所表示的动作行为可以由动作者的意志所支配；不自主动词所表示的动作行为不能由动作者的意志随意支配，后者往往是前者的结果。如 lta "看"和 ɦtshal"找"是自主动词，mthoŋ"看见"和 rɲed"找着"是不自主动词。在语法上，自主动词有命令式，如"看"的命令式是 ltos，可以说 khjod kjis ltosɕig"你看吧"；不自主动词无命令式，如 mthoŋ"看见"只有一种形式，也不能说 khjod kjis mthoŋ ɕig"你看见吧"。

　　上述的语法范畴仅是目前常见的几种，也许随着语言研究的深入，还会发现更多的语法范畴。另外，从上文所举的各种语言的语法范畴特点看，不同的语言有不同的语法范畴，语法范畴有民族性，不可一概而论。

　　11. 趋向。趋向范畴是指在动词词根上附加不同的前缀，表示动作趋向的方位不同。综合各语言表现在动词前缀上的方位概念共有十三种，即：直上方、直下方、上游方、下游方；靠山方、靠水方；离心方、向心方；里方、外方；后方（除指说话人的背后方外，兼指动作返回方或相反方）；圆周方（有的还分顺时针方和逆时针方）；不定方。前十个方位概念两两对立，表示这些方位概念的前缀往往成对地出现在一个语言中。

　　藏缅语族羌语支各语言动词的趋向前缀多少不等，最多的有 9 个，最少的有 3 个，一般是 5 个到 6 个。有 9 个趋向前缀的以羌（峨口）语为例（动词词根 ʁa "去" [未来时]）：tə - ʁa "上（楼）去"，a - ʁa "下（楼）去"，ŋə - ʁa "去（上游方）"，sə - ʁa "去（下游方）"，kə - ʁa "进去"，hə - ʁa "出去 ～ 回去"，dzə - ʁa "过来"，tha - ʁa "过去"，da - ʁa "去" ～ "过（河）去"。只有 3 个趋向前缀的以纳木义语为例（动词词根 bi^{35} "去"）：lo^{33} – bi^{35} "上去"、mi^{33} – bi^{35} "下去"、$tɕhi^{33}$ – bi^{35} "去（水平方）"。

　　以上 11 种语法范畴中，"性"、"数"、"格"属名词所有，形容词也有"性"、"数"、"格"的范畴，但从属于名词。"体"、"时"、"人称"、"态"、"式"、"主"、"趋向"属动词所有。

　　语法范畴是要通过一定的语法形式表现出来的，有的用词尾表现，如"数"；有的用不同的词形表现，如"性"、"人称"，（英语 he 表示男的"他"，she 表示女的"她"）；有的用换位来表现，如"态"；有的用句式的变化来表现,如"式"。

五、词类

词类就是词的语法分类。划分词类不以逻辑、意义为准则,而要以语法形态或句法功能为依据,并参考意义。不同的语言词类特点不同,划分时可因语言而异。

在有形态变化的语言中,划分词类的主要依据是词的形态。如俄语把能够用构形形态表示性、数、格语法范畴,并能在句子中作主语和宾语的词划为名词;把能够用构形形态表示人称、时、体等语法范畴以及从属的性、数的语法范畴,并在句子中作谓语的词划为动词;把能够用构形形态表示从属的性、数、格的语法范畴以及"级"的语法意义的词划为形容词。

对于缺乏形态的语言来说,划分词类的主要依据是句法功能,成词的组合能力。如汉语语法学家是这样给汉语的名词、动词、形容词分类的:凭能否与"不"组合一般可把名词与非名词分开;凭能否带宾语可以看出能带宾语的是动词;凭能否加"很"、经常充当什么句子成分等可以把形容词与不带宾语的动词区分开来。又如壮语把能够冠以量词(又叫词头)的词视为名词,把能够跟 ra∶i⁴ɕa∶i⁴"非常"结合的词视为形容词,把能够带词头的动词划为不及物动词等。

另外,某些构词形态也可以作为划分某类词的部分依据。例如英语带后缀- ness、- age、- ant、- ee、- dom、- hood 的是名词,带后缀- ish、- able、- al、- ed、- ful、- ive 的是形容词,带后缀- ize、- ate、- en、- fy、- ise 的是动词,带后缀- ly、- ward、- wise 的是副词。

语言的词一般都可以分为实词和虚词两大类。实词能够单独充当句子成分,虚词不能够单独充当句子成分,但同句子的语法结构相关。实词还可再分为名词、动词、形容词、代词、数词、量词、副词、叹词等。虚词还可再分为介词、连词、助词、语气词等。

思考与练习

1. 举例说明什么是语素。

2. 举例说明什么是词根语素。

3. 举例说明什么是附加语素。

4. 附加语素包含哪两种意义？举例说明。

5. 举例说明什么是词缀，词缀分为几种？

6. 举例说明什么是词尾。

7. 什么是词？

8. 什么是单纯词？

9. 什么是合成词？合成词可以分为几种？

10. 什么是构形法？构形法可以分为几种？举例说明。

11. 什么是构词法？构词法可以分为哪几种？举例说明。

12. 什么是语法范畴？它包括哪些内容？举例说明。

13. 什么是词类？划分词类的依据是什么？

14. 有形态变化的语言和缺乏形态变化的语言划分词类的依据各有什么不同？

15. 一般语言的词可以分为哪几类？

16. 划分出下面各语言单位的语素：

汉语：老师　解放军　电视机　小巧玲珑　他徘徊　蜈蚣逍遥而过

英语：classroom　enable　employee　talented　books

17. 下列各词中，哪一部分是词根语素？哪一部分是附加语素？

汉语：作家　第五　老师　桌子　石头

英语：vice‐chairman　worker　actor　teachers　untrue

18. 指出下列各词中的附加成分,哪些是词尾,哪些是词缀。

Looked　handful　specialist　nations　oxen　engineers

19. 指出构成下列各词的语法形式和方法：

boy（单数）—boys（复数）

рукú′（单数、属格）—рýки（复数、主格）

pou（单数）—poupou（复数）

tooth[tu:θ]（单数）—teeth[ti:θ]（复数）

20. 指出下列各词的构词法：

车子　　老虎　　冰箱　　民委

TOEFL　disorder　kingdom　outbreak

21. 指出下列各组语言单位的语法形式各表示哪一类语法范畴：

actor—actress

I think—I am thinking—I have thought

He hits the ball. —The ball is hit by him.

She looks—She looked—She will look

he—his—him

door—doors

amo"我爱" amas"你爱" amat"他爱"

我走了。—你走吧！

第三节　句法

一、词组

两个或两个以上的词按照一定的语法规则组合起来就成为词

组,又称短语。词组可以分为固定词组和自由词组,前者指结合紧密的、结构定型的、作用相当于一个词的词组。常见的有专有名称和习语。如专有名词:汉语的"中华人民共和国"、"人民代表大会"、"政治协商会议",英语的 the Ministry of Foreign Affairs"外交部"、the British Broadcasting Corporation"英国广播公司"、the United Nations"联合国";习语:汉语的"水落石出"、"刻舟求剑"、"胸有成竹"、"乘风破浪"、"安土重迁",英语的 depend on"依靠"、look after"照料"、put up with"忍受"、make use of "利用"、give up"放弃",壮语的 a：u⁴ma¹ to⁴ hap⁸"挑拨离间"、ȵap⁸ mat⁷ hau³ da：ŋ¹"引祸上身"。后者指说话时临时组织起来的词组。例如汉语的"在家里"、"学外语"、"三本书",英语的 study English"学英语"、in the factory"在厂里"、nineteen students"19 个学生",黎语的 ploŋ³ pa：n¹"新房子" pa¹ vun³"狗叫"。

词组是句子中的一个组成部分,是仅次于句子层次的语法单位。

二、句子

句子是由词或词组构成的,能表达一个完整意思的,有一定语调的语言运用的基本单位。句子是最大的语法单位,由比它低一层次的词或词组构成。如汉语"你走吗?"由"你"、"走"、"吗"三个词组成;"对这事,他胸有成竹。"由介词词组"对这事"和固定词组"胸有成竹"以及代词"他"组成。又如英语 LeiFeng always thought of others.(雷锋总是想到别人)由名词 LeiFeng,副词 always,动词固定词组 thind of,代词 others 组成。

句子必须能够表达一个完整的意思。所谓表达完整的意思是指说话人对说话内容的主观态度,即做出什么肯定或否定,表达什么愿望或感情,提出什么问题或要求等。例如汉语:

1. 他是老师吗？（提出问题）

2. 他是老师。（做出肯定）

3. 他不是老师。（做出否定）

4. 快开门！（提出要求）

5. 这里的景色多美啊！（表达感情）

句子必须有一定的语调（包括停顿），表示陈述、疑问、祈使、感叹等语气。例如上述例句 1 表示疑问，例句 2 表示陈述，例句 5 表示感叹，例句 4 表示祈使。句子是语言运用的基本单位，它不能分割成几个独立的句子。在书面上，句子的停顿和语调有句号、问号或感叹号作为标志。

句子的主要特征是能够表达一个完整的意思和具有一定的语调，如果词或词组在一定的条件下，获得句子的语调，表达完整的意思，它也可以成为句子。如汉语：

A. 甲问："这是什么？"

乙答："书。"（由一个词构成的句子）

B. 甲问："那是谁的手机？"

乙答："小明的手机。"（由一个词组构成的句子）

句子可以从不同的角度分为不同的种类。从语气的角度来分，可以把句子分为①陈述句，如上述例 2，又如英语 He works hard. "他努力工作。"②疑问句，如上述例 1，又如英语 Does he work hard? "他努力工作吗？"③祈使句，如上述例 4，又如英语 Stand up! "起立"。④感叹句，如上述例 5，又如英语 How hard he works! "他工作多努力啊！"从结构的角度来分，可以把句子分为单句和复句。单句由一个词或几个意义上密切联系的词构成。例如汉语"走！""他的车。""开门！""谁说的？""我买了一辆奥迪。""听说你考上了清华大学。""现在几乎每一个家庭都有电话、电视机、电冰箱、电脑等现代化的生活用品。"复句是由两个或两个以上在意义上密切联系、在结构上互不包含的单句形式组成的句子。组成复句的单句形式叫做分句。一个复句虽然由两个或两个以上的分句组成，但只有一个句调，句末有较大的停顿，书面上用句号、叹号或问号表示。分句之间有较小的停顿，书面上一般用逗号或分号表示。有时候，分句之间的意义关系用关联词语来表示。复句主要分为并列复句和主从复句两大类。前者的分句之间的意义关系没有主要和从属之分，后者的分句之间有主从之分，主句表达主要意思，从句从属于主句。并列复句的分句与分句之间的关系常表现出若干类型。如汉语：

虚心使人进步，骄傲使人落后。（平行关系）

或者你去，或者他去。（选择关系）

又如英语：

I help him and he helps me.（平行关系）

我帮助他，他帮助我。

Either he did not speak distinctly or I did not hear well.（选择关系）

不是他没讲清楚，就是我没听明白。

主从复句的分句之间也表现出各种不同的关系。如汉语：

1. 虽然金子很名贵，但我还是要做一块钢。

   （转折关系，关联词："虽然……但……"）

2. 只有热爱工作的人，才能热爱生活。

   （条件关系，关联词："只有……才……"）

3. 如果我考不上大学，我就去做买卖。

   （假设关系，关联词："如果……就……"）

4. 因为小明病了,所以他不能来上课。

    (因果关系,关联词:"因为……所以……")

5. 你要注意言行举止,免得别人说你的闲话。

    (目的关系,关联词:"……免得……")

另外,按层次分,复句还可以分为单重复句和多重复句。前者只包含一个层次,由两个分句组成,如上述诸例;后者包含两个以上层次,由三个或三个以上分句组成。例如:

(转折关系)   (并列关系)   (条件关系)

①他虽然学习基础差,| ②只要能狠下苦功,||| ③注意学习方法,||④也可以取得好成绩。

三、句法结构

词与词之间的句法关系的格式就是句法结构。一般语言中的句法结构主要有主谓结构、述宾结构、偏正结构、并列结构等类型。

1. 主谓结构。这种结构反映陈述与被陈述的关系,即主谓关系。陈述部分称为主语,被陈述部分称为谓语。主谓结构中的主语和谓语在不同的语言中有不同的位置。汉语的主谓结构是主语在前,谓语在后。例如:

农民 种地(＿＿表示主语,＿＿表示谓语)

车 来了

红旗 飘扬

而高山族语言的主谓结构却是谓语在前,主语在后。例如阿眉斯语:

nikaŋkaŋ   tʃitamih   达美赫犁地

犁(地)   达美赫

kumaən   ku wawa   孩子吃

吃   冠词 孩子

tatuluaj　　ku　wawa　aku　我有三个孩子

三人　　　冠词　孩子　我的

这里的冠词 ku 是主语的标志,即表示其后面的成分是结构中的主语。

2.述宾结构。这种结构反映支配(或关涉)和被支配(或被关涉)的关系,即述宾关系(过去叫动宾关系)。支配部分称为述语(有的叫谓语),被支配部分称为宾语。述宾结构中的述语和宾语在不同的语言中也有不同的位置。汉语的述宾结构都是述语在前,宾语在后。例如:<u>看</u>电视、<u>是</u>水牛、<u>写</u>文章、<u>热爱</u>祖国、<u>关心</u>群众(　　　表示宾语)。而藏缅语族语言的述宾结构则是宾语在前,述语在后。例如:

载佤语:

jum^{51} sɤŋ^{51}　miŋ^{21}　　　　tʃit^{55} tap^{55}　　热爱祖国

祖国　　　　　　　热爱

阿昌语:

tɕɔ^{55}　　tɕɔ^{31}　吃饭

饭　　吃

景颇语:

lai^{31} ka^{31}　　thi^{55}　　阅读书籍

书　　　读

3.偏正结构。这种结构反映修饰和被修饰的关系,即偏正关系。修饰部分称为修饰语,被修饰部分称为中心语。偏正结构可以细分为两类:一类是名词性偏正结构,另一类是动词性偏正结构。前者的主要特点是以名词为中心语,如汉语的“(伟大)的<u>祖国</u>”(“( )”表示修饰语,单词下的 __ 表示中心语)、“(他)的<u>母亲</u>”、“(一台)<u>电脑</u>”。后者的主要特点是以谓词为中心语,如汉语的“(很)<u>冷</u>”、“(刚)<u>到</u>”、

"（能）<u>理解</u>"、"（努力）<u>学习</u>"、"（相当）<u>成功</u>"。偏正结构与上述两种结构一样，其构成成分即中心语和修饰语在不同的语言中也有不同的位置。汉语的偏正结构都是修饰语在前，中心语在后（见上述汉语的例子）。傣语的偏正结构的语序则比较复杂：名词性偏正结构是中心语在前，修饰语在后。例如：

<u>tsin⁴</u>	（mu¹）	猪肉
肉	猪	
<u>xɔ¹</u>	（to¹ xa³）	我的锄头
锄头	我	
<u>pa¹</u>	（ha³ to¹）	五条鱼
鱼	五条	

谓词性偏正词组有的是中心语在前，修饰语在后，与汉语的相反；也有的是修饰语在前，中心语在后，与汉语的一致。例如，
中心语在前的：

<u>pai¹</u>	（doi³ hip⁸）	立刻去
去	立刻	
<u>ma²</u>	（se⁵ se⁵）	常常来
来	常常	

中心语在后的：

（sak⁷ kam²）	pɔk⁸ ma	刚刚回来
刚刚	回来	
（bau⁵）	<u>din³</u>	不玩
不	玩	

4.并列结构。这种结构由两个或几个起平等作用的部分组成。并列结构的表现形式在各种语言中大体相同。例如：

汉语：

> 语言文化 你和我
>
> 蓝天、白云、大海 勤劳并勇敢

黎语：

> meɯ¹ khu¹ na¹ 你和他
>
> 你 和 他
>
> pai₃ pha₃ 爸爸妈妈
>
> 母亲 父亲

英语：

> you and I （你和我）
>
> grey or black （灰或白）

句法结构的表达主要通过词序、虚词、形态、语调等几种语法手段来实现。

1. 词序。形态不丰富的语言如汉藏语系语言中，词序是表达句法结构的主要手段。例如汉语的"帮助他"是述宾结构，但变换词的前后位置，即"他帮助"后，就变成了主谓结构。又如壮语的 naŋ³（蒸）hau⁴（饭）是述宾结构，但变换词的前后位置，即 hau⁴（饭）naŋ³（蒸）后，就变成了偏正结构。但壮语有一种由不及物动词充当谓语的主谓结构，不能通过词序的变换来改变其结构关系。例如下面的结构：

> kai⁵ tok⁷ɕiŋ³
>
> 鸡 落井

这是一个"名词＋动词"的形式，按照壮语主语在谓语之前的规则，这个形式表达了主谓关系，因而是个主谓结构；但按照壮语修饰语在中心语之后,这个形式却表达了名词性的偏正关系,因为 kai^5 后面的成分 tok^7 ɕiŋ^3 不能换位到 kai^5 的前面作修饰成分,因而是个偏正结构。可见,在壮语中"名+动"形式具有"一形双义"的特点,也就是说它既包含主谓结构又包含偏正结构。区别这种结构形式,变换词序的手段对它不起作用。因而只能通过具体的语言环境来反映它的句法结构。例如:

在句末加语气词 lo 来表示主谓关系:

kai^5 tok^7 ɕiŋ^3 <u>lo</u>!   鸡掉到井里了。

鸡   落井   了

在"名+动"后加指示代词 han^4 或 nei^4 来表示偏正关系:

tu^2 kai^5 tok^7 ɕiŋ^3 <u>han^4</u>   tɯk^8 tu^6 kou^1.

只   鸡   落井   那   是   的   我

那只落井鸡是我的。

在形态变化丰富的语言中,也有兼用词序来表达句法结构的。例如英语就固定用主语在谓语之前来表示主谓关系,用宾语在谓语之后来表示述宾关系,与汉语的一样。例如:The sun rises. "太阳升。" Stop making a noise! "别闹了!"

2. 虚词。虚词是许多语言用来表达句法结构的重要语法手段。例如汉语的不少句法结构是靠虚词来表达的。如"谁的东西"、"美丽的桂林"、"胸有成竹地说"、"整齐地高呼"等,都分别用助词"的"和"地"来表达偏正结构,缺之不可。又如"干得热火朝天"、"长得绿油油的"等句法结构也必须用助词"得"来作补语标志。再如"煎或炒"、"研究并利用"等并列结构也非用连词"或"和"并"来连接不可。在英语中,用虚词来表达句法结构的现象也很普遍。例如:the first day of the new term"新学期的第一天",a man of Hunan "湖南人"等都用了介词 of 来连接中心语和修饰语。又如 live and work"生活和工作",day and night"白天和晚上"等都用了连词"and"来表达并列关系。

3.形态。用形态(即词的构形形态)来表达句法结构的现象主要存在于有形态变化的语言中。例如在英语中,主谓结构中的谓语在语法形式上要与主语一致。如:

they work　　他们工作

he works　　他工作

主语 they 是复数第三人称,故其谓语 work 不加- s;主语 he 是单数第三人称,故其谓语 work 要加- s。这表明谓语 work 在人称和数上需与主语一致。此外,在俄语中,偏正结构中的形容词修饰语在语法形式上也要与名词中心语一致。如 великая родина "伟大的祖国",形容词与名词的性、数、格一致。形态语法手段也可以用于述宾结构中。在一些语言如俄语和英语中,述宾结构中的述语要求宾语有某种语法形式,但前者在语法形式上的变化却不引起后者的变化。例如英语中的及物动词要求人称代词宾语有宾格的形式,如(I) miss him "我想他",(she) misses him"她想他",但述语 miss 的变化却没有引起宾语 him 的变化。

4.语调。语调除了能够作句子的标志之外,还能够用来表达一定的句法结构。例如汉语就用停顿来区别不同的句法关系。如"六(停顿)乘三加九"(=72)和"六乘三(停顿)加九"(=27)实际上都是由一组相同的词构成的,但由于停顿所处的位置不同而形成了两种不同的句法结构。

思考与练习

1. 什么是词组？词组分为哪两种？

2. 什么是句子？句子怎样分类？

3. 什么是句法结构？

4. 句法结构包括哪几种类型？各个类型的特点是什么？

5. 汉语的主谓结构与阿眉斯语的主谓结构有什么不同？

6. 汉语的述宾结构与藏缅语的述宾结构有什么不同？

7. 汉语的偏正结构与傣语的偏正结构有什么不同？

8. 句法结构的表达主要通过哪几种语法手段来实现？举例说明。

9. 下面的句子哪些是单句？哪些是复句？

　　天黑我们也要赶路。

　　事实证明，他是对的。

　　我一躺下就睡着了。

　　歌声阵阵，笑语声声。

　　个子小，行动灵活，是小王的特点。

10. 指出下面各语言单位各属于哪一种句法结构。

　　做好事　　语言材料　昨天来　李明学习　看穿

　　书声朗朗　快走　　　他们俩　唱得动听　研究并决定

11. 指出下列各组语言单位表示句法结构的方法。

　　A. 三乘四（停顿）加二（=14）　　三（停顿）乘四加二（=18）

　　B. The people study in the room.

　　　　The person studies in the room.

　　C. 看她（述宾）——她看（主谓）

D. 清清的水 异口同声地说 冷得直发抖

第四节 句子分析

从 17 世纪以来,随着语法学的发展,不断有人创造出新的句子分析法。如 17 世纪法国唯理语法学家的逻辑分析法,20 世纪丹麦语言学家叶斯柏森的"连接"和"系联"相结合的分析法,20 世纪美国语言学家海斯的从属分析法等等,都是当时标新立异、不同凡响的句子分析法。但是影响较大的、被后人广泛沿用的是成分分析法、直接成分分析法(又称层次分析法)和句子实际切分法。下面重点介绍这三种方法。

一、成分分析法

这是一种传统的析句方法,其主要特点是在一个平面上划分出句子中的各个成分(即主语、谓语、宾语、定语、状语、补语)。析句过程分为两个步骤:第一个步骤先找出两个中心成分——主语和谓语;第二个步骤找出它们的连带成分和附加成分——宾语、定语、状语或补语。例如汉语句子"我们热烈地讨论语法问题",按成分分析可作如下分析:

我们 热烈地 讨论 语法 问题。
主   状   谓 定 宾

先确定中心成分"我们"(主语)和"讨论"(谓语),然后再确定他们各自的连带成分:"我们"没有连带成分,不用分析。"讨论"前后都有连带成分,前面是其修饰语"热烈",作状语;后面是其支配对象"语法问题",作宾语,其中"问题"也有一个连带成分(修饰语)"语法"作其定语。成分分析法在我国流行了几十年,成效显著,可是随着语法科学的日益深入发展,人们发现这种分析方法忽视了句子的语法结构的层次性。于是转向了新的析句方法——直接成分分析法。

二、直接成分分析法

直接成分分析法是美国结构主义学派在 20 世纪初创造的。这种方法的主要特点是逐层分析出语言单位中具有最直接的语法关系的两个组成成分。换句话说,所谓直接成分分析就是把句子按层次区分出它的组成部分。例如英语句子 poor John ran away"可怜的约翰跑开了",首先分成 poor John 和 ran away 两个直接成分,然后再把 poor John 分成 poor 和 John 两个直接成分,把 ran away 分成 ran 和 away 两个直接成分,直到不能再往下切分为止(切分到词),这样剩下的成分就叫做"最终成分"。上述例句的最终成分是 poor、John、ran 和 away。下面我们以"阶梯式图解法"对汉语句子"我们主张改革开放"再做一个层次分析法的演示:

整个句子的直接成分是"我们"和"主张改革开放",这两个直接成分构成了第一个层次,句法结构为主谓结构。两个成分中的后一成分"主张改革开放"本身又是一个复杂的结构,其直接成分是"主张"和"改革开放",它们构成了第二层次,句法结构为述宾结构。这个结构中的宾语"改革开放"还可以进一步切分为"改革"和"开放"两个直接成分。它们构成第三个层次,句法结构为并列结构。综上所述,这个句子有主谓结构、述宾结构、并列结构三个结构层次。有"我们"、"主张"、"改革"、"开放"4 个最终成分。

直接成分分析法的目的在于揭示句子的结构层次,使之反映语言本身所具有的结构层次,而弄清语言单位的结构层次有助于我们对语言单位意义的理解。

三、句子实际切分法

句子实际切分法是捷克语言学家、布拉格学派的创始人马泰修斯于 1939 年提出来的。这种方法是一种功能—意义分析法,它根据词语在句子中不同的交际功能,把句子切分为两个表意部分:一是叙述的出发点,二是叙述的核心。前者叫做主题,指叙述的对象,表示已知的信息或不重要的内容;后者叫做述题,指对叙述对象的说明,表示新的信息或重要的内容。句子实际切分法就是把句子切分成主题和述题的方法。例如:

金色的太阳/从东方升起来。

    主题   述题

树枝上/站着两只小鸟。

    主题   述题

如果你愿意,/我就陪你去白云山看看。

    主题   述题

四、三种析句法的区别

成分分析法、直接成分分析法和句子实际切分法是三种不同的析句方法。成分分析法的理论基础是逻辑学,它根据词语在句子中的语法作用,把句子的各个部分划分为中心成分(主语和谓语)和次要成分即连带成分(定语、宾语、状语)。直接成分分析法的理论基础是行为主义和形式主义,它根据词语在句子中的句法关系,揭示句子的结构层次。实际切分法的理论基础是心理学,它根据词语在句子中的交际功能,把句子切分为主题和述题。

思考与练习

1. 分别举例说明什么是成分分析法、直接成分分析法、句子实际切分法,并指出三者之间的区别。

2. 分别用"成分分析法"、"层次分析法"、"句子实际切分法"分析下面的句子。

我们一定要把学习搞好。

爸爸牵牛下地去了。

你论文很有创见。

池塘里躺着两头大水牛。

渠岸、路旁和坟地上的迎春花谢了。

第五节　句式转换

一、句式的转换

有内在联系的某些句子类型之间可以互相转换。有肯定句转换为否定句、主动句转换为被动句、陈述句转换为疑问句等。

肯定句转换为否定句。如汉语:

(1)我看这本书。我不看这本书。

(2)我吃了饭了。我还没吃饭。

又如英语:

(3) I was in Beijing last year. I was not in Beijing last year.

(4) You look well today. You do not look well today.

主动句转换为被动句。如汉语:

(5)虫子吃光了树叶。树叶被虫子吃光了。

(6)太阳晒干了地上的水。地上的水叫太阳晒干了。

又如英语：

(7) Everybody likes the cook. The cook is liked by everybody.

(8) They are building a road. A road is being built by them.

陈述句转换为疑问句。如汉语：

屋里有人。
{
屋里有人？
屋里有人吗？
} 是非问句
屋里是不是有人？
哪里有人？
屋里有谁？
} 特指问句

又如英语：

You are a worker.
{
Are you a worker? 是非问句
Who are a worker? 特指问句
You are a worker, aren't you? 反意问句
}

句式的转换不是随意的，而是按照一定的规则进行。这些规则主要有：

1. 移位法。通过移动句子成分的位置来实现句式转换的规则叫移位法。例如：(5)、(6)转换为被动句时分别把宾语"树叶"和"地上的水"移动到句首，运用了移位规则。(7)、(8)也运用了同样的规则分别把宾语 the cook 和 a road 提前到句首，以达到转换为被动句的目的。

2. 添加法。在句子中某个位置上增加成分以实现句式转换的规则叫添加法。例如(1)转换为否定句时在动词"看"之前增加了否定

副词"不"；(4)转换为否定句时也在动词 look 前增加了否定形式 don't。此外，在英语中，如果句子的动词是系动词 be，那么，这个句子变成否定句时，否定形式 not 则放在 be 的后面，如(3)的否定句式。又如(5)、(7)转换成被动句时除了运用了移位规则之外，还运用了增添规则，即在原主语的前面"虫子"和 everybody 分别加上了表示被动意义的词"被"和 by。

3. 删除法。删除句子中某个成分以实现句子转换的规则叫删除法。如否定句转换成肯定句时要将否定词删除：

他不回家。　他回家。(删除了"不")

在英语中，被动句转换成主动句时，除了运用移位规则之外，同时也要运用删除规则把被动句中的介词 by 去掉：

The workshops will be mechanized by us. We shall mechanize the workshops.

在汉语中，主动句转换成被动句时也可以在运用移位规则的同时，把原主语删除：

他吃光了碗里的菜。　碗里的菜被吃光了。(删除了位于"被"字后的原主语"他")

4. 替代法。用某一个句子成分替代另一个句子成分以实现句子转换的规则叫替代法。例如上述"3. 删除法"中的英语被动句：The workshops will be mechanized by us. 转换为主动句：We shall mechanize the workshops. 时就有两个成分被替换：第一个是助动词 will 被 shall 替换，因为按英语的语法规则，will 只能用在第二、三人称的将来时态中，而第一人称的将来时态必须用 shall，所以，上述主动句中的主语 the workshops 变成主动句中的主语 we 之后，助动词 will 也相应被 shall 取代。第二个是宾格 us 被主格 we 替换。又如，

在汉语中"把"字句和"被"字句互相转换时,其规则就是"把"字和"被"字的互相替代:

　　狗被我赶跑了。　　我把狗赶跑了。("被"字被"把"字所替换)

　　小妹把信烧了。　　信被小妹烧了。("把"字被"被"字所替换)

句式的转换有时不只使用一种规则,而是同时使用两种或两种以上的规则。例如上述汉语"被"字句和"把"字句的互相转换中就同时运用了移位、删除、替代三种规则。

二、句式转换的作用

上述转换的例证告诉我们,句式转换是有规则的语法格式的变化,它能越出一个语法格式的范围去考察有关格式之间的关系,因此对揭示句法同义和句法多义有重要作用。在语言中有时候可以用几种句子格式来表示同一个(或相近的)结构意义。例如汉语:

(1)虫子吃光了树叶。

(2)树叶被虫子吃光了。

(3)树叶虫子吃光了。

(4)虫子把树叶吃光了。

这四个句子的格式都各不相同,但都表示了同一个结构意义:施事—动作—受事。其中施事是"虫子",动作是"吃光",受事是"树叶"。如果把其他相关的词代入"施事—动作—受事"这一结构意义的公式中,同样能产生四个不同的句子格式。例如:

　　他(施事)扔掉了(动作)那张纸(受事)。

　　那张纸(受事)被(介词)他(施事)扔掉了(动作)。

　　那张纸(受事)他(施事)扔掉了(动作)。

　　他(施事)把(介词)那张纸(受事)扔掉了(动作)。

　　不同句子格式表示同一结构意义的这种现象就叫句法同义。句法同义是通过句式转换表现出来的。可见,句式转换可以把结构意义相同的句子格式联系在一起,展示它们之间的相互关系,从而打破了孤立地研究单个句式的局限,开阔了句法研究的视野。

　　句式的转换不仅可以揭示句法同义现象,还可以辨析句法多义现象。所谓句法多义就是同一个句式表示几种不同的结构意义。例如"访问的学校是马山中学"一句中的主语"访问的学校"是个偏正结构,这个结构既可以表示"去访问的学校",也可以表示"来访问的学校","学校"和"访问"有两种结构意义,但都使用相同的词、相同的语序和相同的结构关系,这种现象就是句法多义。句法多义也称歧义现象,这种歧义现象可以通过句式的转换来加以区别。下面我们用添加法来转换上述的句子:

　　　　原句　　(1)访问的学校是马山中学。

　　　　转换句 { (2)我们访问的学校是马山中学。
　　　　　　　　 (3)访问我们的学校是马山中学。

转换句(2)表明"学校"是"访问"的受事,(3)表明"学校"是"访问"的施事。由是观之,偏正结构"访问的学校"含有两种结构意义,因而有歧义。句式转换不仅可以区别句法多义,还可以验证与上述例句相同的结构形式是否有歧义。例如下面句式的转换:

　　　　原句　　(1)扩建的学校是马山中学。

　　　　转换句 { (2)我们扩建的学校是马山中学。
　　　　　　　　 (3)扩建我们的学校是马山中学。

转换句(2)表明"学校"是"扩建"的受事,而转换句(3)不成立。可见,偏正结构"扩建的学校"只含有一种结构意义,没有歧义。

思考与练习

1. 什么是句式转换？句式转换有什么作用？
2. 句式转换有哪些规则？
3. 用句式转换辨别下列句子是否有歧义。

①约的人还没来。

②买的东西丢了。

③接待的人是个科长。

第六节　语法的发展

语法虽是语言中最稳固的部分，但也会随着社会的发展而发生变化。只不过相对于语言中的其他部分发展比较缓慢罢了。语法的发展主要表现在以下几个方面。

一、语法形式的变化

语法形式的变化包括词序换位和形态改变。词序换位是指表达某一语法意义的两个成分位置的变换。如在先秦时代，汉语曾用"代词宾语＋动词"的形式来表示动宾关系。如：

民献有十夫予翼。（书·大诰）

赫赫师尹，民具尔瞻。（诗·小雅·节南山）

无我怨。（书·多士）

国无人莫我知兮。（离骚）

祸福之至，不是过也。（左·哀）

到了汉代，这种表达形式有了显著的发展，其标志就是"宾""动"换位。同样的句子在先秦史籍中"宾＋动"形式的，汉代以后的文献已改为"动＋宾"的新形式。如《论语·宪问》:"其我知也夫",《史记·孔子世家》则写为"莫知我夫";《国语·周语》"及殷周莫之发也",《史记·周本纪》则写为"比三代莫敢发之"。南北朝时代沿续并巩固了这种变位形式。如《庄子·齐物论》说"若(你)不吾胜",《世说新语·品藻》却说"韶音令辞不如我",而不作"不我若"。《诗·墉风》说"莫之敢指",南北朝人《小说》却说"自尔莫敢近之",而不说"莫之敢近"。可见,上古的"宾＋动"词序到了中古明显换了位置,变成了"动＋宾"的词序。

藏缅语族早期使用"名＋形"的语序来表达定中关系。如:

缅语:pā⁵³　　a³³ni³³　　红花
　　　花　　　红

载瓦语:pan²¹　　ne⁵¹　　红花
　　　花　　　红

怒语:ga⁵⁵　　ba³¹　　白衣
　　衣服　　白

后来又增加了"形＋名"的语序。如:

缅语:ni³³　　tɛ²⁵⁵　pa⁵³　　红的花
　　　红　　　的　　花

载瓦语:ne⁵¹　　e⁵⁵　　pan²¹　　红的花
　　　红　　　的　　花

怒语:ȵe³³　　a³³　　ga⁵⁵　　红的衣服
　　　红　　　的　　衣

　形态的改变会引起语法范畴的消失。如梵语与英语是有亲属关系的语言。一般认为梵语是较古老的语言,它的一个形容词有三个性、三个数、八个格,一共 72 种形式。而到了英语只有一种形式,语法范畴发生了很大的变化。又如古俄语名词有单数、双数、复数三种形式,而现代俄语只剩下单数和复数两种形式。

二、语法手段的演变

语法手段的演变主要表现为两个方面:

(一)原来使用的手段转向使用另一种手段。例如古拉丁语的名词、形容词、数词、代词、动词都用词的内部形态表现各种语法意义。后来,源于古拉丁语的法语由于词的内部形态简化,逐渐改用外部形态来表示某些语法意义,如用冠词去区别某些名词的单复数,并以词序和虚词去确定词与词之间的语法关系。例如在古拉丁语中,表达"女孩儿爱母亲"这样一句话,可以使用各种各样的词序:

Matrem	puella	amat.
母亲(宾格)	爱	女孩儿(主格)
Matrem	amat	puella.
母亲(宾格)	女孩儿(主格)	爱
Amat	puella	matrem.
女孩儿(主格)	爱	母亲(宾格)
Amat	matrem	puella.
女孩儿(主格)	母亲(宾格)	爱
Puella	matrem	amat.
爱	母亲(宾格)	女孩儿(主格)
Puella	amat	matrem.
爱	女孩儿(主格)	母亲(宾格)

但在现代法语中,由于名词失掉了表示格的词尾而只能用一种词序:

la fille	aime	la mère.	女孩儿爱母亲。
女孩儿	爱	母亲	

（二）新语法手段的产生。随着语法范畴的发展，相应的语法手段也会应运而生。例如上古汉语没有表示"体"的语法范畴，到了魏晋南北朝，开始出现分别表示动作进行体和完成体的动词词尾"着"、"了"的萌芽。例如：

禾秋收了，先耕荞麦地，次耕余地。（齐民要术·杂说）

切（近来）见世人耕了，仰着土块，并待孟春。（同上）

看（地）干湿，随时尽磨着。（同上）

唐代以后，"着"、"了"完成了虚化为动词词形的过程，并普遍流行于世。例如：

卿与寡人同记着。（敦变 743 页）

子细挂寻着。茫然一场愁。（寒山诗）

物挂着则不倒地。（唐悟本禅师语录）

朝臣知了泪摧摧。（敦变 777 页）

夫人闻了，又自伤悲。（又 774 页）

说了夫人及大王，两情相顾又回惶。（又 774 页）

这样，汉语在中古以后便产生了以虚词—时态助词为主要特征的语法手段。

三、词类的发展

词类的发展主要表现在词类的增加和词类语法特征的产生。我们知道，汉语量词是后起的，王力先生认为，汉语量词萌芽于先秦，发达于汉以后。例如：

木器髤者千枚。（史记·货殖列传）

关东流民二百万口。（汉书·万石君传）

乃赐叔孙通帛二十匹。（史记·叔孙通传）

旃席千具。（史记·货殖传）

离宫别馆，三十六所。(班固西都赋)

可见，量词这一词类是从无到有的。

上古汉语，词类还没有出现能够互相区别的语法标志。名词、动词、形容词，往往一身而兼三任。例如"树"在"季氏有嘉树焉"里是名词，在"五亩之宅，树之以桑"里是动词，在"毋易树子"里又是形容词。但从东汉起，开始出现作为名词标志的词头"阿"和"老"。《日知录》卷32说："隶释汉《肴阮碑》阴云：'其间四十人，皆字其名而系以阿字，如刘兴—阿兴，潘京—阿京之类。'"汉乐府《焦仲卿妻》里词头"阿"出现的频率更高。如"阿母谓阿女"，"阿兄得闻之"，"举言谓阿妹"。可见，名词前加"阿"在汉代已经盛行。

词头"老"是以名词"老"虚化而来的，最初用于敬称。《论语·述而》："子曰：述而不作，信而好古，窃比于我老彭。"后来"老"也可用于自称，例如：

老夫耄矣，无能为也。(左·隐4)

太后曰："老妇不能。"(赵策)

为老妾语陵。(史记·陈平世家)

到了西汉杨雄的《方言》里，"老"已虚化为词头。如《方言八》："蝙蝠，自关而东谓之服翼，或谓之飞鼠，或谓之老鼠，或谓之仙鼠"。

此外，名词词尾"子"、"头"、"儿"也是产生于东汉时期。

副词词尾"地"起源于南北朝。形容词词尾"底"(的)在唐代《禅师语录》里才普遍使用。

综上所述，汉语词类在上古没有语法标志，到了中古才逐渐产生了各自的语法特征。

侗台语族早期的名词也没有语法标志，后来由于量词的"词头化"，名词前一般都冠以一个相应的量词性词头(下简称词头)。例如壮语：

$tu^2 pit^7$ 鸭子 $ko^1 fai^4$ 树

鸭 棵 树

$pou^4 hek^7$ 客人 $pou^4 vun^2$ 人

客 人

甚至动词、形容词、叹词、数词等词冠以词头后都变成了名词，例如：

动词 名词

nin^2 "睡" → $tu^2 nin^2$ 睡的那只

睡

形容词

ho^3 "穷" → $pou^4 ho^3$ 穷人

穷

叹词

lauɯle → pou^4 lauɯle 说 lauɯle 的人

数词

$sa{:}m^1$ "三" → $tak^8 sa{:}m^1$ 三儿子

三

可见，词头明显是名词的标志，这种标志是晚期现象。

四、语法发展的精密化和完善化

语法是人类思维长期抽象化工作的成果，因此，语法必然向着日益精密和完善的方向发展。这种发展在句法上表现得十分突出。例如汉语句法从古到今发展的趋势是：句式日益完备，结构日益严密。汉语上古判句不用系词，但战国后期，系词就开始萌芽，西汉以后就普遍使用。上古前期汉语句子主动与被动不分，西周初期就开始出现固定的被动式。上古流行使动式，中古产生了动补结构就比使动式更完善。

又如侗台语族在汉语的影响下,其语法不断地丰富和完善。例如壮语从汉语吸收了一些虚词,增加了一些表达方式:

an¹ vi⁶ kou¹ mi² piŋ⁶, so³ ji³ bou³ pai¹ ha:k⁸. 因为我有病,所以不上学。
因为 我 有病 所以 不 去 学

此外,壮语还从汉语里吸收序数词词头 tai⁶-"第"和表示日子的词头 ɕo-"初"和词尾- ha:u⁶"号",使壮语的构词法更加完善。

第七节　新语法理论的兴起

这里所说的新语法理论是指 20 世纪以来各种语言学派提出的语法理论。语言学界对这些理论褒贬不一。但是它们都力图摆脱传统语法的束缚,积极探索语法研究的新路子,对语法理论的发展起了促进的作用。新语法理论的兴起,标志着语言理论的新发展。下面以叶蜚声、赵世开、徐烈炯、刘润青、冯志伟、王福祥等语言学家的论作为依据,简要地介绍几种主要的语法理论。

一、结构主义语法

结构主义语法是美国结构主义学派中的布龙菲尔德学派于 20 世纪初所创。布龙菲尔德学派的理论基础是哲学中的逻辑实证主义和心理学中的行为主义。这个学派主张从可以观察到的语言的形式入手,用一套严格的程序客观地揭示语言的真实面貌,反对用传统的语法范畴去套各种语言,反对在分析中利用意义。其目标是以一批足够的语句作为素材,通过分析程序找出语言中的单位及其组合模式。分析时,先从素材找出音位系统,包括全部音位及其组合模式。然后再用音位标写素材中的语句,最后再对这个素材进行语法分析,找出语法系统,包括全部语素及其组合模式。

结构主义语法有一套复杂的程序,叫做"发现程序",可以分为切分、归并、分类、组合 4 个步骤。切分是把素材中用音位标写的语句切分成含义最小的片段,即所谓的"语子"。归并是把意义相同的"语子"归成语素。例如英语的 books、dogs、benches 各个词末可以切分出语子/s/、/z/、/iz/。它们都因为出现的条件不同(即它们的前面分别是清辅音、浊辅音和塞擦音)而表现出不同的形式。但它们的语法意义是一样的,即都表示复数。因此,我们可以把它们归纳为表示复数的语素{S}。而语子/s/、/z/、/iz/就是这个语素的变体。归纳出所有的语素之后,还要说明语素在语句中如何组合。语素是最小的语法单位,它们首先组合成词,然后词与词组合成句法单位。词在句子中,前后有可能的停顿点为界线。据此找出所有的词之后,还要归纳出语素组合成词的模式。然后对词进行分类,并说明词的组合模式。词的分类依据是词的分布方式(词的出现环境),即把在相同环境中出现的词归为一类。分类后,就能发现各类词组合的基本格式。大于词的语法单位都是用这些基本格式一层层套起来的。用层次分析法可以揭示它们的结构。这样,语素如何组合成词,各类词又如何组合成句法单位的模式,都得到了说明。

美国结构主义语法的这套"发现程序"主要依靠形式特征来发现素材中的单位及其反复出现的组合模式。其优点是能够就语言本身来揭示语法面貌,显示各种语言的结构特点;其缺点是缩小了语法分析的任务,只重点解决词法问题。句法方面只做了部分工作,语义结构没有动手。但是其分析结果使语法研究有增加广度和深度的基础,对语法学的发展做出了重要的贡献。

二、生成语法

生成语法也叫转换—生成语法，是美国语言学家乔姆斯基于20世纪50年代前后创立的，以乔姆斯基1957年出版的第一本专著《句法结构》为标志，它的诞生掀起了语言学界的革命，并一跃成为国际上重要的语言学派。但是到了60年代后期，内部出现分裂，70年代后声威渐减，80年代又逐渐上升。

生成语法学与传统的语法学不一样。后者研究对象是外表化语言（包括言语行为、说出来的话、音义结合的词句等）；前者研究的对象是内在性的语言，即人脑对语法结构的认识，以心理形式体现。

生成语法学研究的范围限于人的语言知识或语言能力。它不研究语言的使用，也不研究话语的社会内容、交际功能和说话的环境等。

生成语法学以描写和解释语言能力为目标，提出语法假设和理论来揭示其规律，说明其原因。例如它要解释儿童在两三年内学会语言的原因。这跟以观察语言现象并加以分类为目标的结构主义语言学背道而驰。

生成语法是一种形式化的语法，它使用数学符号和公式来规定概念，表达规则。生成语法学家采用数学模拟的方法进行研究。研究的对象是大脑的一种独特的认知系统——语法系统。

人们对生成语法的发展有不同的分期。一种是分为四个时期，即"第一语言模式时期"、"标准理论时期"、"扩充式标准理论时期"和"最简方案理论时期"。本文按乔姆斯基的意见分为三个时期：一是60年代的语法规则系统，二是80年代的语法原则系统，三是90年代的"最简方案"理论。

60年代的生成语法学家以数学的集合论为语法研究的基础。他们认为，每种语言都是句子的无穷集合，不能列举，只能用规则描述，应该假设一套规则来描写语言能力。例如用语类规则来描述句子、词组等语类的内部结构。句子由一个名词词组和一个动词词组构成，用 S→NP＋VP 表示，S 表示句子，NP 表示名词词组，VP 表示动词词组。这种精确的、形式化的语法就叫生成语法。他们创造了灵活的转换规则，将所谓的"深层结构"转换为所谓的"表层结构"。乔姆斯基认为句子的生成不是从意义产生形式，而是从形式产生意义。先有个句法语符列，叫做"深层结构"。对深层结构插入若干个词，这些词按"转换规则"转换，于是深层结构变为"表层结构"。深层结构在转换为表层结构之前，经过"语义传译"变成有意义的东西；表层结构形成之后，再经"语音传译"变成有声音的东西。这种转换规则可以用于变换各种句子类型。例如用转换主宾的位置并在原主语前加 by，同时动词用主动态变被动态的规则来把英语的主动句变换为被动句，如：

John saw Mary. → Mary was seen by John.

又如用"把"字将宾语提到动词之前的规则来将汉语的"有宾主谓句"变换为"'把'字句"。如：

他吃了这个梨。→ 他把这个梨吃了。

转换规则也用形式化的符号表示，例如用 X－V－NP→NP－X－V 表示名词词组 NP 在句中变换了位置。用转换规则的语法叫转换语法，既生成又转换的语法叫转换—生成语法。一般叫生成语法。完整的生成语法除了包括句法规则外，还包括音系规则和语义规则，分别描写人们头脑中潜在的句法知识、音系知识和语义知识。

经过数年的研究，乔姆斯基于 1965 年建立了一个完整的生成语法系统，包括语类、转换、音系、语义 4 个子系统。每个子系统都有一套规则，规则之间有一定的使用顺序。像使用数学公式一样，逐步推导出句子来。不同的规则推导出不同的句子。整个生成语法系统就像一部机械装置,运转起来能够生成一种语言中一切合格的句子,而且只能生成那些合格的句子。

随着研究的推进,生成语法规则越来越丰富,规则系统也越来越复杂。结果是有利于描写,不利于解释,不利于说明儿童怎样掌握语法。为了解决这个矛盾,乔姆斯基从 70 年代起开始寻求新路子。他认为,语法能力体现在辨别哪些句子合格,哪些句子不合格上。要想反映这种能力,不一定靠假设具体的规则来生成一切合格的句子,也可以靠假设更概括的原则来排除那些不合格的句子。他觉得,掌握语法主要是掌握一些抽象的原则。于是他逐步转向研究什么是原则,原则有什么作用,有什么特点。

原则的第一个作用是限制句子结构。例如"他不怕生病"可以改说成"生病,他不怕"。但是"他因为生病没有来"不可改为"生病,他因为没有来"。这是因为前一句虽把"生病"提前,动词"怕"能够管住后面的"空位",后一句把"生病"提前,介词"因为"管不住后面的"空位"。这种空位他认为在语法上属于"空语类",它必须受到严格控制,否则就不成句。这种对句子结构加以限制的原则叫做管辖。

原则的另一个作用是限制语义解释。例如在"小张说小李批评了他自己"中,"他自己"指"小李",不指"小张";而在"小张说小李批评了他"中,"他"可以指"小张",不能指"小李"。这是因为"他自己"所指的对象必须约束在一定的范围之内,而"他"所指的对象则不在此范围内。这个把语义解释加以限制的原则叫做约束。

上述两条原则与其他原则一起组成语法的原则系统。由于 80 年代的生成语法用原则系统取代了 60 年代的规则系统,后来常用"管辖与约束理论"来概称对普遍语法原则系统的研究,简称"管约论"。

原则有普遍性，又有组合性。几条原则配合可以说明一组语言事实，另外几条原则配合又可以说明另一组语言事实。用少数的原则就可以解释各种语言中千变万化的现象。普遍语法的组合理论最能说明儿童为什么能在短短的 2、3 年内掌握复杂的语言。

但到了 1992 年，乔姆斯基又发表了《最简方案的理论》，对他的生成语法进行了重大的修正。

80 年代形成的"管约论"假设句子有 3 个结构层面：较深的 D 结构、较表层的 S 结构和代表语义解释的逻辑结构。三者之间通过移位转换逐层派生而成。这种理论认为，一些本质上相同的句法原则在所有语言中都起作用，所不同的是各个语言所取的参数略有差别，所以也叫"原则和参数"理论。随着越来越多的语言事实被发现，参数的数目不断增加，造成原则和参数庞杂繁琐，无法操作，所以，乔姆斯基为其引入了经济原则，力求理论的简洁和概括，提出所有的表征或派生过程都应尽可能的经济，称为"最简方案"。简化的内容主要是：1. D 结构、S 结构被取消，三个层面减少为两个。2. 语言的构成成分分为词库与运算系统。这个"最简方案"减少了分析层次和原则系统的数量，分析系统比以前更加紧密、紧凑，对某些事实的处理更合理。

"最简方案"是对原有"原则和参数"理论的一个新发展，与之有着千丝万缕的联系；它虽摈弃了一些不合理的东西，但继承了很多的合理成分。但"最简方案"只是一个理论框架，现在还不能完全取代已有的理论。

人们对生成语法毁誉不一。但是有两点大家看法基本一致，即生成语法与以往的理论相比，有根本的突破，对其后的理论有巨大的影响。如在生成语法之后出现的孟德鸠语法、广义的词组结构语法、词汇—功能语法、关系语法等都与生成语法有渊源关系。

三、法位学语法

法位学语法为美国语言学家派克所创,主要体现在其著作《语言与人类行为体系通论》(1967)中。其理论要点是:人类行为有 4 大特点:具有一定单位和概念;具有部分对整体的关系;与特定环境相联系;具有某种角度。语言具有三个等级系统:(1)音位等级,包括音素、音节、重读音、停顿群;(2)语法等级,包括词素、词、短语、子句、句子、段落、独白;(3)所指等级,包括地点、一个人物、全部人物、事件、事件群。语言的使用有三个角度:(1)静止的,如长期使用"太阳",似乎"太阳"没有变化;(2)运动的,如"楼要塌了",表示过程;(3)关联的,如"杯子在桌子上",表示两物的关联。语言单位在具体环境中互相联系。任何单位都是具有轨位、类别、作用、接应四个特征的语法单位,简称法位。这种语法也就叫做法位学语法。法位学语法超越了句子的限制,着重分析句群和段落。法位学语法曾被用来描写美洲印第安语。

四、系统语法

系统语法为英国语言学家韩礼德所创,主要体现在其著作《论英语中的及物位和主题》(1967)中。系统语法认为,语言包括"系统"和"结构"两个要素。结构是语言单位的横向组合关系,系统是语言单位的纵向聚合关系。结构讲的是语法表层现象,是形式;系统讲的是语法深层现象,是意义和关系。系统为讲话人提供了选择范围。为此,韩礼德提出"潜语言行为"和"实际语言行为",与乔姆斯基的"语言能力"和"语言运用"相对。语言中有许多系统:数的系统,分为单数和复数;人称系统,分第一、二、三人称;性的系统,分为阴性、阳性、中性;时态系统,包括现在时、过去时和将来时。有些复杂系统要用精密阶进行多层次的区分。系统语法有助于计算机语言的设计。

五、格语法

格语法为美国语言学家菲尔莫尔所创,主要体现在其著作《关于格语法的论证》(1968)中,格语法是转换生成语法之后美国语言学界比较有代表性的语法理论。它不用生成语法所采用的 NP、VP 等概念,强调句子成分的不同功能,试图用不同的"格"来表示语义关系,但这种"格"不是传统语法中的格,而是深层结构中的格。其概念主要包括施事格、工具格、予格、结果格、方位格、对象格等。例如 The door opened. (门开了)中的 the door(门)处于主语地位,但门不能自己开,只能作为动作的对象。The key opened the door. (钥匙把门打开了。)中的 the key(钥匙)处于主语地位,但它也不能自己开门,只能是动作的工具。随着人们不断提出新的语言现象,菲尔莫尔也不断创造出新的格,但仍有许多关系无法用格来概括。格语法现已停止发展。格语法的贡献在于证明了生成语法在语义研究上的局限性,曾用于教学。

六、层次语法

层次语法为美国语言学家兰姆所创,主要体现在其著作《层次语法纲要》(1966)中。兰姆认为语言有 6 个层次:下音位层、音位层、形素层、词素层、义素层、超义素层。在各个层次中,都存在着配列关系和体现关系,前者指同一层次中诸单位的排列组合,后者指相邻层次中诸单位的转化和联系。以 better 为例,从义素层分析出两个义素:"好的"和"比较级",从词素层分析出 good 和－er 两个词素;从形素层得出/gud/和/betə/,从音位层得出/b＋e＋t＋ə/。形素{gud}代表词素 good,反过来又由音位单位/g＋u＋d/来体现。

七、生成语义学

语义学是生成语法学的三大分支之一。生成语义学是在与卡茨为首的解释语义学（与乔姆斯基的观点一致）的对立中产生的，代表人物是波斯塔尔、雷科夫、麦考查和罗斯。早期他们与乔姆斯基的分歧在于理论内部的问题，诸如语法由哪些部分组成？各部分之间的关系如何？乔姆斯基认为句法是语义的基础；生成语义学派认为语义是句法的基础，逻辑是语义的基础。乔姆斯基的语法至多包含句法、音系和语义三部分，而生成语义学派的语法包括语用问题。雷科夫等把研究的范围不断扩大，而把描述的精确性逐渐降低。

八、孟德鸠语法

孟德鸠语法是数理语言学中采用内涵逻辑的方法来描述句子语义内容的一种理论。它的来源有二：一是乔姆斯基的生成语法，二是内涵逻辑。内涵逻辑是用于处理可能性、必然性等模态概念与时态的逻辑学，在 20 世纪 60 年代出现了模式理论之后才与现代语言学相结合。1970 年前后，美国数理逻辑学家孟德鸠以及卡普兰、卡比和后来的帕蒂、库珀等人把内涵逻辑应用于自然语言的研究，最后由孟德鸠和克雷斯韦尔把生成语法与内涵逻辑这两个领域的研究集中提炼为孟德鸠语法。

孟德鸠语法能够把用树形图表示的句子的深层结构转换为内涵逻辑表达式，从而揭示出句子的某些语义内容。但它还不是自然语言的句子所表示的实在意义。为了揭示出这种意义，还必须进一步研究语义理论，即内涵逻辑的模型论。孟德鸠语法虽源于乔姆斯基的生成语法，但与之比较仍有很大的区别。这种区别在于前者是从心理学角度研究语法，认为句法学、语义学、语用学都不是经验科学，而是数学的分支。

孟德鸠语法以其理论的纯洁性在语法理论界享有较高的学术地位。孟德鸠语法的研究对于语言学理论、自然语言信息处理、逻辑学以至于认知科学都是很有价值的。

九、从属关系语法

从属关系语法的理论是法国语言学家特思尼耶尔于 20 世纪 30 年代创立的。主要体现在他的论文《怎样建立一种句法》和他的著作《结构句法基础》之中。

从属关系语法的最基本的概念是"关联"和"转位"。"关联"是句子中词与词之间的句法联系。例如法语句子 Alfred parle"阿尔弗列德讲话"就是由 Alfred 和 parle 两个词通过"关联"的联系而联系在一起的。

特思尼耶尔认为,关联要服从层次,即关联要建立起句子中词与词之间的从属关系。这种从属关系可用图式来表示。例如,Alfred mange une pomme"阿尔弗列德吃苹果"的图式表示如下：

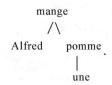

图中的动词 mange"吃"是句子的"结",Alfred"阿尔弗列德"和 pomme"苹果"从属于动词 mange,故被放在 mange 的下方；une"一个"从属于 pomme,故被放在 pomme 的下方。

特思尼耶尔认为,动词是句子的中心,它支配着别的成分而不受其他任何成分的支配。因此,他把主语和宾语等同起来置于动词的支配之下。

在表示句子结构顺序图式中,直接处于动词结点之下的是名词词组和副词词组。前者形成"行动元"，后者形成"状态元"。"状态元"的含义不言而喻。"行动元"的含义，特思尼耶尔定义为："行动元是某种名称或某种方式的事或物，它可以通过极简单的名称或消极的方式来参与过程。"

行动元的数目仅限于三个：主语、宾语 1、宾语 2。例如：Alfred donne le livre à charles.（阿尔弗列德给查理一本书）。在这个句子中，从属于动词 donne 的行动元有三个：第一个行动元是 Alfred，作主语；第二个行动元是 livre，作宾语 1；第三个行动元是 charles，作宾语 2。

状态元的数目没有限制，可以是无限的。行动元的数目决定了动词的价的数目。一个行动元为一价动词，两个行动元为二价动词，三个行动元为三价动词，没有行动元则为零价动词。

"转位"就是把一个成分转位到另一个成分的意思。

特思尼耶尔提出了 4 个基本词类：动词（用 I 表示）、名词（用 O 表示）、形容词（用 A 表示）、副词（用 E 表示）。它们之间的从属关系图示如下：

第一级是动词，第二级是名词和副词，第三级是形容词和副词，第四级是副词。这个图示可以通过"转位"加以复杂化。在词组 le livre de pierre"皮埃尔的书"中，de pierre 在结构上与 livre"书"发生关系,起着类似于形容词的作用,因此,可以认为介词 de(…的)把名词 pierre"皮埃尔"转位为话语中的形容词。其中,de 是转位者,pierre 是被转位者,两者结合起来构成一个转位。

根据转位所涉及的词类,特思尼耶尔把转位分为一度转位和二度转位。如果转位的被转位者是名词、形容词和副词,那么,这种转位就是一度转位,如上述 le livre de pierre 的转位。如果转位的被转位者是动词,那么,这种转位就是二度转位。例如:Je crois qu'Alfred reviendra."我相信阿尔弗列德会回来的"。在此句中,Alfred reviendra"阿尔弗列德回来"代替了名词的位置,动词 reviendra 被 que 转位为名词。这种转位就是二度转位。

根据转位的转位次数,特思尼耶尔还把转位分为简单转位和复杂转位。如果转位只是一次性地把一个成分转位到另一个成分,就是简单转位,如上述两个转位例子。如果转位可以连续地多次地从一个成分转位到另一个成分,又由这个成分转位到其他的成分……,这种成分就是复杂转位。例如,在 trancher dans le vif(割到肉里)中,vif 一词的转位就是复杂转位,即形容词 vif 由转位者 le 转位为名词,而 le vif 的功能就其对动词 trancher 的关系来说相当于副词,其转位者是 dans。

转位有 6 种类型:

$$O>A \quad O>E \quad A>O$$
$$A>E \quad E>O \quad E>A$$

这 6 种类型的转位者可以是介词、后缀或者加标记,也可以没有任何标记或符号。

从属关系语法的理论引起许多语言学家,特别是信息处理的语言学家的重视,在自动翻译、人机对话的研究中发挥了重大的作用。

十、配价语法

"配价语法"实际上是从属关系语法在德国的别名。因为德国学者曾于 60 年代初期把特思尼耶尔的从属关系语法引进了德语研究。赫尔比希提出了补足语和说明语的概念,补足语大致相当于特思尼耶尔的行动元,说明语大致相当于特思尼耶尔的状态元。

配价包括逻辑配价、句法配价和语义配价。

逻辑配价。由词义的逻辑关系所决定的配价叫逻辑配价。配价语法学家认为词义的概念核心反映了语言之外的现实中各种现象之间的关系。例如德语的 verbinden(联结)的词义表示了联结者、联结的对象、同联结的对象相连的成分三者的关系;besuchen(访问)的词义表示了访问者和被访者两者之间的关系。词义所具有的这种逻辑关系叫"空位"。上述的 verbinden 的词义含有三个空位,besuchen 的词义含有两个空位。在词义基础上产生的空位就是"价",一个词的词义含有空位数就等于这个词的价数。同一个概念所表示的逻辑配价的价数在不同的语言中是相同的。例如在汉语中,"联结"这个词跟德语中表示同样意思的 verbinden 一样也是三价,"访问"这个词跟 besuchen 一样也是二价。但是,逻辑关系如何实现则取决于不同的具体语言的特殊的表现方法。

句法配价。逻辑配价在具体语言中的表现形式就是句法配价。例如动词"帮助"的逻辑配价为三价:帮助者、被帮助、帮助的内容。这种逻辑配价在德语中的表现是:谓语动词需要变位,帮助者用主格表示,被帮助者用给予格表示,帮助的内容用 bei 构成介词结构表示。

语义配价。语义配价是指充当补足语的词语在语义上是否与动词相容。语义配价在不同语言中有不同的特点。例如汉语说"喝汤"是通的,因为补足语"汤"在语义上与动词"喝"相容。但德语不能说

eine suppe trinken"喝汤",却要说 eine suppe essen"吃汤",因为在德语中,suppe"汤"与 trinken"喝"不相容。

配价理论对于自然语言的计算机处理有重要的价值。

十一、功能语法

功能语法可以按来源分为两派,一派是源于布拉格学派的马泰修斯功能语法,另一派是源于伦敦学派的韩礼德的功能语法。两者的理论不尽相同,但有渊源关系。后者是在前者的影响下产生的,因此两派有共同的语言观,那就是:用功能的观点来研究语言。

布拉格学派认为,语言的基本功能是作交际工具,语言是一个由多种表达手段构成的,为特定目的服务的功能系统。因此要用功能的观点去研究语言。根据这一观点,布拉格学派的创始人马泰修斯于 20 世纪 30 年代末创立了功能语法。由于译名来源不同,功能语法被称为"句子功能前景"、"句子实际切分"等。目前在中国使用频率较高的是后者(下文将采用这一称法)。据王福祥先生的概述,马泰修斯的句子实际切分法是一种功能—意义分析法。马泰修斯根据词语在句子中的不同交际功能,把句子切分为两个表意部分:一是叙述的出发点,二是叙述的核心。德国语言学家 K. 布斯特把叙述的出发点称为主题,把叙述的核心称为述题。主题指叙述的对象,表示已知的信息或不重要的内容,述题指对叙述对象的说明,表示新的信息或重要的内容。句子实际切分法就是把句子切分为主题和述题的方法。例如:

家乡的日头/从东山上冉冉升起。(《北方,我的北方》)

　主题　　　　　述题

河水上/跳动着月光。(《我的遥远的清平湾》)

　主题　　　　述题

如果没有拉夜网的,/海边上是安静的。(《拉拉谷》)

　　主题　　　　　述题

对连贯性话语进行实际切分,最能显示主题和述题之间的关系。在实际过程中,通常都是主题在前,述题在后。这是连贯性话语构成的基本规律。如果前面一个句子的主题和述题与后面一个句子的主题和述题,分别叙述两个并存的客观事物,话语横向线性扩展为平列式或平行式:

　　| 主题 | / | 述题 |。| 主题 | / | 述题 |。

渠岸、路旁和坟地上的迎春花/谢了。肥壮而且显得大方的蒲公英/开了。温柔而敦厚的马兰花啊,/也在路旁讨人喜欢哩。(《创业史》)

风/把地面刮干净了。风/把田野刮成了斑斓的颜色。风/把高粱穗子刮黄了。(《暴风骤雨》)

如果前面一个句子的述题为后面一个句子的主题,而第二个句子的述题又成为第三个句子的主题,这时话语横向线性扩展呈现为链式:

　　| 主题 | / | 述题 |。| 主题 | / | 述题 |。| 主题 | / | 述题 |。

我/站起身,捎上行李又上路了。大路/被人踩车辗得平平展展,弯弯曲曲地上了大坝。走上大坝,/便被绿色的浓荫包裹了。(《从疾驶的车窗前掠过的》)

九年来他的心/好像一个平静的湖泊。尽管湖泊的深处有旋涡,有波动,甚至有火山的爆发和死灭,/然而湖面是愈来愈平静了。平静的湖面/是美丽的,每个人都可以从湖面上看到/自己的倒影,而

且,倒影/往往比活人更有魅力。(《蝴蝶》)

　　句子实际切分法已得到公认和发展,为话语语言学奠定了基础。

　　在布拉格学派的功能语法的影响下,产生了韩礼德的功能语法。韩礼德接受并发展了布拉格学派的"功能"学说,对为什么要从功能角度来研究语言作出了科学的解释。他认为从功能角度来研究语言的原因有三点,第一:揭示语言如何使用;第二:建立语言使用的基本原理;第三,也是最重要的一点:探讨语言功能与语言本身的关系。韩礼德还发展了马林诺夫斯基的关于语言系统最初来源于儿童语言的功能的观点,认为儿童语言的发展实际上就是对语言功能的逐渐掌握,并总结出儿童在语言发展过程中会逐渐掌握七种功能,即工具功能、控制功能、交往功能、个人功能、启发功能、想象功能和信息功能。用语言来获得某种东西的功能叫工具功能;用语言来支配别人的行为叫控制功能;用语言达到与他人交际的目的的叫交往功能;语言的运用变成个人特点的表现形式叫个人功能;语言帮助儿童认识周围世界叫启发功能;用语言来创造自己的世界,与周围环境毫无关系的世界叫想象功能。语言用来传递信息,表达命题叫信息功能。到了成年期,功能范围减少到三种含义丰富而又更加抽象的宏观功能,即概念功能、交际功能、语篇功能。这三种功能与儿童语言七种功能有区别,后者是语言的用途,前者是体现在各种用途中的意义组成部分,是意义潜势的组成部分。

　　概念部分指谈话内容,即人的主观经验和客观经验。它可以再分为经验部分和逻辑部分,前者是关于环境、参与者和参与者之间的关系等的信息;后者是话语之间的排列关系提供的信息,如并列、转折、因果、条件等关系。概念功能与表达我们的经验时的各种成分相对应,如施事者、过程、目标也正是我们经验的内容。在表达这些内容时,可以有各种选择,即及物系统、语态以及情态意义的选择。及物性就是子句意义中的概念功能。及物性决定着句子的结构;语态决定着句子的时和体、被动与主动结构;情态意义的选择有:

例如:

1. He is to do it.(中立)

2. He could do it.(假设)

3. He could have done it.(过去假设)

4. He ought to have done it.(义务)

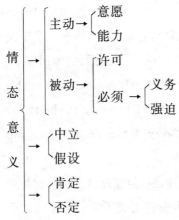

交际功能是用语言表达社会关系和私人关系的功能,包括讲话人进入语言情境的形式。交际功能来自于儿童语言中的交往功能、控制功能和个人功能,它们到成人语言中融为一体。在句子中,交际功能体现在语气和情态上。语气决定讲话人为自己选择什么角色(如命令者或提问者)和听话人应该是什么角色(被命令者或回答者);情态表示讲话人的判断和预见,如 certainly“当然”,perhaps“也许”,probably“大概”,it is possible“有可能”等等。

语篇功能是指如何使语言的组成部分互相关联,即:使一个语篇

有自己的内在结构,使活的语言有别于词典或语法书上的例句。这种功能可分两个方面:

第一,它使一个语言片断成为前后呼应、自成一体的语篇,而不是互不相干的独立句子。比较下面两段:

A. John saw a handbag in a field. John walked across a field and picked up a handbag. John took a handbag to the Police Station and John handed in a handbag as lost property. When John had handed in a handbag as lost property, John went home.

(约翰在一块地里看见一个手提包。约翰穿过一块田地并捡起一个手提包。约翰把一个手提包拿到警察局,约翰把一个手提包当失物上交了。约翰把一个手提包当失物上交之后,约翰回家了。)

B. John saw a handbag in a field. He walked across the field and picked up the handbag. He took the handbag to the Police Station and handed it in as lost property. When he had done this , he went home.

(约翰在一块地里看见一个手提包,他穿过这块地捡起那个手提包。他把手提包送到警察局,作为失物上交了。他这样做之后就回家了。)

这两段的概念功能和交际功能完全一样,但语篇功能完全不同。第一段把每一句都当作首次出现,因此使几个相同单位多次重复,于是句际之间没有任何联系。第二段则使用了定冠词 the,代词 he 和 it,来避免重复相同单位,使这几句话组成前后呼应的语篇。

第二,语篇功能可以突出语篇的某一部分。如在语调重音中,重读部分被突出。例如,What shall I ask for? "那么,我要什么呢?" "我"居最重要地位。这种突出手段总有接应作用。强调"我",就意味着语境中已经出现了别人。

总之,概念功能与谈话主题有关,交际功能与直接语境有关,而语篇功能只与语言内部结构有关,与非语言情境关系较少。

三种宏观功能都是意义潜势的组成部分。下面分析几个句子,来看一个语言结构中的意义是如何表示出来的:

	the cat	pleased	me
概念部分: 心理过程	现象:施事者 事 物	过程:心理的 反 应	认知者: 受影响者
交际部分: 陈述句/无情态	主语	谓语	补足语
语篇部分: 无标记	主位 已知信息	述位 新信息	

	the house	was built	by Stevens
概念部分: 物质过程	目标: 受影响者	过程:物质的 行 动	动作者:施事者 有生命的
交际部分: 陈述句/无情态	主语	谓语	补足成分
语篇部分: 无标记	主位 已知信息	述位 新信息	

	I	had	a cat
概念部分: 关系过程	项 目: 受影响者	过程: 关系的	价值
交际部分: 陈述句	主语	谓语	补足语
语篇部分: 无标记	主位 已知信息	述位 新信息	

但是,韩礼德接着指出,要想把这种分析深入下去,就必须走出

语言,借助社会学理论来观察语言使用,因为语言是文化传播和社会变化中的重要因素,社会又从各方面影响着语言。这与韩礼德的语言观是一致的。他认为语言是社会行为,是行为潜势,是"能够做的事情"。"能够做的事情"通过语言表现为"能够表达的意义"。换句话说,意义潜势是行为潜势在语言上的实现。于是,他把弗斯关于"情境上下文"的理论落实到具体的语言结构中去,并把语言的情境分为"场景"(field)、"方式"(mode)和"交际者"(tenor)三部分。"场景是话语在其中行使功能的整个事件,以及说话者或写作者的目的。因此,它包括话语的主题。方式是事件中话语的功能,因此,它包括语言采用的渠道(临时的或者有准备的说或写),以及语言的风格或者修辞手段(叙述、说教、劝导、应酬等等)。交际者指交际中的角色类型,即话语参与者之间的一套永久性的或暂时性的相应的社会关系。场景、方式和交际者一起组成了一段话语的语言情境。

当语言情境的特征反映到语言结构中时,场景趋向于决定观念意义的选择,交际者趋向于决定交际意义的选择,方式则趋向于决定话语意义的选择。如下图所示:

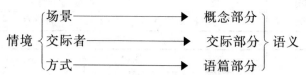

这样,韩礼德便把语言的情境落实到语言本身的语义上来,具体地说明了情境与语言本身的关系究竟是什么。

十二、作格语法

作格语法主要表现在动词句式中的作格助词的功能上。如古藏语的-gis作格助词就能表施动者或动作所凭借的工具、方式手段以及动作原因等等。gis有几个变体。使用条件取决于前一音节的韵母结构。开音节之后用或 – jis，ɧis。如：kho – s bçad 或 kho – jis bçad"他说"；– g，– ŋ 之后用 – gis，如：lug – gis rtswa bzas"羊吃草"，blobzaŋ – gis jige bris"洛桑写字"；m，– n，– r，– l 之后用 – gjis，如 blornam – gjis bris"洛朗写"，bstanɧdzin gjis bris"丹增写"，ɧodzer – gjis bris"悦色写"，blogsal – gjis bris"洛赛写"；– b，– d，– s 之后用 – kjis，如：dongrub – kjis bris"顿珠写"，ɧitɕhimed – kjis bris"琪美写"，bsodnams – kjis bris"索南写"。

作格助词用途很广，主要语法功能简述如下：

施事标志（有意志的施动者）：

blobzaŋ – gis　　lug bsad　　　洛桑宰羊

洺桑（作格）　　羊　杀

lug – gis rtswa bzas　　　绵羊吃草

羊（作格）草　吃

由于藏语是"动居句尾"型语言，一切名词语都要放在谓语动词的前面，因此作格助词便成为区分句中主语和宾语的重要标志。古藏文中这样的典型例子很多。如：

mji – ɧis　　ni　rta　bʐon　nam，rta – ɧis　ni　mji　bʐon　ba.

人（作格）呐　马　骑　呢　马（作格）呐　人　骑

是人骑马呢，还是马骑人呢？

rtsa – ɧis ni zor gtɕhad dam zor – gjis ni rtswa gtɕhad pa.

草（作格）呐　镰刀　割　呢　镰刀（作格）呐　草　割

是草割镰刀呢，还是镰刀割草？

动作所凭借的工具、方式或手段（无意志施动者）：

stagri – s ɕiŋ btɕad　用斧子砍树　　kha b – kjis b tsem　用针缝

斧（作格）树　砍　　　　　　　　针（作格）　　缝

rgjan – gjis spras　用饰品装饰　　ɦbri spaŋs mje – s tshig

针品(作格)装饰　　　　　　　　　母牦牛草场　火(作格)烧

　　　　　　　　　　　　　　　　母牦牛的草场被火烧

btsanpo sras – kjis spjan – gjis　gzjigs, ẕabs – kjis btɕʐhag .

赞普　　子(作格)目　(作格)　看　　足　(作格)　踏

王子亲往巡视,亲临其地。

动作的原因

nad – kjis btab　　因病所致;因病缠身

病　　(作格)所致

dbaŋ – gis 由于　　stabs – kjis 因为　　rkjen – gjis 由于

十三、话题研究

话题是现代语言学的重要概念,但直到 20 世纪 80 年代,国内语言学界才开始把话题当作汉语语法研究的一个对象加以关注。这些年来,对汉语话题的研究已成为热门课题,普遍认为汉语句子存在话题。但对话题的性质、功能、特点等的认识,都还存在不少分歧。汉藏语中的非汉语诸语言,也有话题范畴,但很少有人去研究。其实,非汉语的话题研究,会对汉语的话题研究乃至话题的理论研究,提供有益的帮助。如景颇语的句子存在话题句。景颇语的句子为了突出话题,形成"话题＋述题"的句子结构。话题在句子的前部,述题在句子的后部。话题的后面加上助词 ko^{31},构成话题结构。ko^{31} 是话题的标志,在景颇语中是个高频率的助词。ko^{31} 不但显示话题,强调话题,而且还对话题与述题起间隔作用。先看下面两个话题句:

ŋai^{33}　ko^{31}　kǎ^{31}phu^{31}　ʒai^{55}　ŋa^{31}　n^{31} ŋai^{33}. 我是哥哥

我　(话助)　哥哥　　是　(助动)(句助)

n³³ tai³³　　lam³³　　phe⁵⁵　ko³¹　kă³¹ tai³³　　muŋ³¹　tʃe̱³³ sai³³.

　这　　事　　（宾助）（话助）谁　　也　　　　　知道（句助）

这事谁都知道了。

tai³¹ ni⁵⁵　ko³¹　ŋai³³　n³³　sa³³　ni⁵⁵ ai³³. 今天我不去。

今　天（话助）我　　不　去　　（句助）

从话题与句子成分的关系上看，话题可以是主语，也可以是宾语、状语。也就是说，主语、宾语、状语在句子中都能被强调当话题使用，而定语、补语则不能当话题。

话题助词还可用在名词做谓语的句子中。这种句子，主语与谓语相同，是拷贝式句子。例如：

kă⁵⁵ khum⁵¹ ko³¹　kă⁵⁵ khum⁵¹ ,　　n³³ kjin³³　ko³¹　n³³ kjin³³.

　　南瓜　　（话题）南瓜　　　　黄瓜　　（话题）黄瓜

南瓜是南瓜，黄瓜是黄瓜。

景颇语的判断句常在主语后加话题助词，藉以强调主语话题。例如：

ʃi³³　　ko³¹　să³³ ʒa³³　ʒai⁵⁵　ŋa³¹　　ai³³. 他是老师。

他　（话助）老师　是　（助动）（句助）

话题助词 ko³¹ 还可以使用在省略谓语的疑问句里，带有疑问语气。例如：

ʃă³¹ ni⁵⁵　ʃat³¹　the³¹　ʃă³¹ na⁵⁵　ʃat³¹　ko³¹？午饭和晚饭呢？

午　饭　和　晚　　饭　（话助）

此外，条件复句的前一分句（表条件的）也可以做话题，并在分句末尾加上话题助词 ko³¹。条件可以是假设的，也可以是已成事实的。条件分句后要加关联词语 tʃaŋ³³“的话”、jaŋ³¹“的话”。这种用法，是

说话人在认知上把提出条件的分句当成复句的话题，认为条件分句
是一句话的话题所在。例如：

nan³³ lǎ⁵⁵ khum⁵¹ tha⁷³¹ n³³ kam³³ tun³³ jan³¹ ko³¹, ʃi³³ pheʔ⁵⁵
你　　凳子　上　不愿　坐　的话（话助）他（宾助）

ʃǎ³¹ tun⁵⁵　kau⁵⁵　u⁷³¹!
使坐　　（助动）（句助）

你不愿坐凳子的话，让他坐吧！

话题常用在对比复句上。两个分句的话题后都要加助词 ko³¹。
例如：

ŋai³³ ko³¹　ma³¹ kam³³　ʒe⁵¹,　ʃ i³³　ko³¹　ma³¹　no³³ ʒe⁵¹ʔ.
我 （话助） 老大　　 是　　他 （话助）老　二　是

我是老大，他是老二。

话题的作用主要是突出、强调主题。景颇语的重叠式的作用之
一是表示强调，因而表强调的重叠式若在句首当主语时常加话题助
词 ko³¹。例如：

tai³¹ nin³³　nin³³　ko³¹　mam³³　kʒai³¹　lu³¹　na³³　sai³³.
今 年 （重叠）（话助）谷子 很　　有　要　（句助）

今年谷子能丰收了。

一个句子一般只有一个话题，只用一个话题助词。但也有少量
层次较多的句子则有两个话题，使用两个话题助词。居前的，可称
"主话题"；居后的，可称"次话题"。例如：

nan³³ ko³¹　tiʔ⁵⁵ nan³³　aʔ³¹　pun³¹ li³¹　ko³¹　n⁵⁵　kǎ³¹ lo³³　ai³³.
你 （话助） 自己　 的　　活儿 （话助）不　做　（句助）

你啊，自己的活儿不做。

景颇语的话题与主语不同。由于话题是一句话的主题，陈述的

对象,与主语有些相同的特点,因而话题助词很容易被认为是主语助词。但在实际上,话题和主语无论是在语义上还是在语法上都各有自己的特点,应视为不同的语法范畴。二者的区别主要有:

1. 话题和主语各有自己的语法标记。话题的语法标记是后加 ko^{31},指示前面的部分是句子的主题;而主语的语法标记是居于句末的句尾助词。景颇语的句尾助词是一类独立的虚词,它用在谓语之后能表示主语、宾语的人称、数,从而指明句中哪个是主语,哪个是宾语。如果要强调话题,还能在句首的句子成分之后再加话题助词 ko^{31}。在强调话题的句子里,话题助词与表示主语的句尾助词共存于一个句子中。

2. 句子成分能够当话题的有主语、宾语、状语,所以话题与主语并不相等。话题的范围大,除了主语当话题外,宾语、状语也能当话题。而主语只有当它需要突出成为话题时,才具有话题身份,这时它既是主语又是话题。

3. 在句子中主语能省略,而话题不能省略。这是因为话题是一句中强调的对象,在句中必须有个位置,不能缺少;而主语因有句尾助词指明,可以缺位。景颇语句子当人称代词做主语、宾语时,均可省略。

4. 从句子的位置看,话题结构只有一种格式,即话题在前、述题在后。而句子成分的位置是多样的:主语一般在句首,在宾语之前,但也可在宾语之后;宾语一般在主语之后,但也可提到主语之前。前者是"不可移动的",而后者则是"可移动的"。语序这一广义的语法标记,在话题结构上的表现是有限的,不灵活的,而句子成分则有一定的灵活性。

5. 话题分为有标志话题和无标志话题两类,在景颇语中,一类是带 ko^{31} 标志的,另一类是不带 ko^{31} 标志的。

十四、语法化理论

"语法化"(Grammaticalization)一词由法国语言学家 Antoine Meillet 1921 年首创,指的是语法范畴和语法成分产生和形成的过程或现象,最典型的表现是语言中意义实在的词汇或结构式演变成无实在意义、仅表语法功能的语法成分,或者一个较虚的语法成分变成更虚的语法成分。在现代语言学中,研究这种语法化现象的理论通常被称为"语法化学说"或"语法化理论"。

我国学者亦认为,词汇语法化是人类语言发展过程中普遍存在的一种现象。就汉藏语系语言来说,其词汇很早就有虚实之分,虚词一般是由实词转变来的。通常是某个实词或因句法位置、组合功能的变化而造成词义演变,或因词义的变化而引起句法位置、组合功能的改变,最终使之失去原来的词汇意义,在语句中具有某种语法意义,变成了虚词。这个过程就叫"语法化"。

对于汉藏语系语言共时和历时的研究来说,语法化现象的理论探讨更具有特殊的意义和价值。因为汉藏语系语言是一种缺乏形态(狭义)的语言,表达语法关系的主要手段是虚词和词序,正是词汇语法化的演变使汉藏语系语言中产生了一批在语言表达中不可缺少的虚词。

例如:动词"取"本为"取得"之义:

春月,蜂将生育时,捕取三两头着器中。(《博物志》)

这是一个连动式的句子,宾语为"取"与前面的动词"捕"所共有,"取"前动词有"取得"义或以"取得"为目的。

舍取药成相待吃,不须先作上天人。(张籍《赠施肩吾》)

"取"已非"取得"义,变为表示动作结果。

　　殷勤润取相如肺,封禅书成动帝心。(陆龟蒙《奉和袭美谢友人惠人参》)

　　若遇丈夫谐调御,任从骑取觅封侯。(秦韬玉《紫骝马》)

　　"取"由表示"结果"发展为表示动作完成(例1)或持续(例2),实现了语法化的过程。

　　下面引用中国社会科学院语言研究所吴福祥先生对近年来国内外语法化研究情况的简介,以扩大读者对语法化理论理解的视野:

　　1. 语法化的单向性问题

　　最近几年来,单向性(unidirectionality)无疑是语法化研究中争论最为热烈的一个问题。单向性是语法化理论中的一个最重要的假设,指的是语法化的演变是以"词汇成分＞语法成分"或"较少语法化＞较多语法化"这种方向进行的。语法化的单向性由 Givon 首先明确提出并作出解释,此后一直被认为是语法化的一个重要特征。单向性问题的争论始于 20 世纪 90 年代末期,这个争论在很大程度上是由 Newmeyer 引起并由 David Lightfood 以及 Richard Janda 和 Brian Joseph 等学者所推动。Newmeyer 的《语法形式与语法功能》一书中专门有一章叫做"解构语法化",列举了大量的所谓单向性反例,据此否认单向性的存在;不仅如此,Newmeyer 甚至宣称"根本没有语法化这样的东西"。David Lightfood 则指责单向性的研究本质上是 19 世纪历史比较语言学"反结构主义"(antistructuralist)的东山再起。此后,《语言科学》(Language Sciences)专刊(2001,23.2 3,由 Lyle Campbell 编辑,收有 Campbell,Joseph,Newmeyer,Norde,Janda 等五人的文章)整个一期几乎无例外地致力于否定单向性的理论价值,并提出反对单向性的各种理论和经验上的证据。此外,支持或同情上述观点的文章在最近三四年也相继发表,例如 Beths、

Lass Fitzmaurice、Geurts、Kim 以及 Vander Auwera 等。

另一方面,Haspelmath、Traugott、Klansenburg 以及 Heine 等学者则力主单向性的有效性,对 Newmeyer 等上述学者的观点和论据作了有力的辩驳。目前大多数学者的意见是:(1)语法化演变的单向性是一个强烈的倾向而非绝对的原则;(2)单向性假设显示出形态句法演变的普遍制约,是对人类语言演变共性的一种概括,因而它在理论和实践上都具有重要的价值。

单向性问题的争论仍未结束,2002 年 4 月阿姆斯特丹大学举行的第二届"语法化的新思考"国际学术讨论会上,与会代表所提交的70 余篇论文中有 2/3 的文章涉及单向性问题的讨论,以致会议的召集人阿姆斯特丹大学 Olga Fischer 教授决定将语法化的单向性原则作为该会议论文集的一个重要主题。

2. 语法化与仪式化:语法化的频率条件和重复机制

20 世纪 90 年代以来,语法化的研究者普遍将频率看作语法化的一个重要条件或因素。Haspelmath 从语言演变的共性角度将语法化的频率条件概括为:"一个语法化的候选者相对于其他参与竞争的候选者使用的频率越高,那么它发生语法化的可能性就越大"。

语言项频率的高低是由重复的频率造成的。为什么重复会导致一个语言项发生语法化呢? Haiman 从心理学和生态学的角度对此做了系统而深入的解释。Haiman 认为,像人类所有的建制(institutions)一样,人类语言也在使用中发生变化,特别是语言和语法由于话语在时间中不断重复而发生变化。Haiman 用"仪式化"(ritualization)来概括由重复导致的三个相关的演变过程:(1)"适应"(habituation);(2)"解放"(emancipation);(3)"自动化"(automatization)。"适应"、"自动化"和"解放"分别是心理学和生态学的重要机制。在

"适应"的过程中,刺激的高频重复使得反应者对刺激物的反应持续减弱,最终导致刺激物的形式和意义被磨蚀。在人类语言中"适应"不仅体现在问候语和陈词滥调(cliches)的形成上,通常也表现在语法化过程中:重复可以导致形式的弱化,也可以独立地使意义变得虚化。重复的另一个后果是"自动化"。John Haiman 认为,自动化可能是双层组构(double articulation)的一个重要来源,在双层组构中一个最小的意义单位(词或语素)是由若干更小的无意义单位组成。因为无意义的单位是原来有意义的单位经过"语素 > 词缀 > 音位"这种连续演变之后留下的残迹,所以重复不仅体现在语法化早期阶段和最后阶段,同时也表现在双重组构本身的来源上。"解放"指的是这样的一种现象:一个工具性行为变得跟它原来的主要动机相分离,从而自由地表达信递功能,并进一步获得意义。变成一个符号。Haiman 指出,不仅其他物种的很多信递行为来源于原本非信递行为的"仪式化",人类语言的各种现象也是在"解放"过程中获得其来源的。比如音位化、重音和语调的仪式化以及固定语调模式的产生等。不仅如此,Haiman 进一步认为,语言本身也可以被看作一种从工具功能中解放出来的行为。

Haiman 所论证的语法化与仪式化之间存在的高度平行关系引发了很多学者的兴趣,促使人们重新审视语法化过程中的若干音系、形态句法和语义演变以及重新思考语法化的机制。此后 Boyland、Dahl、Bybee、Haspelmath 从不同的角度探讨了重复及频率在语法化过程中的基本作用。

Boyland 指出,语法化过程中所发生的形式上的演变跟非语言的技能通过反复练习而变得自动化的演变极为相似。由于重复,若干原本独立的单位所构成的序列逐渐被处理为一个单一的单位或者组块(chunk)。这种重新包装(repackaging)有两个后果：(motor activities)，譬如演奏乐器、从事体育活动等，也可以应用于语法化。像几个世纪以前频繁使用的短语(I m)going to Verb，已经被重新包装为一个单一的处理单位，组成部分的个体身份消失了(孩子常常惊讶地发现 gonna 实际上拼写的是 going to)，该短语因而在形式上相当大地缩减了。

Bybee 认为，语法化过程中从词汇功能到语法功能的演变，其实是一个"解放"的过程。在莎士比亚的英语中 be going to 具有"空间上朝一个目标位移"的字面意义。不过，假定人们对位移目的有明显的兴趣时，甚至在莎士比亚的英语里，be going to 的信息值也是较多的跟目的相关而较少跟空间位移相关。因为 Be going to 频繁地与主体意图也被显示的这种语境相联系，所以导致了它逐渐从原来空间位移的意义中解放出来，表达目标或意图的新功能也逐渐成为这个结构式的主要功能。语法化过程中的语义泛化和虚化则高度平行于"适应"过程，就像刺激的高频重复会使得反应者对刺激物的反应持续减弱，最终导致刺激物的形式和意义被磨蚀一样。一个词、词组或结构式的高频重复也能减少其语义力量和信息值。

Bybee 对仪式化的各种特征在语法化过程中的对应表现，以及重复在语法化所涉及的语音音系、形态、句法和语义语用等演变中的基本作用作了更为具体的考察。Bybee 赞同 Haiman 将语法化过程看作仪式化这个意见。因为仪式化(适应、自动化和解放)的发生导源于重复，所以 Bybee 强调语法化的最基本机制是重复。有鉴如此，Bybee 从突显重复在语法化过程中的决定性作用的角度将语法化重新定义为：一个频繁使用的词汇序列或语素序列自动化为一个单一的加工单位。

　　事实上,重复和频率不仅作用于语法化演变,人类语言中大量的形态句法、音系、语义和词汇现象的产生和演变都跟话语的重复密切相关。1999 年 5 月在美国的卡内基梅隆大学(Carnegiemellon)举行的"频率和语言结构的出现(Frequency and the emergence of linguistic structure)"国际学术研讨会上,很多学者从不同的角度揭示了重复和频率在语言结构的产生和演变中的重要作用。该会议的论文集《频率和语言结构的出现》2001 年由 Joan Bybee 和 Paul Hopper 编辑出版。

　　另一方面,重复不仅是语法化及其他语言演变现象的重要机制,也是大量的文化和生态现象发生仪式化的根本动因。这就引发了一个问题:语法化现象是否具有一个独立的机制? Haiman、Dahl、Bybee 以及 Haspelmath 等学者都认为,语法化最基本的机制既非特域的(domain specific),也非特种的(species specific)。因此,高度抽象、至今仍很神秘的语法性质有望用更为普遍的术语来加以解释。

　　3. 形式学派的语法化研究

　　近年来,语法化研究已逐渐被生成语法学家纳入形式学派的历史句法研究之中。20 世纪 90 年代以来,形式学派阵营里的学者开始尝试运用生成语法理论和研究模式来研究功能范畴的语法化,以求"对语法化现象作出真正的解释"。1997 年 8 月在德国的杜塞尔多夫大学召开的第 13 届国际历史语言学大会期间还专门举行了一次"语法化的形式主义研究(Formal Approaches to Grammaticalization)"学术讨论会。生成学派之所以会涉足语法化研究,可能跟生成语法理论近些年来的发展有关。自乔姆斯基发表《语障》以后,功能范畴被逐渐引入生成语法框架,在最近的 10 余年来逐渐完善的短语结构理论和 X 标杠等理论框架里,像限定词(determiner)、标补词

(complementizer)或一致关系标记(AGR)这类功能范畴成分被普遍看作是短语结构中心语。而历时地看,这些功能中心语都来源于词汇成分或词汇中心语。正因为如此,历时生成语法研究开始注意语法化现象。

形式学派语法化研究的成果主要有 Roberts、Warner、Simpson、Beths、Roberts、Wu、Gelderen、Simpson 的论著。这些研究多数集中于属于功能范畴的助动词语法化演变,也有少数文献涉及一致关系标记、反身代词、疑问代词、否定标记等其他语法标记的语法化研究。

生成学派的语法化研究以乔姆斯基语言学中的功能范畴、中心语移位理论以及修改版乔姆斯基最简方案的句法研究模型为理论背景,以 Lightfoot 的历时句法理论为基本框架试图对文献里经常提及的若干语法化现象作出形式主义的解释。其基本假设是,语法化本质上是词汇范畴被重新分析为功能范畴的过程,语法化现象之所以普遍可见是因为重新分析往往涉及到结构简化,体现了语言习得的省力策略,而结构简化则是一种为参数定值所偏爱的演变。

4. 语法化与语言接触

传统的语法化研究大都是在假定的同质演变的状态下进行的,这种研究很大程度上是建立在语言演变的一元发生(monogenetic)模式这样的假设之上的。事实上,正如 Hopper & Traugott 所强调的,"严格的语法化一元发生观是不恰当的",因为这种研究模式忽略了大量的由语言接触引发的语言演变现象。20 世纪 90 年代以来,很多语法化研究者开始将目光投向发生在语言接触状态下的语法化演变。这方面的研究主要从下述两个角度进行。

其一是探讨特定的标准语言由语言接触等外部因素导致的语法化过程。任何一种语言在其演变发展过程中都会在不同程度上跟其他语言发生接触关系。语言接触常常会导致形态、句法的借用和影响,Weinreich、Thomason、Kaufman、Stein、Gerritsen、Harris、Campbell 以及 Thomason 等学者的论著均描述了大量的句法借用和句法影响的语言事实。Harris&Campbell 和 Campbell 甚至将句法借用视为句法演变的三个机制之一,Gerritsen&Stein 则将语言接触及由此导致的句法借用和句法影响看作句法演变的一个重要外因。对句法演变的外部机制和动因的关注使人们发现以往被认为是一个语言内部的语法化现象其实是由语言接触导致或诱发的,比如 Millar 证明,语言接触在英语定冠词的语法化过程中起到了重要作用,Harris&Campbell 则列举大量的事实证明句法借用常常和重新分析、扩展等机制一起造成大量形态句法现象的产生和演变。语言接触不仅会通过句法借用和影响促成具体的语法化过程的发生,而且还可以导致语法化机制的跨越语言扩散,Bisng 认为,语言联盟的出现很可能是由语法化机制跨语言的扩散造成的,特别是在语言接触情形中,说话者/听话者可以将其母语中业已存在的重新分析的机制转移到另外的语言中去。

其二是研究皮钦语和克利奥尔语中的语法化现象。皮钦语和克利奥尔语是由语言接触导致的两种接触语言(contact languages)。一般认为,皮钦语产生初期缺乏语法范畴和语法形式,当皮钦语固定化以后语法范畴和语法形式会逐渐增加,而当皮钦语被克利奥尔化(变成克利奥尔语)后语法形式则更加丰富。因此探讨皮钦语和克利奥尔语法化过程和机制无疑有助于语法化理论研究,正是在这个意义上皮钦语和克利奥尔语被认为是语法化研究的金矿。这方面研究的代表性成果是 Bruyn 的《克利奥尔语的语法化》和 Baker&syea 的《改变意义,改变功能:接触语言语法化论文集》。前者是一部研究苏里南克利奥尔语语法化的专著,讨论了包括 gi"give"用作受惠格标记在内的大量的语法演变的实例,Bruyn 的研究表明,当皮钦语克利奥尔化时所发生的语法化过程(比如一个独立的词汇项变成形态的部分)常常并不是克利奥尔语内部发展的结果,新的形态标记其实是从低层语直接移入的。这个结论也许能有效地解释为什么克利奥尔语常常在很短的时间内产生新的语法形式。后者代表了克利奥尔语语法化研究的最新成果。在这个论文集里,Bruyn 基于对苏里南克利奥尔语中若干语法结构式的观察,区别了克利奥尔语语法化的三种类型。第一种类型是"常规语法化(ordinary grammaticalization)",即语言内部的语法标记和结构的渐变;第二种类型叫做"瞬间语法化(instantaneous grammaticalization)",其区别于常规语法化之处是"通常逐渐进行的演变在克利奥尔语化过程中可以在很短的时间跨度中发生";第三种语法化类型是"外表语法化(apparent grammaticalization)"。Bruyn 认为,这种语法化其实是低层语语法成分移入的结果。

很多研究皮钦语和克利奥尔语语法化的文献都提到,接触语言的语法化过程往往表现出跟标准语不同的特性,比如单向性和渐变性被认为是标准语语法化的两个最重要的特征,但这两个特征在接触语言的语法化现象中常常被违反。换言之,皮钦语和克利奥尔语的语法化过程常常呈现出非单向性和抄近路现象。但 Plag 认为,这些被认为违反了单向性和渐变性的语法化实例多数都是低层语语法成分的移入,并非传统意义上的语法化现象。Plag 主张只有区分内在演变和由接触引发的演变,我们对克利奥尔语化和语法化的性质才能获得一个新的重要的了解。他认为基于语言内部的演变一定符合语法化理论确立的原则,而对这些原则的违反可以被解释为由外部因素导致的。Bruyn 指出,存在于低层语的语法化模式或语法化链可以充当语法成分移入克利奥尔语的通道(channels),但低层语的语法化模式也会导致被移入的某一语法成分在克利奥尔语中出现不可预测的重新分析或转化。以致违反了通常的非范畴化和语法化方向。

5. 主观化与交互主观化

话语交际中说话人不仅要表达命题意义而且要表达言者意义,而后者体现了语言的主观性。所谓主观性指的是说话人在说出一段话的同时表明自己对这段话的立场、态度和感情,从而在话语中留下自我的印记。如果这种主观性在语言中被编码为明确的结构形式或者一个语言形式经过演变而获得主观性的表达功能,则谓之主观化。语言学家对主观化系统的研究始于 20 世纪 80 年代后期,主要有共时和历时两种研究方向。前者从认知语言学角度探讨一个时期的说话人采用什么样的结构或形式来表现主观性,代表性人物是 Langacker;后者从历史语言学角度考察一个主观性结构或形式是如何演变而来的,代表性人物是 Traugott。Traugott 最早将主观化纳入语法化研究的框架,并从语法化的角度对主观化作出定义。主观化指的是"意义变得越来越直根于说话人对命题内容的主观信念和态度"这样的一种语义语用的演变过程。Traugott 强调,主观化是语法化的一个重要机制。

语言不仅能表达主观性,而且还常常表达交互主观性(intersubjectivity)。交互主观性指的是说话人/作者用明确的语言形式表达对听话人/读者"自我"的关注,这种关注可以体现在认识意义上,即关注听话人/读者对命题内容的态度;但更多的是体现在社会意义上,即关注听话人/读者的"面子"或"形象需要"。交互主观性派生于主观性并以后者为蕴涵,换言之,一个语言形式如果具有交互主观性,那么同时一定呈现主观性。从历时角度看,语言形式的交互主观性是通过交互主观化过程而产生的,所谓交互主观化(intersubjectification)指的是这样的一个符号学过程:意义经由时间变成对"说话人/作者在认为意义和社会意义上对听话人/读者'自我'的关注"这样的隐涵义加以编码或使之外在化。交互主观化与主观化这两种机制的区别是,主观化使意义变得更强烈地聚集于说话者,而交互主观化使意义变得更强烈地聚集于受话人。但交互主观化总是蕴涵着主观化,不可能存在没有某种主观化程度的交互主观化(一个形式若没有某种程度的主观化就不可能有交互主观化现象)。历时地看,交互主观化通常比主观化出现得晚并来源于主观化。一个典型的例子是英语 let's 的意义演变:

a. Let us go, will you? > b. Let's go, shall we? > c. Let's take our pill snow, Johnny.

上面的例子中,由 a 到 b 是主观化,由 b 到 c 是则是交互主观化。

语法化中的(交互)主观化研究也体现在话语语用标记的语法化研究之中,因为话语语用标记是语言表达主观性和交互主观性的主要形式。这方面的成果主要有 Hason、Powell、Brinton、Onodera、Jucker 以及 Traugott 等学者的论著。Traugott 的论著详细考察了大量英语副词的语法化过程,揭示出"小句内副词>句子副词>话语标记"这样的语法化链。

此外,最近兴起的历史语用学研究也跟(交互)主观化的研究密切相关。历史语用学的一个主要内容是研究语用标记或话语标记是如何产生的,这方面的研究成果主要有 Sweetser、Jucker、Traugott

和 Dasher 等学者的论著。2000 年荷兰本杰明(Ben jamins)出版公司创办了《历史语用学》杂志,迄今已发表若干篇有关(交互)主观化研究的论文。

6. 国内近年来的汉语语法化研究

国内系统的语法化研究始于 20 世纪 90 年代。1994 年沈家煊和孙朝奋两篇语法化研究综述文献的发表引起了汉语语法学界的关注。最近十余年来,汉语语法化研究主要是在两个方面进行的:一是"基于词汇/句子"的历时语法化研究,即研究词汇语素是如何演变为语法语素的,这方面的主要成果有解惠全、刘坚、江蓝生、洪波、张谊生、刘丹青等学者的论著。另外,有些研究汉语虚词产生过程的文献虽然没有提到语法化这个术语,但研究的对象其实是语法化现象,比如刘坚、曹广顺、江蓝生等学者的论著。另一个方面是"基于话语/语用"的共时语法化研究,即研究篇章成分或语用法是如何凝固为语法成分的,这方面的成果主要有沈家煊、张伯江、王伟和方梅等学者的论著。

目前,国内的汉语语法化研究出现了良好的发展势头。2001 年由中国社科院语言所和南开大学文学院联合在南开大学举办了首届汉语语法化问题国际学术讨论会,会议论文集《语法化与汉语语法研究(一)》已由商务印书馆出版。2003 年 8 月在温州又举行第二届汉语语法化问题国际学术讨论会。此外,汇集汉语语法化研究成果的论文集《汉语语法化研究》也已出版。

思考与练习

1. 结构主义语法的"发现程序"可分为哪几个步骤? 每个步骤的具体内容是什么?

2. 结构主义语法的"发现程序"有什么优缺点？

3. 什么是生成语法学的性质、范围、目标、方法？

4. 完整的生成语法包括哪几个规则？

5. 什么是乔姆斯基的语法原则系统？

6. 乔姆斯基的"原则"有哪两个作用？

7. 什么叫"管约论"？

8. "原则"有什么作用？

9. 什么是法位学语法？

10. 什么是系统语法？

11. 什么是格语法？

12. 什么是层次语法？

13. 什么是生成语义学？

14. 什么是孟德鸠语法？

15. 从属关系语法的基本概念是什么？举例说明。

16. 什么是行动元、状态元？什么是"价"行动元的数目？限于哪几个？

17. 什么叫一度转位、二度转位、简单转位、复杂转位？

18. 举例说明什么是逻辑配价、句法配价、语义配价。

19. 功能语法分为几派？请指出其异同。

20. 马泰修斯的功能语法怎样分析句子？

21. 韩礼德的"宏观功能"包括哪三个功能？它们各自的内容是什么？

22. 谈谈你对话题、作格语法、语法化理论的理解。

参考文献

戴庆厦《藏缅语族语言研究》(三)，云南民族出版社，2004 年。

中央民族学院民族语言研究所编《中国少数民族语言》，四川民族出版社，1987 年。

叶蜚声、徐通锵《语言学纲要》，北京大学出版社，1997 年。

马学良《语言学概论》，华中工学院出版社，1981 年。

高名凯、石安石《语言学概论》，中华书局，1979 年。

马学良《汉藏语概论》，民族出版社，2003 年。

冯志伟《现代语言学流派》，陕西人民出版社，1999 年。

《中国大百科全书·语言文字·语言学》，中国大百科出版社，1988 年。

刘润青《西方语言学流派》，外语教学与研究出版社，1999 年。

葛本仪《语言学概论》，山东大学出版社，2003 年。

黄伯荣、廖序东《现代汉语》，甘肃人民出版社，1985 年。

王力《汉语语法史》，商务印书馆，1989 年。

潘允中《汉语语法史概要》，中州书画社，1982 年。

刘坚、曹广顺、吴福祥《论诱发汉语词汇语法化的若干因素》，载《中国语文》1995 年第 3 期。

吴福祥《"语法化"问题》，载《中国社会科学院院报》，2003 年 1 月 9 日。

第七章　语言的发展变化

第一节　语言是不断发展的

一、语言随着社会的发展而发展

语言和世界上的万物一样，无时无刻不处在发展变化之中。世界上无论哪一种语言，都经历了复杂、漫长的演变过程。一般说来，语言的发展变化是缓慢的，往往不被人们所觉察。但是，语言的那些微小的变化日积月累，就会使不同时期的语言呈现出很大的差异。汉语是一个有着悠久历史的语言，经历过长期的历史演变。对于一个没有学过古代汉语的人来说，阅读汉语古籍文献会遇到很大的困难。有的人根本看不懂，有的人可能认识每一个字，但其内容往往似懂非懂。为什么？因为汉语在自己的发展过程中，每个时期的语音、词汇、语义、语法等因素，都有自己的特点。为此，国内外学者多把汉语分为上古汉语、中古汉语、近代汉语和现代汉语四个历史分期。这种分期不同于中国历史的分期。在四大分期内部，还可以再进一步细分。

语言的发展总的来说是缓慢的。然而在剧烈的历史变革时期，其发展变化的速度则比较快，即使只有几十年，语言的面貌也会有较明显的改观。古今中外，一些重大的历史变革、重大的历史事件，都会影响到语言的发展变化。在我国重大的历史变革时期，汉语中出现了大量的新词术语,语法、语音等方面也有了许多变化。我国改革开放二十多年来,涌现出成千上万的新词术语,如"市场经济、信用卡、特区、大款、外商、外资、打的"等。不仅如此,在语法方面也出现了新的表达法。例如80年代末开始流行的副词加名词的现象,从"很中国"、"很黄山"逐渐发展到"很女人"、"很男人"等,都逐渐被广大群众所接受。

世界上凡是有历史记载的语言,只要把它的古代文献和现代语言进行一番比较,都可以清晰地看到其中的发展变化。例如:在古代突厥语里,位格和从格没有分立,词缀-da和-tʰa兼有表示位格和从格的功能。从古代突厥语发展而来的现代维吾尔语的位格和从格完全分立,位格用词缀-da和-tʰa表示,而从格用词缀-din和-tʰin表示。这是古突厥语发展到今天的重要历史演变。又如,英语经过长期的历史演变,古代英语到现代英语已经有很大的变化。构成古代英语的名词有阳性、阴性与中性之分,现代英语已经没有这些变化了。

关于语言的发展变化,世界上很早就有人觉察到了。我国汉朝的刘熙在其所著的《释名》里写道:"古者曰'居',声如'居',所以居人也;今人曰'车',声近'舍'。"到了明朝的陈第,他对语言的变化明显地比刘熙认识得更为深刻。他在《毛诗古音考序》中说:"时有古今,地有南北,字有更革,音有转移,亦势所必至。"19世纪出现的历史比较语言学,正是语言学家们深刻认识到语言发展变化的必然性,从而把研究的基础放在语言的历史演变上,成功地论证了印欧语系的存在,从而大大推动了语言学的科学研究。

语言的发展变化包括两个方面的内容。其一是语言结构包括语音、语义、词汇、语法的发展变化。例如古代汉语里有一整套全浊声母,发展到今天北京话已经没有了,全部清化了。在旧社会人们管从事文艺的人叫"戏子",新中国建立后改为"演员"或"艺人",这说明现代汉语中反映旧社会意识的词语的变化。在改革开放之前,人们不知道什么是"面的"、"微机"、"克隆"、"打白条"等词语,现在人们都知道了。孔子在《论语》里说"吾不与祭如不祭",这句话现代人说成"我不参加祭祀,和没有祭祀一样",语法显然不一样了。其二是语言交际功能的变化。例如满语满文,曾经是我国满族使用的语言文字,在清代亦曾显赫一时,并留下了浩如烟海的古籍文献。然而,到了清朝末年,满族人绝大多数已转用汉语文。现在,满语已成为濒危语言,虽然还有极少数人尚能记得一些词语并能讲一些简单的句子,但由于生活中几乎已不再使用,已经失去了语言的交际功能。语言的结构发展与语言的交际功能是相辅相成的:语言发展得越丰富、越缜密,其表达能力越强,其社会的交际功能就越有力,使用范围就越大;而语言的交际功能越发达,使用范围越广,其结构的发展就会越精密、越丰富,表达能力就会越强。

语言研究的主要任务之一,就是研究语言的发展变化及其演变的规律性。如果一种语言有比较丰富的古代文献,就可以用这些文献与现代语言进行比较研究,从中找出这种语言的许多演变的事实和规律。个别语言研究得越多,对人类语言的研究就越有重要意义。因为,尽管人类语言多种多样、千差万别,但其中必有许多共同的结构规律和演变规律。我国很早以前就有研究语言的传统,音韵学和训诂学在探讨语音变化和语义变化方面取得了很大成绩。欧洲19世纪的历史比较语言学的成功,不仅为研究语言的发展变化提供了宝贵的经验,同时也激发了人们探讨语言理论的兴趣。

在看待语言发展变化的问题上,语言学家是有分歧的。如德国著名语言学家施莱赫尔(1821－1868)，在亲属语言关系的理论上，以及重建原始语的比较方法、语言的分类上，特别是关于语言谱系图(谱系树形图)学说，是有重大贡献的。但是，由于他很早就受到黑格尔哲学思想和达尔文进化论的影响，用达尔文研究动物和植物的方法研究语言，就认为语言同世界上一切生物一样，有其发展、成熟和衰败的不同过程。当他看到印欧语的形态趋向简化的走向，就断言人类语言在史前期是其繁荣发展的时期，有史之后，所有语言或多或少地处在退化状态中。在施莱赫尔前后，有的学者也把多种古典语言看成是发展的"顶峰"，把后来的任何变化都看作是一种"退化"。在这种厚古薄今观点的支配下，施莱赫尔竟然说出"历史是语言的敌人"的错误观点。法国著名语言学家房德里耶斯(1875－1960)批驳了施莱赫尔，指出形态简化后往往在其他方面得到补偿。例如"时间"的简化由助词代替，"格"的消失由介词补偿等等。房德里耶斯由于多偏重于印欧语各种语言的研究，较少涉猎其他语系的语言，特别是汉语。研究范围和材料的局限性使他夸大了补偿的作用。他认为"形态发展的各个方面好似被摇动过无数次的万花筒一样，我们每次得到的不过是各种成分的结合，而除了这些结合以外，并没有什么新的东西产生"。他甚至进一步推论所有的语言也是如此。丹麦语言学家叶斯柏森(1860－1943)提出过"语言进化论"，但是，他所说的进化则有自己的标准。他认为语言由综合到分析永远是进步的表现，英语比俄语分析性强，因而英语比俄语进步；而汉语比英语更加分析，因而汉语是最进步的等等。事实上，英语、汉语、俄语都是高度发展的语言，都能表达人类认识活动的一切成果和各种复杂深刻的思想，它们各有各的结构体系，各有各的发展规律，不能以"综合"或"分析"来判断它们的优劣。

　　语言作为人类最重要的交际工具,为了满足思维的不断深化和日益复杂的交际需要,它总是随着社会的发展而发展,它的词汇在不断地充实,它的语法在不断地改进并趋于更加精密,它的结构在不断地走向更为发展的阶段。

　　二、语言发展的原因

　　关于语言发展的原因,多少年来不少语言学家提出了各种各样的理论来解释,如"个人标新立异论"、"外族语言影响论"、"地理环境或气候条件制约论"、"类推作用论"、"说话快速有力论"、"发音器官变异论"、"以讹传讹论"等等。不可否认,这些理论有可能解释语言演变的某些事实,但并不能从整体上反映语言演变的原因。如地理环境能对语言的发展起到一定的作用。沙漠、大山、大河等不利于人们的往来和交际,对语言的统一不利,但却有利于语言的分化。如果社会分化了,语言也会分化的;如果社会达到了高度的统一,语言还是要慢慢统一的。这说明自然环境影响语言的发展变化是有一定条件的。

　　语言是人类最重要的交际工具,有了社会就会有语言的存在。语言是一种社会现象,是社会成员之间最重要的联系纽带,与社会的发展息息相关,离开了社会就无所谓语言。人类社会从人类的蒙昧时期发展到今天,社会实现了几个大的飞跃。社会的发展需要语言去适应,语言就要不断地充实自己的词汇,不断地改进自己的结构,以期更好地为社会服务。所以社会的发展是语言发展的一个最基本的条件,离开了社会的发展,就没有语言的发展。

　　通过现代汉语和古代汉语、现代英语与古代英语相比较,人们就会发现,词汇比原来丰富了,造句的样式也多样化了,语言更具有表现力了。这说明社会的进步和发展,使人类认识世界、改变现实、改造社会和自然的能力不断增强。与此相适应,新事物、新概念层出不穷,人类的思维日趋缜密,这就要求语言有更为丰富的词汇,不断改进的语法,以满足人们日常交际中的需求。社会的进步总是推动着语言的发展。

不同社会、不同民族的联系和交往,也会对语言的发展产生影响。在人类社会漫长的发展过程中,不同社会、不同民族之间的接触、交流,发生互相影响是必然的,尤其是语言首当其冲。不同的语言,随着社会民族间的接触而彼此吸收一些成分,是语言相互影响中最常见的现象。任何一种语言都会或多或少地吸收一些外语的成分,同时也会给其他语言以种种影响。例如汉语就曾经受到英语等语言的影响,从这些语言吸收了一些词语。

我国历史上曾经历了几次大的民族融合,其中魏晋南北朝时期是规模较大的一次。自魏晋南北朝以来,居住在我国东北、西北广阔地区的少数民族,如匈奴、羯、羌、氐、鲜卑、乌桓等少数民族陆续进入中原,并相继建立了自己的地方政权,而原来统治北方地区的司马氏政权南迁至江南,大批汉人也随之南迁。南迁的北方人把北方方言带到了江南,与当地的方言互相影响。在近三百年间,迁居中原的一些北方民族学习汉语,经过双语阶段而转用汉语,给北方汉语也带来了一定的影响。社会的动荡、民族的迁徙,引起语言的发展变化,致使这一时期的汉语出现"南染吴越,北杂夷虏"(颜之推:《颜氏家训·音辞》)的变化。

欧洲的阿尔巴尼亚在历史上曾受过异族的长期统治,主要有公元前的罗马人,15世纪后的土耳其人和近代意大利人,因此阿尔巴尼亚语深受多种语言的影响,使其基本词汇产生了很大的变化。不同的历史时期,从不同的外来语吸收了大量的词语,其中很多是来自拉丁语、土耳其语和意大利语。

社会在发展过程中,常常出现分化和统一。分化会引起语言的分化,统一总是要求语言的统一,这样的例子是很多的。所以,社会的分化和统一也推动着语言的发展变化。

三、语言发展变化的规律性

社会发展是推动语言发展的最基本条件。然而,社会的发展仅仅是语言发展的外部条件,外因要通过内因起作用。所以要弄清语言变化的内在原因。

研究语言发展演变的原因,不仅要紧密联系语言与社会的关系,而且还要考察语言结构要素的相互作用而引起的语言系统的变化。

语言主要由语音、语义、词汇和语法等要素构成,而这些要素与社会的联系紧密程度有很大差异。这种差异导致这些要素在语言演变中呈现出演变速度上的不平衡。

词汇和语义与社会的联系最直接、最密切,因此语义和词汇最能反映社会的发展。在社会生活中,新的事物不断产生,旧的事物不断消失,人们的理念也不断改变。这种变化反映在词汇里,就是旧词、旧观念的消失,新词、新观念的产生,以及词义的演变。新中国建立前,我国处于半封建半殖民地的地位,民族工业非常落后,连一些最简单的日常用品也要靠外国进口,因此就出现了"洋灰"、"洋火"、"洋油"等等词语,这些词语都在前边加上个"洋"字。新中国成立后被"水泥"、"火柴"、"煤油"代替了。

词义的演变包括词义的深化、扩大、缩小和转移等现象。词义的深化是指人对事物的本质属性的了解伴随着认识的提高,越来越深刻、越全面。例如"地"这个词,在汉代许慎的《说文解字》里解释为:"轻清阳为天,重浊阴为地,万物所陈列也。"《释名》解释为:"地者,底也,其体底下载万物也。"这些解释代表了当时人们对大自然的认识。

今天，人类的科学发展了，认识深刻全面了，进一步认识到"地"是"地球的表层"。词义的扩大是指在其演变后词义所反映的客观事物的范围比原来的范围大了。例如汉语中的"江"、"河"，原来专指"长江"和"黄河"，现在则泛指一切河流。又如汉语的"雌"和"雄"，《说文解字》解释为"鸟母"和"鸟父"，只用来区别禽类的性别，现在则分别指产生卵细胞和精细胞的一切生物。词义的缩小与词义扩大相反，指演变后的词义所反映的客观事物比原来范围小了。例如汉语的"瓦"，原来指所有烧制过的土器，现在只指屋顶上盖的一种烧制品。英语的 meat 原来指食品，现在只用来指肉；deer 最初的意义是"动物"，现在只指在英国森林中常见的一种动物即鹿。词义的转移指原来的词义表示某类事物，演变后的词义改变而表示另一类事物。例如：汉语中的"兵"，本来表示武器，后来指拿着武器作战的人。侗语的 tak[55] 原来是"胸"的意义，现在指"衣襟"。英语的 book 一词原来是一种树木的名称，即山毛榉，这种东西在古代曾经用作书写的材料，现在用来表示已经写成的书了。

　　词汇和语义虽然对社会的变化很敏感，但是语言中的基础部分仍然非常稳固。首先，词汇中的基本词汇是词汇系统的核心，具有全民性、稳固性、能产性的特点，是很不容易起变化的。其次，构成新词语的材料绝大部分都是原有材料按一定的格式重新组合，例如"火车"由"火"和"车"组成。构成新词语的材料，在一种语言中不能无限扩大。词汇的发展反映社会生活的灵敏性与其稳固性，是语言发展不平衡性的一种表现。

　　语音和语法与社会的联系远没有词汇和语义那样密切、直接，因此演变的速度比较缓慢。语音是语言的物质外壳，语言中众多的词语是通过语音形式表达出来的。在一种语言里，尽管词汇成千上万，但是音位就几十个,通过音位的排列组合就能够满足语言表达的需要。因此,即使词汇发生很大的变化,一般也不会影响语音系统,语音系统不会因词汇的快速发展而发生系统的变化。语法是组词造句的规则,它同样不会因词汇的演变而变化,其发展的速度是缓慢的,它的稳固性比语音还强。词汇的发展演变既然不对语音系统和语法规则产生影响,因此,其演变的原因,还要从其自身内部的结构中去寻找。语言发展的渐进性和语言结构要素的不平衡性是语言发展的基本规律。

思考与练习

1. 为什么说语言随着社会的发展而发展?
2. 谈谈语言发展变化的内容。
3. 为什么说社会的发展是语言发展的一个最基本的条件?
4. 谈谈语言发展变化的规律性。

第二节　语言的分化

语言的发展有两个彼此相反的方向:语言的分化和语言的统一。语言的分化指的是一个统一的语言,由于社会的分化而产生地域方言或亲属语言。

一、语言随着社会的分化而分化

引起社会分化的原因是多种多样的。政治经济发展的不平衡性、战争引起的地方政权的割据、居民大规模迁徙等,都会引起社会的分化。这个分化是指一个统一的社会内部,由于某种原因而分化成若干部分。社会分化的结果,使得各部分的居民交往减少,甚至完全断绝往来,这时原来统一的语言在不同的地区就会出现差别。在一个地区内,语言中出现新的成分或变化,一般不会传播到其他地区;在这个地区内,语言中的某些固有成分的变化或消失,一般也不会影响到其他地区。这样,各地区使用的本来相同的语言的共同点就会越来越少,不同点逐渐增加,逐渐形成各地区语言的相对独立发展的道路。于是共同语就在各个地区形成了变体,也就是出现了地域方言,简称方言。一个统一的社会,随着人口的不断增长,疆域的不断扩大,在政治、经济上很难保持一个完全统一的局面,就会形成社会的不完全分化,即在不同的地区形成区域性的社会,从而促成了方言的产生。我国的汉语方言就是一个典型的代表。

苗族和瑶族原来都居住在我国,后来一部分人迁到越南、老挝、泰国等地,与我国的苗族、瑶族来往减少,他们的语言与我国的苗族、瑶族的语言就有所不同。我国东晋到明朝初年,原来生活在中原地区的居民三次向我国南方地区迁徙,于是形成了汉语的客家方言。哥伦布1492年发现新大陆以后,欧洲操西班牙语的人纷纷迁往,从而把西班牙语带到了现在的拉丁美洲。由于拉丁美洲与西班牙隔着大西洋,两岸人的来往减少,时间久了,拉丁美洲的西班牙语与欧洲的西班牙语就有了一定的差别,形成了方言。

方言形成之后,如果原来处于不完全分化的地区性社会群体,由于种种原因完全分裂为几个各自独立的社会,它们之间完全失去了联系,方言的发展失去了约束,各自独立发展,不断扩大各自的特点,天长日久就会发展成独立的语言。例如12世纪前后,蒙古各部落的语言还是统一的,后来成吉思汗连年征战,许多部落随着出征,在新的地方定居下来,由于蒙古帝国横跨欧亚两洲,地域辽阔,各部落之间往来不便,于是方言分歧逐渐加大。蒙古帝国崩溃后,分化加速,到16世纪左右,原来统一的蒙古语就分化成一些独立的语言了。今天的蒙古国的蒙古语、我国的蒙古语、阿富汗的莫戈勒语、俄罗斯的布里亚特蒙古语等,就是这样分化出来的。又如,10世纪基辅国的崩溃引起了统一的东斯拉夫语的分化,最后形成了现在的俄罗斯语、乌克兰语和别洛露西亚语。罗马帝国的解体,使拉丁语分化为意大利语、西班牙语、葡萄牙语和罗马尼亚语等语言。这种从同一语言分化出来的各个独立的语言,就是亲属语言。

除了在不同地区分化的方言外,还可以在同一地区内分化出不同的社会方言。随着生产力的发展,社会还会出现另一种类型的分化,这就是社会分工,社会成员可以因社会分工的不同,而组成不同的社会群体。在一个群体内部,成员之间的相互联系较为密切,交流很多,因而在群体内部往往有一套不同于其他群体的语言特点,这样就产生了社会方言。此外,性别、年龄、阶层、生活方式的不同等因素,在语言使用上也表现出不同的特点,这也属于社会方言。

总而言之,社会的发展是语言发展的一个最基本的条件,社会的分化引起语言的分化,是不可避免的。

二、地域方言

地域方言就是人们常说的方言,它是一种民族共同语通行于不同地区、彼此有一定差别的"地方话",是全民语言的地方变体。这些"地方话"用语言学的术语来表达,就是方言。方言是一种总的概念,在其下面还可以分出各种"次方言",在"次方言"之下,又可细分出各种"土语"、"次土语"。我国自古以来就是东方的一个大国,汉语很早以前就有方言的差异。早在两千多年前,汉朝的杨雄就写了一部十三卷、迄今为止世界上最早的研究方言的著作《輶轩使者绝代语释别国方言》,他在这部书里对当时的许多方言现象做了细致的描写和对比。

　　在一种语言中,达到怎样的差别才算是不同的方言呢?因为各种语言的具体情况很复杂,很难有一个具体的客观的标准,只能具体语言具体分析。汉语现在一般分为七大方言:北方方言(以前叫做"官话")、吴方言、湘方言、赣方言、客家方言、粤方言、闽方言。一个操北方方言的人到其他方言地区去,就听不懂人家说什么。但是,听得懂听不懂不能作为划分方言的标准,不能仅凭语言本身的差异来划分方言,还要看使用方言的人们是不是属于一个民族和在各方言之上是不是还有一个共同语作为各地区人们的交际工具。使用俄语、乌克兰语、白俄罗斯语、波兰语、捷克语、塞尔维亚语的人相互之间可以通话,但是操这些语言的人分属不同的民族,各自组成独立的社会,况且在这些语言之上也不存在一个共同的交际语,因此,它们都是独立的语言。又比如我国操维吾尔语和操哈萨克语的人,可以相互通话,但它们却是两种不同的语言。这种现象在世界各地还有不少。汉族是一个统一的民族,各方言之间虽然不一定能相互通话,但是在各方言之上有普通话作为共同的交际工具,而且还有各种方言的人都能看懂的共同书面语,所以,尽管汉语各方言的分歧很大,但是它们仍然是一种语言的不同方言。国外有的语言学家只看汉语方言本身的差异,而不考虑汉民族是一个统一的社会,各方言之上有一个共同的交际工具,认为汉语的各方言是不同的语言,这种只看语言本身的差异,而未考虑是否有一个统一的社会来研究方言的观点,是错误的。因此,在研究方言的时候,必须考虑两个因素:统一的社会和语言本身的差异。

　　汉语的方言差异很大,在分类时往往只考虑语音,因此语音上的一些重要特点成为汉语方言分类的主要标准,而没有考虑其他的因素。在汉语的七大方言中,每一个大的方言,又可以根据其特点再逐级分为次方言、土语、次土语。例如北方方言之下,可以分为北方话(狭义的)、西北话、西南话、江淮话四个次方言,北方话次方言又可以分为河北、山东等土语,河北土语之下又可以再分为北京、天津等次土语。又如闽方言之下可以分为闽北、闽东、闽南三个次方言,闽南次方言又可以分为闽南、潮汕、海南等土语群。每一个方言在语音上都有一些共同的特点。从总的方面看,北方方言的语音系统较为简单,如北方方言的代表点北京话,声母 ts、tsʰ、s 与 tʂ、tʂʰ、ʂ 分立,鼻韵母仅有 n、ŋ 两个,声调只有阴平、阳平、上声、去声四个,没有入声,等等。与吴方言相比较,吴方言声母清浊分立,ts、tsʰ、s 与 tʂ、tʂʰ、ʂ 不分,鼻韵母 n、ŋ 不分,有入声,以 ʔ 收尾,等等。

藏语不同方言的差别,主要也表现在语音上。如藏语的安多方言,有较多的复辅音,没有声调;而卫藏方言和康方言都有声调,但没有复辅音或复辅音很少。比较如下:

	道孚(安多方言)	德格(康方言)	拉萨(卫藏方言)
挖	rko	ko⁵³	ko⁵⁵
虎	sta	taʔ⁵³	ta⁵²
查	ptso	tso⁵³	tso⁵²
头	ŋqo	ŋqo⁵³	ko¹³
五	lŋa	ŋa⁵³	ŋa⁵⁵

壮语南部方言有送气音声母,北部方言没有。比较如下:

	武鸣(北部方言)	龙洲(南部方言)
杀	ka⁵⁵	kʰa²⁴
踢	tik⁵⁵	tʰik⁵⁵
走	pjaːi⁵⁵	pʰjaːi²⁴

同一语言的不同方言,在词汇上也有一些差别,不仅一些一般词

汇中的词不同,就是某些基本词也有不同的。实际上是名异实同,用不同的名称来称呼相同的事物。例如,北京叫"小孩儿",苏州叫"小干",长沙叫"细人子",广州叫"细佬哥";北京的"媳妇儿",苏州叫"家小",湖南、湖北叫"堂客",云南叫"婆娘";北京叫"白薯",呼和浩特、洛阳叫"红薯"、成都叫"红苕"、贵州叫"番薯"、上海叫"山芋"。藏语各方言中也有这种情况。如:

	拉萨(卫藏方言)	乐都(安多方言)
看见	$t^h on^{55}$	rɯk
脖子	$tɕiŋ^{13} pa^{55}$	ʂke
读	lo^{52}	ndon

方言间在语法上的差别往往不很显著,只有一些微小的差异。例如蒙古语的内蒙古方言,动词谓语后边不用人称附加成分,而卫拉特方言和巴尔虎、布利亚特方言的动词谓语后边都有人称附加成分。现代汉语诸方言的语法基本上相同,只有一些细小的差别。例如北方方言、吴方言说"多买几本书",粤方言、客家方言则说"买多几本书";北方方言说"火车比汽车快",粤方言说"火车快过汽车",客家方言说"火车比汽车过快"。

方言形成之后,必将随着社会的发展继续发展。其前途如何,仍然取决于社会的条件。方言的发展前景不外下面三个方面:一、继续保持自己的特征,作为方言继续发展下去,如在过去几千年封建社会中的汉语就是这样;二、特征逐渐消失,与其他的方言统一起来。如果一个社会达到了高度的统一,各个方言就将逐步地走向统一。如我国现在正处在高度的统一,虽然七大方言还存在着较大的差别,但随着汉语普通话在全国的推广,加之广播、电视、电影、学校教育等的深刻影响,汉语方言的差异必将越来越小,汉语方言必将走向统一,不过时间将是很漫长的;三、特征继续扩大,逐渐发展为独立的语言。如法语、意大利语、西班牙语、罗马尼亚语等,就是这样从拉丁语的诸方言中发展出来的。

方言的研究已经成为语言学中的一门重要学科——方言学,与语言学的其他学科有着密切的联系。人们在研究方言时,要进行各方言之间的比较,往往把一些语言现象按分布地点用符号标示在地图上。例如汉语的“歌”字韵母,北京是 ɣ,沈阳是 ə,西安、成都、汉口、长沙、厦门是 o,上海是 u,双峰是 ɤ,广州、福州、梅县是 ɔ。把各地不同的读音在地图上标示出来,就成了方言地图,再把方言地图上内容相同的各个点连成一条线,就成了同语线。各点的符号和同语线能够明确地表示方言的分布。这种用绘地图研究方言的方法叫做方言地理学或语言地理学。方言地理学始创于德国的语言学家 G. 温克尔和瑞士的 J. 吉耶龙。

历史比较语言学起源于 18 世纪和 19 世纪的欧洲,其采用的主要方法是对不同的语言或者同一种语言的不同发展阶段做比较分析。如果缺少书面文献资料,就要利用方言在时间和空间上的差异来研究语言的发展规律,可以说这是唯一的方法。一种语言的方言差异无论多大,总是有着很显著的共同点,在分歧的语音现象之间,也往往存在着有规则的对应关系。例如上海话与北京话在双唇塞音方面就存在着对应关系。中古汉语的[*p-]和[*pʰ-]在现代上海话和北京话里都保存了下来。中古汉语的[*bʰ-]仍然保留在现代上海话里,可是在北京话里却有了变化,在平声音节里变成了[pʰ-],而在仄声音节则变成了[p-]。因此,现代上海话和北京话,在双唇塞音之间有对应关系。方言间的这种语音对应是一种语言的语音系统随着语言分化为各个方言逐渐形成的。

方言研究不仅可以丰富语言学理论,而且还有着很大的实践意义。例如帮助没有文字的民族创造文字,推广汉语普通话,等等。

三、社会方言

语言的分化不仅表现在地域的差异上,就是在同一地区的语言也会出现分化。在一个地区或一个地点内,社会人群之间,有的人群联系较为密切,交际比较频繁,因此在语言的使用上会出现不同于其他人群的特点,这些特点就成为这一人群语言的一种重要标志。人们因阶级、阶层的不同,社会职业分工的不同,语言使用的环境不同,以及生活方式的不同等许多因素,都可能形成语言的变异。这种语言变异就是社会方言。

"社会方言"这一术语是上个世纪 50 年代初期,由国外语言学家首先提出并使用的。有的语言学家也称其为"社团语"或"社会习惯语"。"社会方言"主要研究不同的人群,在不同的条件下,为了适应社会的分化而发生的语言变异,并通过定量分析进而去探讨语言的演变过程和发展的方向。一个社会群体,生活在纷繁复杂的社会之中,很多因素促使语言发生变异,社会因素是导致语言变异的最主要原因。

语言是没有阶级性的,早在人类社会产生阶级以前就有了语言,它一视同仁地为社会各阶级服务。但是,在阶级社会里,由于阶级的不同,导致阶级方言变体是必然的,不同的阶级用语言为本阶级服务是司空见惯的。我国几千年处于封建社会,等级森严。秦始皇称人民为"黔首",自称为"朕",后来的一些皇帝又自称"寡人"。旧中国的资产阶级知识分子在语言中常夹杂一些外语词,以此来炫耀自己的地位,如密斯特(mister,先生)、密斯(miss,小姐)、斯提克(stiok,手杖)等等常常挂在嘴上。清代乾隆初期,出版了《满汉六部成语》一书,是吏、户、礼、兵、刑、工六部官员在拟写、翻译公文时的参考书,共收公文成语二千五百余条。这部书完全是为统治阶级服务的,其中相当多的词条只有统治阶级知道它的意义,广大老百姓是不了解的。如《礼部成语》中"万寿圣节"(即皇帝的诞辰日)、"千秋令节"(即皇后的诞辰日)等等。

　　同一社会中不同的阶层、不同人群也会产生语言变异,这就是"阶层方言"或"群体方言"。如学生阶层和非学生阶层、知识分子阶层和非知识分子阶层、"白领"阶层和"蓝领"阶层等,在词的选择、说话的内容、语言的风格方面有明显的差异。美国的白人英语和黑人英语,虽然他们之间能够交流,但是由于社会和经济地位的差异,大多数黑人英语不仅在发音上,就是在遣词造句上都与白人英语有一些差别,形成了阶层方言。青少年学生特别是中、小学生的阶层方言极富特点与活力。不仅如此,他们还经常创造一些新词,这些新词使用久了,还可能为社会认同进入人们的语言。比方形容低能、笨拙,就说"臭"或"臭大粪",如"中国队真臭"、"中国足球队,臭大粪";形容人没本事、没能耐,说"柴",如"这个人真柴";形容极其、非常,就是"巨",如"那儿人巨多";形容很多、特多,用"n""n 个多";形容特棒、超级棒用"盖了帽儿了",这是由篮球等球类体育术语引申来的。

　　所谓的行业术语是指各行各业的人群为了生产、科研等需要而使用专业术语。这些术语在全民语言中是不使用或很少使用的。例如木匠有"小刨、粗刨、双把刨、剞刨、鐁刨、钩刨、鸟刨、花边刨"等;医学界有"处方、休克、血栓、饮片、粥样硬化"等;京剧有"生、旦、净、丑、二簧、导板"等。此外,司机、医生、水手、教师、音乐家、作家、银行业、建筑师等等,都有自己的行业用语。行业用语虽然只为本行业的人熟悉使用,但是对其他行业的人并不保密。随着文化水平的提高和科学技术的普及,一些重要行业用语已进入了全民语言,成为全民语言词汇的一部分。例如军事术语"后勤"、化学术语"饱和"、音乐术语"节奏",已经进入了汉语普通词语之中。

隐语是保密的,目的是为了保守某一集团的秘密,而达到保卫本集团利益和活动,不让集团外的人知道。有的隐语是把全民语的词改为另外的词语,例如从前广东的盗贼把"糖"叫作"甜砖","茶"叫作"清莲","笔"叫作"茅枪"。有的是在原词的基础上按一定的规则增加音节。如毕节燕子口的部分苗族,在音节前面加一个声母 kh、韵母和声调与原音节相同的音节构成隐语。例如苗语 ko^{55}(我)tɕou^{24}(就)tua^{31}(来)"我就来",变成隐语就是 kho^{55} ko^{55} khou^{24} tɕou^{24} khua^{31} tua^{31}。也有的用操全民语的人听不懂的特殊隐语来传递一种信息。例如小说《林海雪原》中土匪所说的黑话,"脸黄什么?""防冷涂的蜡。""怎么又红了?""精神焕发!"

语言风格的变异是指人们交际的环境不同、交际对象的差异,因此在语言的使用上要有所选择,要变换不同的方式,这样语言就会表现出不同的特点。这种变异说明同一社会的人不会在任何环境中都使用一种社会方言。例如在庄严的某种仪式上,在正式的外交谈判的场合,教师在课堂上讲课,在日常的家庭生活中,都要有适合这些场合的语言表达的语音特点;同样,在对待不同的谈话对象上,也要选择语言表达的语言特点。如对上级、对下级、对儿童、对老人、对熟人、对陌生人、对子女等的谈话也各有特点。如大人对小孩可以说:"穿鞋鞋,戴帽帽,上街街,买糖糖。"对大人就不能说。

在使用同一种民族共同语的社会里,由于性别上的不同,在语言上会或多或少地产生差异。例如,在英国英语中,妇女常常在发 simple 这类有辅音群的同时,在辅音群的中间增加一个喉塞音,把[simpl]发成[sim?pl]。又如早在上个世纪 20 年代,在北京的女孩中出现了所谓的"女国音"。其特征是把舌面辅音 tɕ、tɕʻ、ɕ 的发音部位前移,发成一种近似 ts、tsʻ、s 的音。如把"星期"发成近似[siŋtsʻi]、"学习"发成好似是[syɛ si]。这种"女国音"多是出现在十五岁到三十多岁的有文化的妇女口中。直到上个世纪 80 年代,仍有一部分女学生这样发音。

年龄的不同也可能产生语言变体,儿童、青年、老年的语言各有自己的特点。儿童刚刚学会语言,表达比较复杂的思想还有一定的困难,因此他们的语言较为简单,缺少语体的变化,在很多情况下,只有和他们最亲近的人才能听懂、理解他们的话。青年人最为活跃,思维敏捷,对新生事物最为敏感,接受新事物、新理念最快,敢于创新并使用新词术语。因此,青年的语言变体变化较快,往往代表着语言发展的方向。例如,北京的男青年说话时,轻声音节很多,而且常把舌尖辅音发成卷舌元音,如把"反正"说得像"反二",把"保证"说成好似"保二",语音也比较含混。有些从旧社会过来的老年人,把"邮递员"说成"邮差",把"保姆"说成"老妈儿",因为"邮差"、"老妈儿"是旧社会的称谓。

地域方言和社会方言都是由于社会的分化形成的,但是二者形成的区域、因素、方式是不同的。地域方言是在一个国家或一个社会的不同的地域内形成的,也就是说,地域方言是以地域的分布来划分的;社会方言则是在操一个共同语的地区或地点内形成的,也就是说,社会方言是依社会的不同的人群来划分的。一般说来地域方言之间的差异是很大的,很多方言之间是很难进行交流的,每个社会方言尽管各有各的语言特点,但并不影响人们之间的交流。还应该看到,一个地域方言之内,还会形成社会方言;地域方言可以通过推广民族共同语,使语言走向统一,而社会方言则有可能随着社会的进一步分化，产生更多的社会方言。

四、亲属语言

地域方言由于社会分化的原因，差异进一步扩大，还可能分化为若干亲属语言。也就是说，从同一种语言分化出来的若干种独立的语言，它们之间有同源关系，这些语言就是亲属语言。例如突厥语、蒙古语、满—通古斯语都是来源于原始阿尔泰语，它们同出一源，是亲属语言。语言学家往往把原始阿尔泰语称做"母语"、"祖语"、"原始基础语"，把突厥语、蒙古语、满—通古斯语中的所有语言叫做"子语"。上述三种语言是在不同地区发展变化的，仿佛是同一条河流的支流，而不是同母生出来的姐妹。又如，统一的拉丁语分化出法语、意大利语、西班牙语、葡萄牙语和罗马尼亚语，日耳曼语分化出英语、德语、荷兰语、瑞典语、丹麦语，斯拉夫语分化出俄语、保加利亚语、捷克语、波兰语、塞尔维亚语。这些语言都是亲属语言。而拉丁语、日耳曼语、古斯拉夫语、印度的梵语都来自原始印欧语，它们之间也是亲属语言。

根据语言的亲属关系对语言做出的分类，就是语言的谱系分类。凡是有亲属关系的语言组成一个语系。同一个语系的语言根据它们的亲属关系的亲疏远近，还可以依次划分为语族、语支、语群等。一个语系是一种语言经过长期的、不断分化发展而形成的，即原始基础语（母语）分化成不同的语族，一个语族又经过长时间的变化，又分化成不同的语支或语群。一个语支或语群再分化为不同的语言。由于亲属语言是从同一个原始母语分化发展而来的，所以亲属语言之间在语音、词汇、语法等方面，有着许多共同的特点，特别是有整齐的有规律的语音对应关系。

19世纪的欧洲语言学家经过长时间的刻苦深入的研究，确立了印欧语言的学说,从而大大推动了其他语系的研究。现在,世界语言的谱系分类如下:汉藏语系、印欧语系、乌拉尔语系、高加索语系、阿尔泰语系、达罗毗荼语系、南亚语系、南岛语系、阿非罗—亚细亚语系、尼日尔—科尔多凡语系、尼罗—撒哈拉语系、科伊桑语系。有些语言如日本语、朝鲜语等,至今仍处在研究之中,争论颇多,其系属难以确定。世界上使用人口最多的是汉藏语系和印欧语系。印欧语系是研究得最为充分并得到确认的语系。汉藏语系的研究起步较晚,现在语言学界仍存在较大的分歧,它应分为几个语族,有多少种语言,国内外学者还没有一个一致的意见。阿尔泰语系是诸语系中研究的最早的语系,但由于许多原因,目前仍处在争论之中,近期内很难取得一致的意见。

我国是一个多民族的国家,语言多种多样,分属汉藏、阿尔泰、南亚、南岛和印欧等语系。此外,还有一些语言的系属尚待确认。

思考与练习

1. 为什么说语言是随着社会的分化而分化?请举例说明。
2. 什么是地域方言?如何确定地域方言?
3. 社会方言是怎样形成的?它有什么特点?
4. 简要介绍亲属语言。

第三节　语言的统一

一、语言随着社会的统一而统一

社会的发展有分化也有统一。社会的分化会产生地域方言乃至独立的语言。原来一个分化的社会完全可以实现政治上的统一,这样，原有的地域方言的差异就会妨碍人们在统一的社会范围内进行的正常交际，不利于统一的社会的巩固，因此语言也会适应社会的统一而逐步走向统一。社会的统一是语言统一的前提。

在资本主义社会之前的各个社会阶段，虽然也有语言统一的情况，但是分化是主流。例如在中国的几千年的封建社会里，主要是以个体小农经济为主，政治上可以达到高度的统一，然而经济是分散的，各地区基本上是自给自足，交通不便，城乡之间的联系很松散，虽然有一个汉语和统一的书面语，但是不可能有一个统一的汉语口语。由此看来，要使口语走向统一，起决定作用的因素是经济的力量。社会发展到了资本主义时期，出现了大机器生产，交通发达，商品流通频繁，城乡联系紧密，资本主义统一的市场经济打破了原来各地区隔离的格局，为语言的统一奠定了基础。因此，世界上许多地域方言差别的消失和语言的统一，都与资本主义的发生和发展有密切的关系。许多欧洲资本主义国家，资产阶级要发展资本主义，就必须促进语言的统一，在其兴起的时候都曾有意识地推广过民族共同语。资产阶级革新要实现的任务之一，也是促进地域方言差异的消失乃至语言的统一。

我国几千年的封建社会严重地阻碍了语言的统一。汉语方言统一问题的提出和发展，也是和资产阶级民主革命的发生和发展相联系的。1840 年鸦片战争之后，伴随着资产阶级民主革命，也提出了一个汉语方言统一的问题，"五四"运动前夕的"国语运动"，其目的就是要实现语言的统一。但是，直到 1949 年解放前，我国社会并没有实现政治上的统一，经济仍然落后，小农经济仍占主要地位，加之国民党政府对语言统一问题的漠不关心，社会条件尚不成熟，成效甚微。新中国建立后，党和政府很快组织语言学家研究语言统一的问题，而且确立了以北京语音为标准、北方方言为基础方言的普通话，并采取一系列重大措施,大力推广普通话,促进汉语方言向统一的方向发展。这一顺应社会发展潮流的政策,符合语言随着社会的统一而统一的发展规律。政治上的高度统一,还要以经济的发展为基础,推广普通话缩小地域方言的障碍,也顺应了建立统一市场的需求。我国在实施"改革开放"的政策之后,社会主义市场经济正在形成,普通话通过各种途径广为推广和普及。普通话的普及已经取得了优异的成绩,今后随着经济的进一步快速发展,普通话的普及成效会进一步显现,普通话也将随着时代的发展成为全国人民的共同交际工具,最终实现汉语的统一。

推广普及普通话并不是要消灭和禁止人们讲方言,而是为了逐步消除方言之间的差异。通过发展经济、文化、政治,方言间的隔阂也会逐渐缩小,最终达到语言统一的目的。地域方言是不可能用人为的力量来消灭的,而且地域方言差异的缩小和最终消失,是一个复杂而漫长的过程。例如法兰西语的形成,经过了几个世纪。从 12 世纪开始,法兰西岛成为全国的政治、经济的中心。随着政治、经济的发展,到 16 世纪才奠定了以巴黎为中心的法兰西方言的地位,直到 1789 年资产阶级革命成功后,才形成了在法兰西方言的基础上的统一的法兰西语。同样,汉语的统一,完全消灭方言的差异,需要一个很长的过程。

二、共同语

一个统一的社会的全体成员用一个全社会统一的语言,作为各地区人民的共同交际工具,这种统一的语言就是民族共同语或标准语。一个社会采用什么样的共同语,不是人们的主观认定的,而是取决于某个方言在整个社会中的地位。如果一个方言区是全社会的政治、经济、文化的中心,那么这个方言在全社会内就是最重要、最有影响、最富有代表性,因而这一方言就会成为基础方言。所以,一种语言的共同语是在某一方言的基础上形成的。汉民族的共同语即普通话,是以北方方言为基础逐步形成的。因为北方方言的代表城市是北京,是辽、金、元、明、清历代的都城,一千年来一直是政治中心。所以普通话以北方方言为基础,政治是主要原因。此外,大约一千年来许多重要的文学著作,如宋元话本、元杂剧、元曲、明清的白话小说等,基本上是用北方方言创作的,这些著作在语言、文学上有着巨大的影响。同时,说北方方言的人口在全国也占绝大多数。由元、明时期形成的汉语共同语即所谓清代的"官话",是各方言地区的通用语言,它是以北方方言为基础的。"五四"运动以后的"白话文运动"、"国语运动"等,更加强了北方方言为基础方言的地位。因此,北方方言就成了汉民族的共同语的基础方言。由政治影响而成为共同语的,还有前面提到的巴黎方言。

英语伦敦方言成为英吉利共同语的方言,主要是经济的原因。英国产业革命后,首都伦敦成为工业中心,因此需要大批的劳动力,各地的居民纷纷踏至,这样使伦敦成为一个操各种方言的人杂居的大城市,从而使英吉利民族共同语在伦敦方言的基础上,吸收了其他方言的一些成分,逐渐形成。

由于文化的原因使一种方言成为共同性的基础语,最为典型的是意大利语。意大利在统一之前,著名的文豪但丁、彼德拉克、薄伽丘等人,已经用多斯岗方言创作了许多脍炙人口的文学作品,人们想欣赏这些作品,就必须按多斯岗方言去阅读,就得学习这种方言。因此,这种文化的力量使得多斯岗方言在全国方言中取得了特殊的地位,最终成为共同语的基础方言,同时该方言区的首府佛罗伦萨的语音就成为意大利民族共同语的标准音。

　　毫无疑问,政治、经济、文化的原因均可以使一种方言获得特殊的地位,成为共同语的基础方言。然而,要使这一方言发展壮大进而取代其他方言,实现语言的统一,必须有坚实的经济基础。汉语北方方言成为汉民族共同语的基础方言,历时近千年,时间已经很长了。但是,中国以小农经济为基础的封建社会,缺乏一种强大的统一的经济力量,至今也没有实现语言的统一,今后推广普通话的任务也将是十分艰巨的。与英吉利共同语的形成和发展相比,由于我国没有强劲的经济力量在语言统一中的巨大作用,时间是漫长的。英吉利从产业革命到现在才近三百年。

　　共同语对方言来说是一种高级形式,它为全国服务,各个方言必须服从它,以它为中心,不断给各个方言以巨大的影响。同时,共同语还要不断从各个方言中汲取有益的成分来丰富自己。

　　有的国家语言很复杂,可能不止有一种共同语。例如加拿大有英语和法语两种,比利时有德语和法语两种,瑞士有德语、法语、意大利语、罗曼希语四种。一个国家有两种以上共同语时,往往多以一种语言为主,如加拿大以英语为主,瑞士以德语为主。同时,也有不同国家的共同语也可能相同,如英语是英国、美国、加拿大、新西兰等国的共同语。

　　我国有多种少数民族语言。有的语言只有统一的书面语,而口语尚未统一,如藏语。有些民族语方言的分歧很大,在较短的时间内难以建立起统一的标准语,而要建立几个标准语。如苗语有四种方言,由于差别大,不得不以四种方言为基础建立四种标准语,并创制了湘西苗文、黔东苗文、川黔滇苗文、滇东北苗文,还有一些人沿用滇东北老苗文。总之,各民族的发展状况不同,要建立、扩大、发展共同语,尚有许多困难,还有许多工作要做。

三、书面语

书面语是相对口语而言的。"口语"是口说耳听的语言，"书面语"是人们用文字记录下来的语言。一个民族有了自己的文字，就会用这种文字把口语写下来，成为书面语。例如，汉民族古代的书面语是文言文，梵语是古代印度民族的书面语，书面拉丁语是罗曼民族的书面语。历史上还出现过一个民族向别的民族借用书面语的情况，例如欧洲一些民族在文艺复兴以前曾用拉丁文作为自己的书面语；日本、朝鲜、越南也曾将汉文作为它们的书面语；中国的一些少数民族过去曾用汉文作为它们的书面语，有的至今仍然如此。

书面语是以口语为基础，是口语的加工形式，所以在有书面语的初期，口语和书面语大体上是一致的。文言文是我国古代的书面语，先秦时记录的对话《论语》、《孟子》以及《诗经》等，与当时的口语基本上一致。后来口语发生了变化，而书面语还停留在原来的样子，造成了口语与书面语的严重脱节。为什么会出现这种情况呢？

首先，口语与书面语的发展速度不同，口语容易发生变化，而书面语比较保守，久而久之，就出现了口语和书面语脱节的现象。在录音机、录像机发明之前，人们只能听到同时期人的说话，而听不到早一时期人的讲话。因为口语是通过音波传递的，一发即逝，所以发展较快。书面语就不同，它可以刻写在各种实物上，能长久地流传。人们不仅能看到同时代的书面语，也能看到以前各个时期的书面语，并且还可以通过学习古代书面语，学会和掌握口语中早已消失的词语和句式，也可以用在自己的文章中。古代经典著作的权威性，使人不能改动其中的字句，人们要死记硬背其中的一些内容。而且学习书面语要经过一番艰苦专门的训练，不是社会上人人能掌握的。所以，书面语变得保守，远远跟不上口语的发展，口语和书面语脱节是很自然的。例如古代汉语的文言文,到了唐宋时期就远离了口语。这种脱离了口语的书面语缺乏生气,束缚人的思想。这种局面一直延续到"五四"运动之前。"五四"运动以后,与口语基本一致的新的汉语白话文(书面语),才替代了文言文。藏语的书面语和口语也有较大的距离。说书面语比较保守,并不是说书面语是停滞不前的,它也在不断发展,只是其发展的速度要缓慢得多。例如,宋以来的白话小说的语言,就跟唐宋八大家的文言有所不同。

其次,由于书面语和口语使用的场合不同,因此各有自己的风格和特点。人们在用口语交际时,交际对象就在眼前,说话人可以用手势、面部表情等来帮助表达思想感情,所以往往多使用较短的句子,省略和重复也较多,用词也较为平易,一般多不用书面语中的一些词语和语法手段,有时还用一些填补间隙的插入成分,如汉语的"这个"、"那么"之类。运用书面语交际时,交际对象不在眼前,不能用手势和面部表情来帮助表达,所以很少省略,多用一些口语中不用的词语或语法特点。又由于写作的人有充裕的时间来组织和修改,所以比较严谨,句子较长而且层次分明,逻辑性很强。

书面语和口语是同一种语言的两种不同形式,二者之间有着密切关系。口语是第一性的,是书面语的基础,是书面语发展的动力和源泉,但是,书面语也能反过来影响口语。例如现代汉语中的"君子"、"小人"、"狼狈为奸"、"画蛇添足"等都是从古代书面语中吸收来的,用以丰富自己。同时,书面语对于人类文化的保存和发展有着巨大的意义,书面语把各种有用的记录下来的知识、经验传给后代,发扬光大。相反,用口语传承下来的文化,可能因时因地的不同,容易以讹传讹。我国汉民族方言的差异很大,但是写出来的文章大家都看得懂,就是因为有个汉民族共同的书面语维系着。

四、规范化

规范的书面语在语言的规范化上有着重要的意义。口语和书面语密切相关,书面语是以口语为基础形成的,它又无时无刻不在影响着口语,是引导口语发展方向的一种不可或缺的重要力量。语言是不断发展变化的,语言的语音、语义、词汇、语法,随时随地都可能出现不同于人们习惯用法的变化。这些变化,有的可能来自社会上的某一个人群,也可能出自某个地区,也可能来自某个方言或个人。如何对待这些变化,是个很重要的问题。要推广共同语,减少分歧,增加一致,促使语言向着一个统一的方向发展,就需要一个客观的标准,用这个客观标准来加以选择。这个标准,原则上就是语言发展的自身规律。把符合语言发展规律的新词语、新规则确定下来,加以推广,使之为人们的交际服务;相反,那些不符合语言发展规律的东西,科学地说明其不适合使用的道理,使人们放弃之。在这方面,广播、电视、电影、教育等宣传工具有着重要的作用,是引导人们语言规范化的有力武器。在语音规范方面,我国很早就组织了由专家组成的"审音委员会",负责审定异读字的读音,先后发表了三批异读字的审音,并于 1963 年汇集为《普通话异读词三次审音总表初稿》,80 年代又做了一些修改,使之更趋完善;在词汇方面,出版了规范词典,如《现代汉语词典》;在词汇方面,还制定了正字法,如《简化字总表》;语法方面比较复杂,是语言学界争论最多的一个领域,到现今似乎还没有一个得到公认的规范理念。

按照语言的发展规律去规范语言,也就是说制定规范必须符合语言发展的内部规律,否则就不能保证语言健康、正常的发展。语言本身有一套严密的组织系统,如果人们的主观认识和语言发展的规律相一致,那么所制定的规范化标准就会很有效;如果人们不顾语言学家们所制定的标准,自行其事,就可能说出语言学家认为不规范的东西。但是,这些语言学家认为不规范的东西,一旦被群众所接受,被社会所接受,就将进入语言。因此,规范化的原则还应有一条"约定俗成"的规定。例如汉语的"恢复疲劳"、"打扫卫生"、"好得要死"、"苦得要命"等不合逻辑、不合事理的说法,有的语言学家要求废弃,但广大群众都这么说,才不管你语言学家的要求呢。改革开放二十多年来,涌现了大量的新词术语。如"打的"、"很女人"、"爱你没商量"等,也曾引起一些语言学家的反对,要求废弃。但是,人们都习以为常,大家都这么说,如果非要按某些标准加以废弃,群众是不会买账的。这种现象很值得研究,如果一时弄不清,还是以"约定俗成"为好。

规范语言并不是约束和限制语言的发展,而是为了更好地促进语言的健康发展。语言是发展的,因此所制定的规范化的标准,也应该随着语言的发展不断地加以调整。规范不是一成不变的,语言在不断发展,发展是绝对的,规范是相对的,规范工作不可能一劳永逸,要经常进行。我国普通话审音工作的几次调整,就是很好的证明。世界各国都非常关心语言的规范化,并把规范化的成果写进字典和语法书,通过学校、出版界、各种传媒来推广和引导。例如法国,这样的工作已由专门机构进行了几个世纪。新中国建立后,党和政府对语言规范化的工作非常重视,采取了许多措施来实施汉语言的规范化,成绩卓著。

思考与练习

1. 语言是怎样随着社会的统一而统一的?请举例说明。

2. 什么是共同语?共同语同方言的关系怎样?

3. 书面语同口语有什么不同?请举例说明。

4. 语言的规范化的原则是什么?

参考文献

马学良主编《语言学概论》,华中工学院出版社,1999 年。

徐通锵《基础语言学教程》,北京大学出版社,2002 年。

第八章　语言接触与语言关系

　　语言接触(language contact)是指不同民族、不同社群由于社会生活中的相互接触而引起的语言接触关系,是语言间普遍存在的一种语言关系。我们知道,世界上任何语言都不是孤立存在的,总是与别的语言发生不同程度的接触。特别是多种语言(包括方言)处于同一国家、同一地区内,如我国除了汉语外还有众多的少数民族语言,加拿大使用英语和法语,香港使用粤语、普通话、英语、闽南话、客家话等多种语言和方言,语言接触更为突出,更为复杂。

　　语言接触的结果,必然会出现语言影响,而语言影响必然会导致语言结构和语言功能的变化。语言结构的变化,包括词汇的衍生、转移与重整,语音或语法成分的单向或相互渗透,以及其他语言结构系统的变异。语言功能的变化则包括语言功能的升降、语言兼用、语言专用等。语言接触是导致语言演变的外部因素,是语言学研究的内容之一。本章从语言的影响、兼用、转用、濒危等几个方面探讨语言接触的问题。

第一节　语言影响

一、语言影响的内容

　　语言影响的内容涉及到语言的语音、语法、词汇、语用等。这几方面的内容不是均等的,存在多少、深浅之分。一般看来,词汇的影响比较突出、明显,语音次之,语法、语用不易受到影响。

(一)词汇影响

词汇反映事物的概念,词汇影响的主要表现是词汇借用。不同的语言,词汇丰富程度不一,语义场的分布也存在差异,因而在语言接触中各种语言总会从另一语言中吸取自己所缺少的词语。而一般词汇是语言中最活跃、最易受影响、最易发生借用的成分。如景颇语借用汉语的"电视、电脑、公司、经理、银行、股份"等。但有些语言,由于在社会生活的各个方面与汉族接触频繁,某些概念本语里虽有语词表达,但还吸收汉语借词,形成本语词与借词并用的同义词。如仙仁土家语:

本语词	汉语借词	
$\varepsilon\varepsilon^{33}khe^{54}$	$pa^{35}ts\eta^{54}$	坝子(平坝)
$n\tilde{o}^{33}zu^{33}$	$ku^{33}\varepsilon i^{55}$	骨髓
$tso^{54}z\eta^{33}$	$t\varepsilon h\phi^{55}t\varepsilon hi^{33}$	亲戚
$kha^{33}th\tilde{o}^{33}$	$tsu^{33}ts\eta^{33}$	柱子

本语词与借词并用的同义词,其使用频率及语用环境不会完全相同。上述例子是汉语借词的使用频率大于本语词,汉语借词有逐渐代替本语词的趋势。从语用上看,青少年用汉语借词多,而中老年人用本语词多。同一类词的借词与本语词,在分布上有的呈现出不同的层次。如分布在云南省中缅边界的仙岛语,数词1至10使用固有词,11至29使用傣语借词,30至100傣语词和固有词并用,但以使用傣语词为主。

借词进入另一语言的词汇系统后,时间一长有的就具有了一定的构词能力,能与固有词或词缀构成合成词。这是借词成分与固有成分进一步交融的反映。如汉语的"吨"（源自英语）/"公吨"、"吨位"，"塔"（源自梵语）/"塔吊、塔台、佛塔、宝塔"。又如阿昌语：

稻草　ku²³¹ z̞au³¹　　　　　子弹　kz̞oŋ³¹ ş ə³¹

　　谷（汉）骨头（固）　　　　枪（傣）果（固）

有的借词进入后，还要加固有词注释，形成由不同来源的同义词构成的并列复合词。如白语：

kã⁵⁵ mi³³ 甜　　　　　mi³¹ phio⁵⁵ 面貌

甜（汉）甜（固）　　　　面（汉）面貌（固）

词语借用的多少，不同语言间差异很大。有些语言如朝鲜语、白语、土家语等，吸收汉语借词的数量超过词汇总量的一半以上；而有些语言（如汉语、维吾尔语、景颇语等）则只占词汇的一小部分。

从历时角度上看，一个语言的外来借词往往是不同时期积累起来的，存在着不同的历史层次。语言学家能够根据语音形式的不同特点，把借词的历史层次粗略分为老借词和新借词两类。如毛难语和汉语借词中的老借词，声、韵、调之间的配合关系与本族固有词基本相同，与中古汉语的语音对应较有规律，而新借词则与当地汉语方言的语音接近。

（二）语音影响

语音影响包括音位增加或减少这两个不同方向的内容。最常见的现象是新音位的借用，这是指从另一语言吸收新的音位，包括辅音、元音、声调。借用某个新的音位，必须要有相当数量含有这一音位的借词为基础。如：我国许多少数民族语言都没有［f］音位，有些语言在吸收汉语借词的同时增加了这个音位。如阿昌语从汉语里借入了［f］音位。借用声调虽不容易，但也有借用的。如：哈尼语原有高平、中平、低降三个调，近代从当地汉语方言里借入了一个高升调，使声调总数变为四个。语言影响还包括增加新的音位结合方式。这指从另一语言里吸收自己所没有的音位结合规则。如哈尼语没有复合元音韵母,通过汉语借词新增了 iu、ua、ui 等复合元音韵母。彝语有的方言原无"元音＋鼻辅音"的韵母,后受到汉语的影响新增了这一结合形式。增加新的音位结合方式是语音结构类型的变化。另外还有音位减少的情况。贵州连南、三只羊、宗地的苗语,次清闭塞音声母失去送气成分是壮语、布依语影响的结果,因为这些方言处在壮语、布依语的包围之中。

（三）语法影响

任何语言的语法特点都是比较稳固的,不易受到别的语言影响。但如果语言接触频繁,有些语言的语法也会受到某些影响。分析性语言的语法手段以虚词和语序为主,语法影响主要出现在虚词的借用和语序的变化上。如毛难语语法受到汉语影响发生的变化主要有:吸收汉语的"如果、为了、虽然、但是、比、从、的、就、又"等虚词;增加了修饰成分居于中心词之前的语序;增加了动词的重叠形式。汉语的青海方言,由于受到当地藏语的影响,出现了许多类似藏语而不同于汉语其他西北方言的语法特点。如汉语句子成分的语序,一般是动宾式,宾动式只是一种变例;而青海方言由于受到藏语的影响,宾动式的语序也成为常规而不是变例。如"干坏事的人好吃的果子没有"(干坏事的人没有好果子吃),"队长找走"(找队长去)等。青海方言还大量使用"把字句"以适应宾动结构,而这种"把字句"也有其特点,可以不带处置意味,不带补语,可用于否定和祈使句中。如"你把你坐"(你自己坐吧),"王秘书把介绍信没开"(王秘书没开介绍信)等。①

---

① 参见程祥徽《青海口语语法散论》,载《中国语文》1980 年第 2 期。

语言影响不是生硬地将另一种语言的成分贴到自己的语言系统中去，而是通过自己语言系统的消化、改造，将影响成分与固有成分有机地结合在一起。如：源自英语"巴士"(bus，公共汽车)、"的士"(taxi，出租汽车)的"巴"、"的"进入粤语后已具有较强的构词能力，构成诸如"大巴、中巴、小巴、面的、的哥"等词。

语言接触还导致有意识地模仿另一语言的句子结构，以丰富或改进自己语言的表达方式，这种变化通常表现在书面语上。"五四"运动以后，汉语里欧化句式的出现，使多重定语、状语大量出现在书面语中。

语言接触对语言的影响是重要的，对语言演变会产生或大或小的影响。如果不考虑语言影响的因素，对语言演变的许多事实，特别是对语言接触多的语言，是不可能科学地、准确地认识其演变规律及现状特征的。但是，在具体操作时要注意不能扩大化，即不要把两种语言的相同、相关成分都看成是语言接触的结果。两种语言的相同、相关成分，有来自语言接触的，但也有来自亲缘关系的，还有来自类型学关系的，不能把后两者误认为是语言接触引起的。近年来，随着类型学研究的不断深入，人们发现两种语言相同、相关的成分有许多是语言类型的产物。如汉语有"阿"前缀，许多少数民族语言也有，不会是语言影响的结果，而是语言类型决定的。

二、语言影响的类型

语言影响存在不同的类型。由于语言接触在不同语言中有不同的特点、方式，因而语言影响的类型可以从不同角度做不同的划分。

从影响程度上看，浅则只涉及少量词的借用上，深则能引起语言类型的变化。浅影响只出现在词汇层面上，被影响的语言从影响的语言里吸收了少量的借词，不涉及语法范畴。如汉语就受到突厥语的一些浅层影响,借入了少量借词,如"胡大(伊斯兰教信奉的神)、坎土墁(农具之一)、琥珀、巴扎(集市)、冬不拉(一种乐器)、馕(一种食品)"等。而有的语言,由于受到另一语言的强烈影响,在语言要素的各方面都有所反映,甚至会改变固有系统的基本特点。如:白语受到汉语的影响,词汇系统中有一半以上借用汉语。壮语受到汉语的影响,从汉语引进了一些新语序,如名词修饰名词的固有语序是"中心语+定语"(山+石=石山),但受汉语影响又增加了"定语+中心语"的语序(中国+人民=中国人民)。语言影响程度较深的,有可能引起语言类型的转换。如海南省三亚回族使用的回辉话,原是属于南岛语系的一种语言,语法手段主要是词根加附加成分,属于黏着型,而且没有声调,常用词大多为双音节,但由于迁移至海南岛后,长期受到汉语、壮侗语的影响,发生了类型变化,由粘着型变为分析型,而且出现了声调,常用词也由双音节变为单音节。[1]

　　语言影响最甚者,应是所谓"混合语"了。即指由两种或两种以上的语言由于接触而混合形成的语言。混合语既不是甲语言,也不是乙语言,而是第三种语言。这是语言接触导致语言演变的一种特殊现象。过去常以皮钦语(pigin)和克利奥尔(creole)作为混合语的典型例子。皮钦语是说不同语言的人由于贸易或移民等聚集一起形成的一种语言。这种语言的语法结构、语音系统以及词汇都比较简单,未能成为一个社团的母语。在印度、非洲、美洲等地,都有一些使用以英、法、西班牙、葡萄牙等语言混合而成的皮钦语。皮钦语成为某一社团的母语时称克利奥尔语。在牙买加、海地等地,都有使用克利奥尔语的。过去认为在地中海沿岸使用的萨比尔语(Sabir)是一

---

[1]　参见倪大白《海南岛三亚回族语言的系属》,载《民族语文》1988 年第 2 期。

种混合语。这种语言由法语、西班牙、希腊、意大利、阿拉伯等语言混合而成。英国的吉卜赛人使用的语言也被认为是混合语。这种语言的词汇是吉卜赛语的,而语法是英语的。我国在语言普查中也发现了一些混合语。如:青海省同仁县一部分居民说的五屯话,既不像汉语,也不像藏语,独具特点。五屯话中,汉语借词占 65%,藏语借词占 20%;有些词是汉、藏词混合造成的。五屯话的语法特点,则多同汉语。如宾语在动词前,还有许多形态变化。[①]分布在四川省雅江县的倒话,也被认为是一种藏汉混合语。这种语言的词汇主要来自汉语,在语法上则与藏语接近。[②]新疆和田、洛浦等地自称"艾努人"说的艾努语,词汇中有大量波斯语词,但在语法上则与维吾尔语接近,而且还有部分词与维吾尔语同源。有的学者认为,艾努语原属印欧语系伊朗语族,后受维吾尔语的影响变为混合语。[③]另外,有人认为徽语是一种混合型方言,主要是吴语受官话的影响而成,赣语对徽语也有影响,主要表现在古全浊声母的今读上,而且在语法上也有一定影响。目前,关于"混合语"概念、性质、确定标准等还存在不同的观点,有很多值得讨论的理论问题。

　　从影响的时间上看,可分为长期影响和短期影响。影响时间的长短往往与影响程度的大小成正比。一般情况是,时间长的,影响深刻,进入核心领域;反之亦然。如:分布在湖南保靖县的仙仁土家语,至少在秦汉时期就受到汉语的强烈影响,延续至今汉语借词在词汇系统中占了一半以上,有不少最常用的基本词汇也都借用汉语借词,如"月亮、父亲、母亲、马、猫、秧、高、深、满"等。而且借词与本语词大

---

　　① 中国民族语言学对发展语言学的重要性,载《中央民族学院学报》1983 年第 1 期。

　　② 藏汉混合语"倒话"述略,载《语言研究》2001 年第 3 期。

　　③ 参看赵相如、阿西木《艾努语的数词——兼论艾努语的性质》,载《民族语文》1981年第 2 期。

量并用。在语法上,仙仁土家语也受汉语的强烈影响。如:数量词修饰名词的固有语序是"名＋数＋量"("人一个"),但受汉语影响增加了"数＋量＋名"("一个班")。汉语中许多连接复句的虚词如"既然、不仅、不但、虽然"也进入了土家语。语言影响早的,堆积起来的语言影响物与固有成分交融在一起,不易划清哪些是固有的,哪些是借用的,这成为研究语言关系的一个难题。壮侗语、苗瑶语中存在大量与汉语"貌似"的"关系词",是同源词还是借词很难区分。但长期的语言影响是有历史层次的,若能把不同的历史层次加以区别,就反映出历史上民族关系和民族文化交流的情况,为语言学、民族学、历史学等学科的研究提供有价值的线索。

　　从影响方式上看,可分为口语型和书面型两类。所谓"口语型",是指不同民族、不同社群由于杂居、交融而产生的影响,又称"自然影响型"。如我国少数民族与汉族由于长期居住在我国这样一个多元一体的国家里,其语言相互自然接触,各自从另一语言里吸收自己所需要的成分来丰富自己。汉语中不同方言的自然接触也属于这一类型,如近期粤方言的一些词汇进入汉语其他方言。所谓"书面型",是指通过书面语或文字的传播而进入另一语言,不是直接的口语接触而形成的。汉语受英语的影响属于这一类型。普通话对汉语方言、少数民族语言的影响,有的是通过口语接触进入的,但也有从书面语进入的。巴利语作为小乘佛教的经典语言,从书面语逐渐地影响到傣族的口头语言。由于长期借用宗教经典中的巴利语词,不仅使这些数量不小的巴利语借词从书面语逐渐进入到口头语,而且还使傣语增加了多音节的单纯词和复辅音声母。[①]口语型的语言影响,是人

---

① 参见罗美珍《巴利语对西双版纳傣语文的影响》,载邹嘉彦、游汝杰主编《语言接触论集》,上海教育出版社,2004 年 3 月。

们在实际的言语生活中形成的,带有约定俗成的性质;而书面型的语言影响,往往是先由少数人在书面语中使用,然后再扩大到全民使用,这当中要经过规范的过程。

从吸收能力上看,可分为开放型和保守型两类。开放型是指语言结构系统容易吸收外来成分来丰富自己,如英语吸收外来词语的能力很强,大多使用音译手段。保守型是指语言结构系统对外来成分有一定的排斥力,吸收借词乐于使用意译而不用音译。汉语属于这一类型。19世纪,中日两国都与西方接触,日本对外来词就很开放,吸收了大量音译词。中国只是近几十年来才有大量西方语言的借词进入,而且音译词较少,意译词比日语多得多。汉语曾使用过"英特纳雄耐尔、葛朗玛、德谟克拉西、德律风、引得"等外来音译词,但后来均被意译词"共产主义、语法、民主、电话、索引"所代替。"萨斯"和"非典"曾一度并用,但现在看来,意译词"非典"已占了上风。制约吸收能力的大小,既有语言内部的因素,又有语言外部的因素。但具体确定某一语言是什么制约因素,则不太容易。

从境内外的影响看,可分为境内影响型和境内外影响型两类。境内影响型是指在一个多民族国家里,不同语言之间的相互影响。中国、缅甸、泰国等国均属于此类型。多民族国家的不同民族,往往会有一个民族人口最多、社会发展相对先进,这种主体民族的语言对其他语言的影响无论在影响力度、影响范围上,都处于优势地位。境内外影响型是指境内语言与境外语言的相互影响。这当中有两种情况:一是两种语言相邻一起,属于跨境语言,如我国的蒙古、朝鲜、哈萨克、傣、佤、独龙等语言在境外都有分布,相互间一直存在相互影响的关系。跨境语言的这种关系,不同于境内不同语言的相互影响。还有一种是非跨境语言的相互影响,如汉语与日语、英语等语言的影响关系。

这类影响是社会接触、文化交流引起，大多是通过书面语而实现的。

三、制约语言影响的因素

制约语言影响的因素有语言外部因素和语言内部因素两个方面。

语言外部因素是指不同民族、不同社群间由于社会文化的差异而产生的语言影响。不同民族、不同社群的接触、交流，各自都会从对方语言中吸取自己所缺少的成分来丰富自己。这是社会发展的需要，与时俱进的需要。自秦汉以来，我国就是一个统一的多民族国家，因而在过去漫长的历史发展过程中，我国少数民族语言和汉语之间就已经出现互补的关系。少数民族语言从汉语里不断吸收自己所需要的词汇；而汉语也从少数民族语言里吸收一些词汇来补充自己的不足，如"站、胡同、可汗、喇嘛、哈达、坎墁、馕、巴乌"等词都来自少数民族语言。在少数民族地区，由于汉族人口较少，因而那里的汉语方言容易受到少数民族语言较多的影响。如分布在甘肃、宁夏部分地区的汉语河州话，由于地处少数民族地区，受藏缅语、阿尔泰语的影响较大。新中国建立之后，我国少数民族在政治、经济、文化上都发生了巨大的变化，但在自己使用的语言中却不同程度地缺少反映新思想、新概念的术语，不能不从汉语里吸收大批新词语来补充自己的词汇，如许多语言都借用了汉语的"工业、农业、教育、银行、供销社、医院、科学、技术、发展、改革、现代化"等新词语。

社会因素包括政治、经济、文化、人口、民族关系等。一般说来，两种语言的接触，其中政治、经济、文化较强的民族使用的语言，使用人口较多的语言，具有较强的影响力。也就是说，在语言影响的竞争中，先进者、人口多的容易占优势。民族关系的状况也在一定程度上制约语言影响。民族关系好的时期，语言影响的幅度较大，也比较顺利；反之亦然。

历史上,宗教文化的传播在一定程度上对语言影响发生了不可忽视的作用。如:佛教传入中国后,对汉语的语言结构产生了不少影响,在语词的增加、词义的变化上表现较为突出。自汉代起,特别是随着东汉开始的佛经翻译,汉语中有关佛教的梵语等语言的借词大量增加,如吸收了"佛、阿弥陀佛、菩萨、罗汉、魔、罗刹、阎罗、塔、涅槃、瑜伽、刹那"等词语。佛经翻译对汉语的倒装句、长修饰语等句法结构都有一定的影响。又据文献记载,自喀喇汗王朝10世纪接受伊斯兰教以来,阿拉伯、波斯等语言和文化对突厥民族的语言和文化产生了较大范围的影响,明显地反映在突厥语的书面语上。以数词为例,同一个数词有两种形式:一是除固有的数词外还借用波斯语数词;二是使用突厥语和波斯语的基数词组合的合成数词。

社会因素是变动的,因而随着社会因素的起伏变化,语言影响也会发生变化,甚至会使语言发生转型。如我国的景颇语,在新中国建立之前,主要受邻近的傣语以及境外的缅甸语的影响,受汉语影响较小,但随着新中国的建立,大批汉族干部、教师到景颇族地区工作,以及汉语文教学的普及,景颇语接受汉语的影响变为主流。

语言影响还受语言自身特点的制约,其幅度、方式因语言特点而异。一般说来,特点相近的语言,或相互间有亲属关系的语言,互相吸取对方的成分有其天然的方便。汉语对我国同属于汉藏语系的少数民族语言影响较大,固然与社会因素(分布邻近或杂居)有关,但也与语言结构同属分析型有关。但也要看到,在某种特定的社会因素下,无亲缘关系的语言在语言影响上也会出现较大的影响力。如属于粘着型的朝鲜语与属于分析型的汉语无亲缘关系,但朝鲜语则能大量吸收汉语借词(有的认为朝鲜语中的汉语借词高达50％以上),有许多基本词汇也向汉语借用。朝鲜语吸收汉语借词,主要是通过汉字词实现的。

语言影响有的是通过第三种语言为媒介而形成的。如满语对达斡尔语的影响，除满语成分进入达斡尔语外，还把满语中的汉语成分带给了达斡尔语。[①]

制约语言影响的内外因素中，相对而言，外部的社会、文化因素容易被认识、被发现，而语言的内部因素则难以认识。在语言影响的众多实例中可以看到，有些语言的社会因素相同、相近，但吸收外来成分的能力则有较大差异。在语言内部，究竟是什么因素决定一种语言吸收外来成分的能力，至今仍然是一个谜，有待社会语言学家去探讨。

思考与练习

1. 什么是语言接触？
2. 为什么说词汇借用在语言影响中最为明显？
3. 以某一语言为例，分析其接受外来成分影响的特点。
4. 语言影响主要有哪些类型？
5. 什么是混合语，请举例说明。
6. 制约语言影响的因素是什么？

第二节　语言兼用

一、什么是语言兼用

语言兼用是指一个民族除了使用自己的母语外，还兼用另一民族的语言。语言兼用是语言接触的产物。我们知道，不同语言的功

---

① 参看丁石庆《达斡尔语早期汉语借词的特点》，中央民族大学学报增刊，1990 年。

能是不相等的,当不同民族发生接触后,或一个民族的经济文化有了新的发展,就会感到只使用自己母语不能适应社会的发展、民族的变化,就会在语言接触中兼用另一民族的语言来弥补只懂母语的不足。语言兼用是语言使用的变化,是社会需求在语言使用数量上的反映。对一个民族的发展来说,语言兼用是进步的表现。

语言兼用大多是只兼用一种语言,但也有兼用多种语言的。在实际语言生活中,还有不少人能够兼用几种语言。如在瑞典、荷兰等国,许多人除掌握本国语言外,还会兼用英、法、德等国语言。分布在我国新疆的锡伯族,大部分人除了使用母语——锡伯语外,还能兼用汉、维吾尔、哈萨克等多种语言。

语言兼用自古有之。从古至今,不管是什么民族,或多或少都有语言兼用者。到了近代,由于经济的发展、社会的进步、交通的改善,不同民族、不同地区的人们接触频繁,语言兼用者不断增多,语言兼用已成为不可阻挡的潮流。当今世界,语言兼用是否得到顺利发展,不仅关系到民族教育、经济文化建设能否顺利发展,而且还关系到民族团结、国家安定。有些国家(如加拿大)曾经因语言兼用问题处理不当,引起了政治纠纷和民族矛盾。

语言兼用虽属于语言使用问题,但语言兼用者的语言特点会因语言兼用而有所变化,而且语言兼用的特点、类型及其演变规律,都要受到社会各种因素的制约,因而语言兼用的研究也是社会语言学的任务之一。研究语言兼用问题,不但具有重要的理论意义,而且还有积极的应用价值。特别是在我们这样一个多民族国家里,少数民族兼用汉语是社会发展的需要,关系到民族的进步与繁荣,关系到国家的现代化建设,研究语言兼用具有重大的现实意义。

语言兼用又称双语现象(bilingualism)。但这两个术语在实际使用上,有时会有一些差别。在我国,"双语"这一术语主要使用于少数民族兼用汉语。这一概念在我国出现后,由于它的重要性很快就流通开来,受到人们的关注,并成为语言学研究的一项重要内容。但人们对双语概念的界定并不完全一致。目前,有的把方言区的人学习使用普通话也称为双语,如香港把香港说粤语的人学习普通话(包括中文)也称为双语,并在香港理工大学设立双语学系。有些学者认为不同方言的兼用称为双语不妥,应称之为"双方言",将它与双语并列称之为"双语双方言"。近期,有的地方又把我国学校教育中的外语习得也称为双语。固然,外语习得也是第二语言习得,但与我国少数民族习得汉语有不同之处。外语习得是在学校中进行的,主要是为了提高学生的素质水平,而且兼用后并不在日常生活中使用;而少数民族兼用汉语主要是通过与汉族的广泛接触而获得的(也包括在学校学习汉语文),不仅是提高素质水平的需要,而且是日常生活所不可缺少的。二者在目的性上、方法上都存在一些不同的特点。现在又出现一种"三语"的提法。在我国少数民族地区,由于现代教育的需要,学校的语文教育中除了自己的母语外,还要学习、使用汉语,并进而学习外语。"三语"的提法是否可行,有待进一步通过实践来证实。

可以认为,双语的概念有广义和狭义之分。狭义的指只兼用一种语言,这是语言兼用中比较常见的。至于兼用多种语言的,兼用外国语的,方言区学习普通话的,若也称双语,但这是广义的双语。

二、语言兼用的类型

语言兼用是随着民族接触、语言接触而产生的,即在语言关系中产生,且随着语言关系的发展而发展。它不仅受社会、民族、地区的特点的制约,而且还受性别、年龄、职业等特点的制约。因而,语言兼用的类型可以从不同角度作不同的划分。

从兼用语使用的范围分,大致可分为全民型双语和局部型双语两类。全民型双语是指一个民族的全部或大部都已兼用另一语言。如分布在云南省西双版纳景洪县的基诺族即属这一类型。基诺族有自己的母语——基诺语,整个民族的男女老少都还熟练地使用自己的母语。但近半个世纪以来,由于基诺族普遍接受汉语文教育,加上在经济、文化上与汉族接触频繁,因而普遍兼用汉语,基诺语和汉语在基诺族的家庭、社会活动中交替使用。在基诺族村寨内、家庭内多使用基诺语,而在学校、机关、商店、集市等场合与其他民族交往时则普遍使用汉语。局部双语型是指一个民族只有部分人兼用另一语言。这一类型双语能力的差异,有的出现在同一地区的不同人群中。一般是教育水平高的、出外多的、族际婚姻家庭的多操用双语,如维吾尔族、藏族中的双语人多是如此。有的则在不同地区反映出差异。如我国彝族分布在川、滇、黔、桂四省,四川彝族的双语人与其他三省相比相对较少,特别是聚居在凉山的彝族,许多人只会彝语不会汉语,有些人虽懂一些,但水平不高。云南省怒江傈僳族自治州分布着傈僳、白、怒、普米等 10 个少数民族,各地双语发展很不平衡,总的来看,东部地区兼用汉语的人口比例及熟练程度都高于西部地区。

从程度上看,可分为熟练型和半熟练型两种。半熟练型是指只能简单地对付兼用语的一般日常会话,还不能自如地使用兼用语交际。我国少数民族属于熟练型的双语者中大多是受过中小学汉语文教育的,还有一些是长期与汉族杂居的居民。在实际划分时,二者的界限往往难以界定。另外,兼用语言与兼用文字不同,会兼用另一语言的并不一定也会兼用另一语言的文字。有些学者把只兼用语言不兼用文字的称为双语人,而把既兼用语言又兼用文字的称为双语文人。在语文教育中,区分这个概念有一定的用处。

从兼用什么语言上看,有境内型和境外型之分。境内型是指一国之内一个民族间兼用另一民族的语言。又可分为以下几种:(1)少数民族或者在当地人口较少的族群兼用主体民族的语言。如缅甸境内的泰、克伦、克钦等民族兼用缅甸主体民族语言——缅语;泰国境内的华人兼用泰国主体民族语言——泰语。我国各少数民族都存在兼用汉语的现象,只不过是人口多少不同而已。(2)少数民族兼用另一民族语言。一些少数民族在局部地区内影响较大,其语言也常为邻近民族所兼用。在云南省怒江州,由于傈僳族是全州人口最多、分布最广的一个民族,而且傈僳语内部比较一致,使用广泛,因而杂居在傈僳族中的少数民族兼通傈僳语的比较多,人口约占这些民族总人口的五分之一。西藏的门巴族、珞巴族大多兼通藏语,新疆的哈萨克、蒙古、锡伯、乌孜别克、柯尔克孜等少数民族中有不少人兼用维吾尔语。(3)主体民族兼用少数民族语言。长期生活在少数民族地区的一些汉族,为了交际的需要学会使用少数民族语言。如四川省阿坝藏族自治州理县的汉族,兼用羌语;云南省芒市的部分汉族会傣语。(4)同一民族内部的不同支系相互兼用。如景颇族内的景颇支系与载瓦支系的部分人同时兼用景颇语和载瓦语两种语言。境外型是指兼用另一国家的语言。这当中又分两种:一种是两国边境的居民相互兼用对方的语言。如与我国接壤的越南、缅甸等国的边境居民,不少人能够兼用汉语;我国云南、广西等省的边境居民,有不少人也能兼用相邻国使用的语言。两种类型的语言兼用目的都是为了社会交际,但在文化背景、习得途径上存在一定的差异。

从时间上看,有的时间长,有的时间短。据史籍记载,魏晋以来进入中原的匈奴、氐、巴羌等民族,由于与汉族联系、交流的需要,不少人兼用汉语。我国南方的白族,兼用汉语的现象可根据史籍记载推至汉代。西汉时期,白族的文人就悉知四书五经,这个传统一直延续下来。唐代南诏国每年选送白族贵族子弟数十人到内地读书。从明代起,白族兴科举、办学堂,不少人成为具有较高汉语水平的双语者。但有的民族兼用另一语言的时间较短,如分布在云南中缅边界上的独龙族、怒族,大批人兼用汉语起于上世纪60年代。

语言兼用的类型会发生转换,即由兼用某一种语言转为兼用另一种语言。兼语类型的转换,主要是社会背景的变化决定的,包括民族关系、语言关系等的变化。如菲律宾全国性的语言兼用就出现过多次变化。1380年伊斯兰教传入菲律宾,阿拉伯语成为伊斯兰教学校的教学语言。1565年西班牙统治了菲律宾,西班牙语成为菲律宾的官方语言;1898年美国统治菲律宾后,英语成为官方语言。上世纪50年代以前,我国一些少数民族曾有兼用另一少数民族语言的,如阿昌、德昂、拉祜、哈尼等民族的部分人兼用傣语,但50年代后大都转为兼用汉语。又如,在云南怒江州的怒、白等民族,有许多人曾兼用当地使用人口较多的傈僳语,但自上世纪50年代以后,其中不少人转为兼用汉语。

三、制约语言兼用程度的因素

语言兼用程度包括兼用范围大小、语言兼用能力强弱等。不同的民族、不同的人群,语言兼用程度各不相同。制约语言兼用程度的有个体因素,也有社会因素。

一般说来,语言兼用程度与职业、年龄、性别、环境、人口、民族关系等诸多因素有关。在职业上,一般是知识越高的人兼语能力越强。商业阶层由于经济流通的需要,兼语能力相对较强。在年龄上,一般是中青年的能力较强,因为他们交际活动的机会较多;老年人外出

少,多使用自己的母语。内蒙古自治区莫力达瓦旗的达斡尔族普遍
兼用汉语,但是聚居区的一些老人只会达斡尔语。男女性别的兼语
能力也不同。如在少数民族的牧区和农区,男性的兼语能力一般比
女性强,因为男性的社交活动比女性多。生活在多民族杂居的城镇
的人,不同民族之间交往多,语言兼用能力比单一民族聚居的农村居
民强。

　　语言环境是制约语言兼用程度的一个重要因素。一般说来,杂
居的民族或与别的民族相邻的,学习另一民族语言有其天然的便利,
语言兼用能力均较强,兼用的人数也较多。如:我国蒙古、彝、苗、哈
尼等民族,凡与汉族杂居的,汉语文水平都比较好,均能在较短的时
间内学会汉语文;而在部分聚居区(如四川的凉山地区),汉语文能力
相对弱一些。新疆伊宁市是个居住着维吾尔、汉、回、哈萨克、乌孜别
克、锡伯等 10 多个民族的城市,各民族交错杂居,不少人都能掌握两
三种甚至三五种语言。在塔什库尔干塔吉克自治县内,塔吉克族普
遍使用自己的语言,与其他民族交往时一般都使用维吾尔语,具有小
学毕业以上文化程度的人都掌握维语文,有一些居住地与柯尔克孜
族邻近的也熟悉柯尔克孜语。

　　人口少的民族,大多有较强的语言兼用能力,语言兼用的人口比
例也较大。这是因为人口少,必须与其他民族接触、交流,兼用语言
的意识也就较强。上世纪下半叶,东南亚国家的一些苗族、瑶族移居
美国,没多长时间,年轻人几乎都成了掌握苗语、英语的双语人。因
为他们要在美国生存,不能不学英语,而且在那里与说英语的人生活
在一起,学习语言很方便。

　　民族关系也影响语言兼用程度。民族关系和睦的时期,学习另
一民族语言的积极性较高,兼语的人口比例也较大。新中国建立后,

我国实行民族平等制度,各民族友好相处,相互学习语言蔚然成风,进入了一个蓬勃发展的新时期。新中国建立之前,虽然早已出现相互学习语言,但由于长期处于民族压迫的时代,相互学习语言不能得到顺利发展。我国进入改革开放的新时期,与海外的接触日益增多,社会的变化促进和带动了全国性的外语学习。

思考与练习

1. 什么是语言兼用?
2. 双语的概念应如何界定?
3. 举例说明语言兼用的不同类型。
4. 以一两种语言为例,分析其语言兼用程度及诸制约因素。

第三节　语言转用

一、什么是语言转用

语言转用又称"语言替换"、"语言替代",是指一个民族或一个民族的部分人放弃使用自己的母语而转用另一语言的现象。语言转用也是由语言接触引起的,是语言使用功能的一种变化。不同的语言在相互接触过程中,必然会出现语言功能的互补与竞争,而在语言功能的竞争中若兼用语的功能占了绝对优势,或处于压倒的地位,双语人就有可能逐步放弃自己的母语而转用兼用语。从总体上说,语言转用反映了社会发展对语言使用的新要求,是由社会因素引起的语言功能的变化。这种变化,也是符合语言使用规律的。历史上,世界各地都出现过语言转用的现象。如南北朝的鲜卑族,历史上曾在中国北方建立了北魏政权,强盛过一时,但后来均转用了汉语,连民族成分也融入了汉族。又如满语在历史上曾为满族广泛使用,但到了清代中后期开始走向消亡,满族大都转用了汉语。一般说来,语言转用只能是通过自然融合的途径才能实现。历史上,有的统治者曾企图通过政治力量或行政手段强迫一些弱小民族转用另一语言,但都很难实现。

语言转用涉及到母语和兼用语的关系,母语使用的走向,以及未来语言使用的趋势等重大理论问题。正确处理语言转用中出现的问题,必须从理论上和实践上科学地认识语言转用的现状、历史及其发展趋势。

二、语言转用的类型

语言转用可以从转用范围上分为整体转用和局部转用两种类型。

整体转用型是指一个民族的全部或大部都已转用另一语言。如我国的回族即属这一类型。回族的先民是 7 世纪以后陆续迁移到中国的中亚各族人、波斯人以及阿拉伯人等,曾经分别使用过波斯语、阿拉伯语等不同的语言。他们到中国后,共同组成一个民族共同体——回族。但由于回族分散各地,与汉族杂居一起,逐渐都转用了汉语。现除了海南有三亚市的回族还使用母语回辉话(即占语)并兼用海南汉语外,均已转用了当地汉语。畲族约有 70 余万人,现除了广东惠来等县尚有数千人还使用畲语外,均已转用当地汉语。上述满族的语言转用也属这一类型。属于整体转用型的,有的是语言不存在了,但民族仍然存在,如上面所说的回族。但有的是语言消亡了,民族也被融合了。如西夏人曾于公元 1083 年至 1227 年建立了西夏王朝,不仅有自己的母语——西夏语(属汉藏语系藏缅语族),还有自己的文字——西夏文,留下了相当丰富的历史文献。但随着西夏王朝的覆灭,西夏人逐渐转用了汉语,其民族成分也随之消亡。属于整体转用型的语言,意味着这个语言已经消亡或接近消亡。这是语言使用功能的质变。

局部转用型是指一个民族的局部地区或一部分人转用另一语言。属于这一类型的民族比较普遍。由于社会历史的各种原因,世界上许多民族,都或多或少地会有一部分人转用其他民族的语言。汉语虽然使用人口多,但居住在国外或民族地区的一些人,也为了适应实际需要而转用了当地的语言。如甘肃西南部的洮河流域和白龙江流域的藏族聚居区的藏族女子,在 20 世纪 40 年代有一些与到藏区谋生的汉族青年通婚,其所生子女从小就只讲藏语不讲汉语。19 世纪末清朝军队和新疆各族人民赶走外来侵略势力后,驻南疆疏勒的清军在城外屯田,一些与当地维吾尔族妇女通婚,他们的子孙都转用维吾尔语。像蒙古、维吾尔等人口众多又大片聚居的民族,也因历史上的迁徙等原因,出现少部分人转用别的语言。如分布在云南通海地区的蒙古族,已转用彝语;分布在湖南桃源、常德的维吾尔族也已转用汉语。属于局部型的语言转用,其母语仍然存在,仍有活力。这是语言使用功能在量上的变化。如果转用的人数不断上升,就有可能向整体转用型发展。但许多语言的转用,往往只停留在局部转用阶段,未能转变为整体转用。

三、制约语言转用的社会历史条件

制约语言转用的社会历史条件是多方面的,如一个民族或其部分人群的分布状况、婚姻状况、语言态度和所处社会的语言政策、社会环境等。促使语言转用的条件主要有:

一是分布杂居或散居。一般说来,大块聚居的人群容易保持自己的母语;而分布上一旦处于杂居环境中,或散居在其他民族之中,就容易出现语言转用。满族的语言转用,虽有政治上的原因,但与分布环境的变化有关。顺治元年(1644 年)清军入关,大批满族居民随之进入内地,与汉族杂居一起。满族贵族为便于统治,大力提倡普及汉语文。从康熙初年至雍正初年的半个世纪中,汉语文已在满族人中普及。这期间,满语逐渐走向衰退。满族的语言转用,前后大约只经过了 300 年时间。① 畲族的语言转用,也是因为他们与汉族长期杂居。

二是部分人群脱离了民族的主体。如果一个民族中的部分人群由于社会的原因脱离了民族的主体,而移居在另一个人口较多的民族之中,这部分人就容易出现语言转用。分布在云南自称"卡卓"的蒙古族就是一个例子。距今 700 多年的元朝,忽必烈率 10 万骑兵于 1252 年进攻云南,1381 年明军击溃了忽必烈军队,结束了元朝在云南的统治。元朝灭亡后,这部分蒙古族官兵在云南定居,并与当地主要民族彝族女子通婚。由于人数少,后代又继承彝族母亲的语言,很快就出现了语言转用。

三是族际婚姻。不同民族通婚,容易导致语言转用。如:仡佬族中的大多数人都已转用汉语,其主要原因之一是与汉族通婚。由仡佬族与汉族组成的家庭,一般都使用汉语。

一般说来,人口多、经济文化更为发达的民族使用的语言,在语言转用的竞争中容易成为被转用的对象。其中人口多的因素更为重要。鲜卑、女真、契丹、党项等古代民族,虽然曾在局部地区称雄,统治了当地的汉族,但由于人口少,在语言功能竞争中都失败了,不得不转用汉语。

---

① 参看滕绍箴《明清两代满语满文使用情况考》,载《民族语文》1986 年第 2 期。

思考与练习

1. 怎样认识语言转用?
2. 满族转用汉语说明了什么?
3. 整体转用型与局部转用型有何不同?
4. 制约语言转用的条件主要是什么?
5. 怎样认识现代化、全球化与语言转用的关系?

第四节　语言濒危

随着现代社会经济文化全球化过程的加速,语言的大规模衰退乃至消失已经成为当代世界范围的普遍现象,也成为国际语言学界的热点问题。世界各地的学者在不同地区对不同濒危语言的状态、特征、界定标准、起因以及人们对其的态度等问题进行了探讨。

一、研究濒危语言的意义

语言濒危、语言消亡自古有之。春秋战国时期,史籍中就有我国古代民族"东夷、南蛮、西戎、北狄"的记载,《战国策》中还有"胡与越人,言语不相知,志意不相同"的记载。但后来许多古代民族及其语言在史籍中消失了,或被别的民族所融合。两汉以后,分布在我国北方地区的语言,如西夏、鲜卑、契丹、女真、焉耆、龟兹等语言,后来随着民族的融合,先后都消亡了,只留下一些文献。在国外,已消亡的古代语言有梵语、巴利语、哥特语、高卢语、赫梯语等等。到了近代,由于商业的流通、人口的移动、交通的改善,特别是随着全球经济一体化的到来,传媒、信息的现代化,语言功能的竞争激烈了,语言濒危问题突出了。以加拿大为例,1981 年加拿大还使用大约 50 种本土语言,到了 1996 年除了克里语等七八种语言外,有 41 种语言的使用人数都不及一千人,处于濒危之中。[①] 我国的情况也不例外,也有 10 多种语言使用人口急剧下降。语言濒危,已成为一个全球性的问题。

语言濒危现象的大量出现,引起了语言学家、人文学家的极大关注。据《人类学》杂志《世界语言状况》的估计:世界语言 6760 种中,使用人口在一万人以下的有 3248 种,占总数的 48%;使用人口在 10 万人以下的有 4611 种,占总数的 70%。在 21 世纪,使用人口在 10 万人以下的语言有可能消亡。也就是说,世界语言中的 2/3 将在 21 世纪消失。这虽然只是一种可能的估计,未来的情景并非现在就能看清,但当前大量语言濒危的趋势确实是存在的。为此,世界各国都开始重视濒危语言的研究。1993 年,联合国教科文组织将这一年定为"濒危语言年";1995 年在日本东京召开了濒危语言研究国际学术会议;1996 年联合国在西班牙召开了濒危语言政策国际会议;2001 年中国民族语言学会和《民族语文》杂志社联合召开了"中国濒危语言问题研讨会"。2003 年 3 月,联合国教科文组织在巴黎召开举行"关于濒危语言问题专家会议"。自上世纪 80 年代以来,国际上成立了上百个抢救濒危语言的组织和基金会。濒危语言研究已成为世界各国关注的热点之一。

人们之所以会如此关注濒危语言问题,是因为语言是人类的一个重要特征。有了语言,人类才能组成社会,才能发展、繁荣。不管是哪种语言,是使用人口多的还是使用人口少的,是有文字的或是无文字的,都是人类经过长期积累而形成的,都是人类智慧的结晶。人

---

① 此材料引自徐世璇《濒危语言研究》,中央民族大学出版社,2001 年 11 月。

类的经验要靠语言来巩固，来继承，来发展。一些国家的谚语说明了这个问题："从每一种新学到的语言得到一个新的灵魂"（斯洛伐克），"一个懂得两种语言的人等于两个人"（法国），语言的消亡将大大减少人类对于丰富的自然物质、各种事物、无限的人生体验的全面了解和深刻认识。因而，任何一种语言的消失，都是人类社会的损失，人类文化的损失。再说，语言是民族的特征之一，与民族的感情联系在一起，任何民族都不愿意失去自己的母语，因而语言的消失，不纯粹是个语言有无的问题，而是与民族感情、民族心理联系在一起的。

　　研究濒危语言有其重要的理论价值和应用价值。上面说过，语言发展的走向既有语言的丰富发展又有语言功能的衰退，而过去对前者研究较多，对后者研究较少。如何认识语言功能的衰退、语言走向濒危的规律，能够帮助我们全面地认识语言的本质特征。在当今人类经济进入全球化的新时代，怎样处理不同语言的关系，怎样对待语言濒危，对濒危语言应该有何对策，这些问题的解决都要靠濒危语言的研究。特别是在一个多民族国家里，如何正确对待濒危语言问题，对正确制订国家的语言规划、语文政策，都是必不可少的。目前的情况是，濒危语言问题虽已引起人们的重视，但研究工作还跟不上。对世界语言的现状，特别是对濒危语言的现状，语言学家还认识不清；有关濒危语言的理论问题，研究得很少。加强濒危语言的个案调查和理论研究，是今后濒危语言研究的主要任务。

　　二、濒危语言的界定

　　语言濒危是因为语言功能的缩小，使用的人越来越少，作用越来越小。语言功能缩小到了极限，语言就出现了濒危。但语言功能衰退是一个渐变过程，其表现形式是多种多样的，有不同的类型、不同的阶段和层级。什么样的语言才算是濒危语言？这涉及到对某一语言是不是濒危语言的定性问题。对某一语言是不是濒危语言，不能轻率判定，必须要有一个统一的标准。否则，把不是濒危语言当作濒危语言，或把真正是濒危的语言漏掉，就不能认清濒危语言的本质属性。这在理论上或实践上都是有害的。

中国的濒危语言究竟有多少？说法不一。有的认为有 20 多种，有的认为有 10 多种，甚至还有 80 多种的说法。说法不一的原因，主要是所用的标准不一，此外还与对濒危语言的情况未能掌握好有关。关于界定濒危语言的标准，过去存在多种不同的观点。其中主要有两种：一种主张以语言使用人口的多少作为判断濒危语言的依据。但具体到多少人口才算是濒危语言，意见也还不同。有的认为不超过 1 万人，有的认为在 5 万人以下。还有一种主张是以掌握母语的年龄段为标准，认为 40 岁以下的人若已不掌握或虽懂一点但已不使用的语言是濒危语言。这些看法，虽各自都有一定的根据，但若只用单项标准，则难以准确界定，在落实到具体语言时还会遇到一些困难。如：地处独龙江两岸的独龙族，虽然人口只有 1 万人，但男女老少都会说独龙语，没有一点濒危的迹象。阿昌语的使用人口是 2 万人，现仍为阿昌族大部分人所使用，特别是说陇川方言的阿昌族，大都会自己的语言，很少有转用别的语言的。还有，使用人口在 5000人以下的浪速、波拉、勒期等语言，目前仍稳定地在使用，并不濒危。可见，只依静态的人口标准是难以划清濒危语言的界线的。

应该以量化的多项综合指标体系为依据，来判定一种语言是否是濒危语言。濒危语言现象纷繁复杂，其复杂性在使用人口、使用范围、使用功能等方面都会有所反映，所以如果没有一个量化的、可操作的指标，只依某一单项指标，则难以断定一种语言是不是面临濒危。多项综合指标体系是指与语言功能相关的诸种因素，包括语言的使用人口、使用功能、使用范围、使用频率等。这当中,使用人口、使用功能是最重要的。使用人口少,固然是许多濒危语言的一个重要特征,但正如上面所说的,使用人口少的语言,不一定非是濒危语言不可。语言使用功能急剧下降、使用范围骤然缩小的语言,当它已退缩成为少数人使用的交际工具时,可以认为它已面临濒危。总之,界定濒危语言不能只依据静态的事实理据,还应看语言功能的动态演变。动态是事物演变的趋势和走向,是依事物的内在特点在演变的,所以往往更能反映事物的本质属性。

综合指标体系可分为核心指标和参考指标两类。核心指标是起主要作用的。主要有三:一是丧失母语人口的数量比例。如果这个民族80%以上的人都已转用第二语言,并有增长趋势,其母语有可能是濒危语言。二是母语使用者年龄段的分布比例。如果这个语言只有中老年人懂得,青少年一代已失传,这种断代特征表明它已具有濒危的先兆。三是母语能力的大小。母语能力的衰退在听和说上有差异,一般是说的能力比听的能力衰退快。如果对母语只有听的能力而没有说的能力,或说的能力很低,说明这个语言的功能已严重衰退,正在走向濒危。参考指标是起补充、印证作用的,包括母语的使用范围、对母语的语言态度,以及与语言使用有关的社会、经济、文化等情况。综合指标体系具有普遍性和适应性,运用到具体语言时在指标的选择或对号上会有不同。根据以上设置的多项综合指标来衡量,我国的土家、畲、赫哲、仡佬、满等语言应界定为濒危语言,但准确的数量目前尚难确定。总的看来,对中国濒危语言的状况或事实,目前我们还认识不很清楚,有待今后不断深入探讨。

三、制约语言濒危的因素

语言是人类的交际工具,与人、与社会的关系极为密切。随着濒危语言研究的逐步深入,人们对濒危语言的复杂性不断有了新的认识。我们看到,造成语言濒危的因素是多方面的,既有语言外部的因素,如使用人口少、分布杂居、族群分化、民族融合、社会转型等,又有语言本身的因素,如语言表达和语言功能不能适应社会需要、没有书面文字等。此外还有语言态度方面的,如本族对自己的母语言消亡的态度。往往不是由一个孤立的原因造成的,而是多种因素相互作用的结果。而且在诸多因素中,必然存在主次之分,其中会有一个是最重要的,起主导的作用。不同民族、不同濒危语言,由于社会历史各不相同,语言特点又有所差异,因而造成语言濒危的因素也不会相同,要实事求是地作具体而综合的分析。

以赫哲语为例:赫哲族是分布在我国东北地区、人口最少的一个少数民族,只有 4245 人(1990)。自 20 世纪 30 年代特别是 50 年代以来,由于受到诸多社会文化因素的制约,赫哲语使用人口大幅度下降,社会交际功能不断弱化,到目前已进入濒危状态。据 2002 年 10 月的统计材料,赫哲族主要聚居区的街津口乡,会赫哲语的人仅占 2.14%,绝大部分都已转用了汉语。制约赫哲语濒危的因素有:人口少,居住分散;渔猎经济,流动性大;族际婚姻比例大;近代汉语文教育全面实施等。但在这些因素中,人口少是导致赫哲语濒危的最主要因素,其他因素多由此而发。由于人口少,不能不实行族际婚姻,大量的家庭成为不同民族混合的家庭,使保存母语的温厚土壤发生质变;由于人口少,没有可能产生本族文字,只能实施汉语文教育。

再以仙岛语为例:仙岛人是分布在云南省盈江县中缅边界的一个人群,使用属于藏缅语族的仙岛语。他们原先与阿昌族是一个族群,后来在迁移过程中分离了,成为一个独立的群体居住在偏僻的深山老林里。本来人口就不多,后来又发生传染病(天花),人口数量不断下降。据 2002 年 12 月统计,仙岛人只有 76 人,分布在芒俄寨和芒缅村两地。据老年人回忆,50 年代以前仙岛人的人口比现在多,还坚持使用自己的母语,没有出现语言转用,但兼语现象已经出现。但 50 年代以后随着对外交流的扩大,语言兼用、语言转用的现象不断增多。目前,居住在芒俄寨的大部分人已失去母语,转用了汉语;而居住在芒缅村的仙岛人,虽还普遍使用仙岛语,但已普遍兼用景颇语、汉语,大多是双语人,青少年中有的已转用景颇语。总的看来,仙岛语已处于濒危状态,有被汉语、景颇语取代的趋势。导致仙岛语濒危的因素有:族群分化,人口少,社会发展滞后,社会转型,语言接触等。但其中最重要的是族群分化,它使得仙岛语只在人数过少的人群中使用,语言使用功能必然下降,语言的丰富发展也受到限制。这是制约仙岛语濒危的主要因素。

又以土家语为例:土家语分布在我国的湖南、湖北、四川诸省,人口 5,704,223 人。土家语也面临濒危,目前会土家语的还不到总人口的 3%。即便是保留土家语较好的地区,如保靖县仙仁乡,不会土家语的人也已占一半以上。还有 15% 的人虽会一些,但不大使用,只有 30% 的人还用土家语,但这些人均是兼通汉语的双语人。致使土家语濒危的因素有:长期受到汉族的影响,全面接受汉语、汉文化教育;在分布上与汉族形成"大杂居、小聚居"的分布局面,长期处于周围汉区对土家地区的包围之中;改土归流后的社会经济转型;民族意识不强,母语观念淡薄等。这些因素导致了土家族语言选择的改变。但在上述因素中,最主要的是长期受到汉族的影响并接受汉语、汉文化教育。

满语也已接近消亡。满族 900 多万人口中,大部分都已转用汉语,只有居住在黑龙江省爱辉县和富裕县的少数满族还不同程度地会说满语。满语走向消亡,虽有其政治、经济、文化等多种原因,但起主要作用的应该是民族的分布变化和所持语言态度。顺治元年(1646年)清军入关,大批满人进入内地,分散在汉族的居住地,与汉族生活在一起。满族从过去的相对聚居变为后来的杂居。加上满族贵族顺应历史潮流,大力提倡学习汉语文,因而在文化、语言上受到汉族的强烈影响,使满族转用了汉语。满语的衰亡,大约经历了三百年之久。

研究制约语言濒危的因素,必须在广泛、仔细地分析各个濒危语言已经产生的各种现象,并经过科学对比,提取其中起主要作用的因素。而且,还要进一步分析主要因素与次要因素的相互制约关系。

四、濒危语言的语言结构特点

语言濒危的研究一般从两个方面进行:一是研究制约语言濒危的外来因素,如分析社会历史、经济形态、科学文化、民族关系等方面对语言濒危走向的制约。二是研究濒危语言在使用功能以及自身结构变化的特点。濒危语言使用功能的研究,主要是分析具体语言在不同场合、不同年龄、不同辈分等方面产生的差异,并从差异的综合研究中获取总体估量的信息,并从中窥见濒危语言的特点及其演变趋势。一种语言进入濒危状态,其自身结构的特点会发生变化,但究竟发生了什么变化,变化大小如何,不同的语言或同一语言不同阶段的情况往往不同。这也是濒危语言研究的一方面内容。回顾以往对濒危语言的研究,我们看到研究者对制约语言濒危的外来因素以及使用功能方面的研究比较多,而对后者的研究较少。因而怎样从语言结构特点上认识濒危语言的特点,目前还未能进行系统的归纳。这里根据现有的田野调查语料,介绍一下仙仁土家语(以下称仙仁话)处于濒危过程中在语言结构上的一些变化。

仙仁话的濒危，在语言结构上的变化是受汉语大量而深刻的影响。在词汇上反映最强烈、最突出。随着双语的普及，汉语借词已大批进入土家语，而且有不少已进入到词汇系统的核心领域。如下列一些核心词，与土家语有亲属关系的非濒危语言都牢固地使用本语词，而仙仁话则转用了汉语借词。例如：zɛ̃³³ liã³⁵ 月亮，tɕhi³⁵ 气，khu⁵⁵ tã³³ 胆，tie⁵⁵ tie³³ 父亲，ɔ⁵⁵ ti⁵⁵ 弟弟，ma⁵⁴ 马，ŋa³³ tsɿ³³ 芽，miɛ̃³³ xua³³ 棉花，khɯɯ³³ 裤子，kɔ³³ 高，lu³³ lu³³ 绿，tu³⁵ 渡（河），zu³⁵ 又，等。从词类分布上看，汉语借词已渗入到词汇系统的各个词类，包括各类实词和虚词。在我们记录的 2644 个仙仁话词汇中，有 1404 个是汉语借词，占词汇总数的 53.1%。而且，汉语借词在今后还有大量增长的趋势。

在一些义类中，借词的比例非常高，如：宗教意识类占 89.2%，文化娱乐类占 88.1%，用品工具类占 72.6%。在实词中，除了名词大量吸收汉语借词外，数词受汉语影响也很大。仙仁乡土家人数数时，用本语词大多只能数到"六"，只有少数年纪大的人会用本语词从"七"数到"十"。大多数人都已改用汉语借词。至于"十"以上的数，土家语全都借用汉语来表示。在数量结构中，当量词使用汉语借词时，数词大多也用汉语借词。除实词外，仙仁话还从汉语里借用了不少虚词，包括连词、副词、助词等。

借词和本语词并用是一个突出的特征。仙仁话的借词和本语词并用的很多，而且大部分借词已处于优势地位。其中有不少是基本词汇。如"老师"一词，60 岁以上的人曾用过本语词 pho⁵⁵ kha⁵⁵ tsha³³，现这个词已不怎么用了，用借词 ɕɛ̃⁵⁵ sɛ̃³³ "先生"，而且借词"先生"已占优势地位。

由于从汉语吸收借词来丰富自己已成为大势，说这种语言的人已习惯于采用这种简便的产生新词的手段，因而使用本语词构造新词的能力受到抑制。如"皮衣"一词，不用 tha³⁵ pha⁵⁵ "皮"加 ɕi⁵⁴ pa³³ "衣"构成，而用汉语借词 phi³³ kua³³ tsʅ⁵⁵ "皮褂子"。仙仁话本语词有 tsho⁵⁵ mi⁵⁵ "门"，也有 tɕhi⁵⁴ pa³³ "大"，但"大门"一词则不用本语词构成，而是直接借用汉语的 ta³³ mɛ̃³³ "大门"。他们认为这样说更为顺口、简练。"借词+本语词注"原是土家语的一个重要构词手段，目前这种构词手段在仙仁话里有逐步减少的趋势，人们已习惯于使用单纯借词来表达新概念。这也是本语造词能力衰退的一种反映。

　　从仙仁话借用汉语借词的特点中，我们看到濒危语言受转用语的影响不同于非濒危语言。吸收借词是语言接触的普遍现象，也是语言词汇丰富发展的一个普遍使用的手段，但就多数语言来说，借用的词大多是本族语言中所缺少的词，吸收借词是为了补充自己词汇的不足。但如果本族语言词汇库中本来就有的词放着不用，而还要借用，这就不是为了补充词汇而借用，而是为了与转用语接近而采取的手段，是语言交融的需要。这样做是为了调整语言适应社会的需要，也是语言固有成分功能衰退的一种表现。濒危语言由于再生能力的减弱，只能大量向转用语借用词汇。

　　仙仁话的语音系统也受到汉语的强烈影响，波及到声母、韵母、声调几个方面。在声母上，仙仁话在塞音、塞擦音声母上出现大量送气与不送气的两读现象。由于阳平字的送气声母在保靖话里读为不送气，因而这类借词大多也随之读为不送气，并略带浊化。如：diɛ̃⁵⁵ "田"、dzɛ̃⁵⁵ "钱"。60 岁以下的仙仁人由于普遍进过学校，接触过普通话或西南官话，因而在读这类汉语借词时也会使用送气音，形成送气与不送气两读现象。例如：pʅ³³ ～ phʅ³³ "平"；tɕɔ³³ ～ tɕhɔ³³ "桥"。在韵母上，仙仁话的鼻化元音是受汉语影响而出现的新韵母。如：

ɕã³³"闲"，xuã³⁵ɕø⁵⁵"放心"。在声调上，仙仁话有四个调，其中的 55 调大多出现在汉语借词和变调上。如：ʦuã⁵⁵"砖"。

在语法上，仙仁话也受到汉语的深刻影响。仙仁话本没有判断动词"是"，但受汉语判断句的强烈影响，借用了判断动词 sʅ³⁵"是"，且使用出现频率很高。sʅ³⁵"是"用在宾语之前，这与土家语的"宾语＋谓语"语序正好相反。如：ŋa³³（我）sʅ³⁵（是）ɕio³³ ʦã³³（校长）"我是校长"。仙仁土家语的数量词限制名词时位于名词之后，语序为"名＋数＋量"。因受汉语的影响，当数量词也借用汉语时，数量词可以在名词之前，产生"数＋量＋名"的新语序，与原有的语序形成对立。土家语的支配结构短语是"宾语＋谓语"语序，但借词连用的支配结构已开始向"谓语＋宾语"型松动。如：ʦɤ⁵⁵ ʦa³³（增加）lia⁵⁴ xuɛ³⁵（两份）"增加两份"。特别是汉语中结合较紧的支配关系词组，借入土家语后，大多遵从"谓语＋宾语"语序的规则，而不用"宾语＋谓语"语序。例如：ʦʰã³⁵ ko³³"唱歌"，tʰio³⁵ wu³³"跳舞"。但也有少数保持"宾语＋谓语"语序的。这时两种语序均可。如："开会"，既说 xue³⁵ kʰe³³，又说 kʰe³³ xue³⁵。复合句的连词，大多使用汉语借词。例如：ʨi³⁵ zã³³"既然"、pu³³ ʨo⁵⁴"不仅"等。汉语的"就、又、再、还、也、都、很、正在"等副词，仙仁土家语大都借用，而且使用频率很高。这在一定程度上推进了土家语与汉语的相近度。

总的看来，仙仁话的濒危趋势在语言结构上反映出的特征主要有以下几点：固有成分的再生能力大幅度下降，语言的丰富发展主要是从转用语那里借用新的成分；语言结构的变化包括语音、语法、词汇等方面，其中以词汇的变化为最突出；转用语成分进入后，有的取代了固有成分，而有的则与固有成分并存，相互竞争。二者在竞争中，往往是转用语成分逐渐占了优势。转用语成分进入后，破坏了仙仁话由固有成分组成的结构上的同一性和系统性,形成了新的"和谐"。这种"和谐",是仙仁话母语向转用语趋同的表现。

五、怎样对待濒危语言

濒危语言既是语言使用、语言演变过程中出现的一种常见的现象,那么对它应采取一种什么对策呢?

在我国,主要有三种态度:一是"抢救"的态度。认为语言是民族的重要特征之一,包含着丰富的文化内容,失去语言就等于失去民族的文化,因而应该采取必要的措施进行抢救。二是"无可奈何、顺其自然"的态度。认为语言虽是民族的重要特征,但由于社会历史的原因,出现语言功能衰退是客观规律,不可阻挡,只能顺其自然。三是"延缓语言使用并抢救记录"的态度。认为一些语言的功能衰退是不可避免的,但应尽可能采取必要的措施延缓其使用的时间,不能随之任之,而且还应使用现代化手段记录保存语言资料,以免在我们这一代丧失这份宝贵的文化遗产。但对不同的濒危语言,由于濒危程度的不同,社会、历史条件的不同,人们的态度往往会存在差异。

仙仁乡土家族不同地区对土家语的濒危和消亡持有不同的态度。在土家语保留区和局部保留区,人们对土家语的濒危有三种不同的态度:一种是"非常惋惜,但也无可奈何"。持这种态度的人一般在 40 岁以上,大多是土、汉双语人。他们对自己的母语怀有特殊的感情,但又觉得土家语的用处没有汉语大,可能会失传,对孩子们放弃土家语而选择汉语从不加干涉。第二种是"无所谓"。持这种态度的多是年轻人,他们有的是土、汉双语人,有的是汉语单语人。他们认为,土家语没有用了,所以消亡是必然的事,没有必要保留土家语。第三种是"抢救和保护"的观点。持这种观点的人数不多,多是土家族的知识分子。他们出于对民族以及民族语言的感情,认为应该保护、保存土家语。在残存区,只有少数人会说土家语,但在交际中无论家庭内外均用汉语。这一地区的人普遍认为,土家语的失传是大势所趋无可挽回。

仙岛人对本族语言虽有着天然的、浓厚的感情,但普遍意识到使用仙岛语的人太少,在目前社会开放的条件下,完全有可能被使用更普遍的语言所代替。这种开放型的语言观念在仙岛人中占主流,特别是芒俄寨的居民更为突出。他们学习汉语非常积极,对子女转用汉语毫不干涉。芒缅村的老年人虽对仙岛语的前途存在忧虑,但对后代兼用汉语或景颇语则抱宽容态度,不加制止。特别是男性和青少年,对使用什么语言都以实际需要为准,不担忧母语是否消亡。

赫哲族对本民族的语言非常热爱,也为赫哲语面临消亡而惋惜。一些赫哲族学者和知识分子呼吁对赫哲语进行及时全面的保护抢救。如有的学者多年来致力于赫哲语的研究,编写了《简明赫哲语汉语对照读本》,并多次建议在街津口中心学校开设赫哲语课程。但大部分赫哲族学者和知识分子对赫哲语的消亡表示惋惜和无可奈何。他们认为赫哲语是赫哲族传统文化的载体,是赫哲民族特征的体现,应该运用各种现代化手段把赫哲语记录并保留下来。但他们同时又认为赫哲语的消亡是自然现象,十分愿意转用汉语。有的说:"赫哲语没有文字,又有方言问题,很难在学校开设赫哲语课。赫哲语没有语言环境,失传很可惜,但没有办法,因为历史车轮在向前走"。其他各行各业的成年赫哲人虽对赫哲语有一定的民族感情,但大多也认为赫哲语使用人口少,使用范围有限,且没有相应的文字,无法应用于现代社会生活领域,对升学、就业乃至与人交往都没有什么用处。他们认为汉语是日常交往、升学就业的主要语言工具,必须要学好。而更年轻一些的赫哲人在情感上对赫哲语消亡现象已没有明确的反应。对于他们来说,汉语已经成为母语,赫哲语早已退出了他们的生活。总的看来,街津口赫哲人的语言态度是开放的,他们能够理解并接受赫哲语濒危的现实,同时还认为学习使用汉语非常重要,是一种进步的表现,是对赫哲族的长远发展有利的。

我国在实现现代化的进程中,应当怎样保护、保存弱势语言或人口少的语言,是一个在理论上难以说清、在实践上难以处理好的问题,值得我们不断去探讨。在我国,如何对一些弱势语言采取保护行动已提上日程。语言是文化的载体,也是文化得以传播的主要工具,保存一种语言,对保存民族文化有很大好处。对一个民族来说,语言的消失是一种巨大的损失;对人类来说,语言的消失是对人类文化多样性、语言多样性的破坏。但弱势民族在全球一体化的进程中,面临着摆脱贫困、落后的任务,需要使用更有利于他们自身发展的语言文字。一种语言能否得以保存,关键在于它自身是否适应社会需要。语言对一个民族来说具有双重价值:一种是实用价值,即语言自身蕴含的可以实际应用的价值;一种是情感价值,即本民族人对语言所倾注的丰富的民族感情。在实用价值和情感价值发生冲突时,多数人往往选择了语言的实用价值,放弃了情感价值(也有少数人坚持情感价值)。语言是交际工具,其重要性在于时时刻刻为人们所使用。语言是文化的一部分,但并不与文化等同,语言的丧失不等于文化的消亡。所以,语言学家在抢救濒危语言的问题上常常处于“两难”的境地。目前语言学家能做到的,主要是尽快地记录、保存面临濒危的语言。

思考与练习

1. 濒危语言为何能成为国际语言学研究的热点问题?

2. 怎样界定一个语言是否面临濒危？

3. 怎样分析濒危语言的语言结构变化的特点？

4. 你认为应当怎样对待濒危语言？

5. 汉语方言有无濒危现象，请举例说明。

参考文献

戴庆厦、田静《濒危语言的语言状态——仙仁土家语个案研究之一》，载《语言科学》2002 年总第 1 期。

戴庆厦、田静《濒危语言的语言活力——仙仁土家语个案研究之二》，载《思想战线》2003 年第 5 期。

戴庆厦、邓佑玲《濒危语言研究中定性定位问题的初步思考》，载《中央民族大学学报》2001 年第 3 期。

戴庆厦、王朝晖《仙岛语的语源及其濒危趋势》，载《民族语文》2003 年第 3 期。

戴庆厦《社会语言学教程》，中央民族大学出版社，1996 年 6 月（第 2 版）。

戴庆厦主编《汉语与少数民族语言关系概论》，中央民族大学出版社，1992 年 12 月。

孙宏开《关于濒危语言问题》，载《语言教学与研究》2001 年第 1 期。

徐世璇《濒危语言研究》，中央民族大学出版社，2001 年 11 月。

陈保亚《论语言接触与语言联盟——汉越（侗台）语源关系的解释》，语文出版社，1996 年。

何俊芳《中国少数民族双语研究历史与现实》，中央民族大学出版社，1999 年。

史有为《异文化的使者——外来词》，吉林教育出版社，1991 年 4
月。

袁焱《语言接触与语言演变》，民族出版社，2001 年 5 月。

Appel，R. and Maysken，P. ：Language Contact and Bilingual-
ism，London，1997.

第九章　文字

第一节　文字和文字学

一、文字的性质

文字是记录语言的书写符号系统,是使语言取得书面形式的体现者,是人类最重要的辅助与扩大语言的交际功能的工具。正是文字的这种基本功能,决定了文字本身的性质。首先,文字是记录语言的符号,无论哪种文字,都是以不同的形体去记录语言中的各个成分,即记录它的发音和意义,因而任何文字都具有字形、字音和字义三个部分。

字形是文字所特有要素,是文字符号和语言符号的质的区别,也是文字不同于录音机、扩音机、电话等交际工具的特点。文字是以书写性、线条式的字形记录语言,使语言书面化,是供人们"看"的;而录音机等工具,是直接或间接使语言再现,但仍和语言一样,需要人们用耳去"听"。

文字是用"形"通过"音"来表达"义"的。无论采用什么样的"形",每一个字都必须能读出"音"来,这样才能用文字去记录语言。表音文字是字、词一致,一词一字,字由词而得义,每个字都有意义。表意文字的绝大多数的字有意义,没有意义的字是少数。如汉字的"琉"、"璃"、"匍"、"匐"等没有字义,但当它们组合成词"琉璃"、"匍匐"时就有意义了。

文字是记录语言的,语言要求文字正确无误地记录它。一方面无论哪一种文字都必须适应它所记录的语言的结构和特点,另一方面语言的特点则制约着文字的特点。但是,文字和语言毕竟不是一回事,用什么样的文字记录语言,其间没有必然的联系。汉字能够从古至今长期使用方块字,这与汉语自身的特点有一定关系。古汉语的词语多是单音节,没有形态变化,缺乏词缀等附加语素,汉语的这些特点有利于保持一词一形的书写体系。而英语所以采用拉丁字母来拼写词语,是因为它的词语多是多音节的,而且有形态变化,有丰富的词缀和词尾变化。然而这也不是绝对的,不同的语言可以采用相同的文字形式,如英、法、德等语言都采用拉丁字母;甚至不同语系的语言也可采用相同的文字形式,如汉语、日语都用方块汉字。同一种语言也可以采用不同的文字形式,如原南斯拉夫的塞尔维亚文有拉丁字母和斯拉夫字母两种拼写法,朝、越等国家原来采用汉字,后经改革实现了拼音化。无论文字的形体如何变化,文字记录语言的书写符号系统的性质,是不会改变的。

此外,用来记录语言的文字和语言一样,都是没有阶级性的,它是为社会全体成员服务的。文字是人类社会的交际工具,不是哪一个阶级、阶层的专利品。

二、文字的作用

自从有了人类就有了语言。语言是人类最重要的交际工具,没有语言就没有人类社会。但是,语言也有其局限性,因为声音一发即逝,人们说话要受到时间和空间的局限,口、耳相传所及的范围也是有限的。人们为克服这些局限性,经过长期的摸索,发明了文字,使语言除了说和听的形式外又增加了一种写和看的形式。文字的发明克服了语言交际在时间和空间上的局限,对人类文化的发展有巨大的推动作用。有了文字,从此可使语言"传于异地,留于异时"。文字还是积累、传承文化的有力工具。一个民族有了文字,就可以把经验大量系统地留传下来,使后代有可能充分利用前人的经验,并在此基础上继续前进。如果人类仅有语言,仅凭口耳相传,没有文字,就没有发达的科学文化,就不可能进入高度发展的社会。

文字不只是被动地记录语言,还能积极地影响语言,促进语言的丰富和发展,促使语言更加条理,思维更加缜密。当人们把口头语言写成文章时,要经过仔细推敲,认真加工润色,这就形成了书面语言。书面语具有言简意赅、精确优美等特点。书面语往往是在一个方言的基础上发展起来的,它还可以广泛吸收方言、外来语、古语等成分来充实自己,使语言具有更丰富的表现力,从而大大推动语言的发展。

在一种语言具有多种方言的社会中,由于口头语言差异大,相互间很难进行交际。但是由于有超方言文字形成的书面语言,而使书面交流成为可能。如汉语有七大方言,方言之间的差异非常之大,但是各个方言区的人们都可以看懂用汉字写的书面语,这就大大增强了语言的社会作用,扩充了语言的交际领域。

文字还是文化传播的有力工具,对民族间的文化交流也具有重要作用。有了文字后,民族间的文化交流进入了一个新的时代。

三、文字学

文字学是语言学的一个分支,其任务是揭示文字符号的性质、功能、要素、类型、起源、发展演变规律和语言的关系等。文字学可以分为具体文字学和普通文字学。对某一种文字符号的体系、形体结构等具体形态、特点、发展演变规律、文字改革,以及正字法或书写法的研究,称为具体文字学。以具体文字学的研究成果为基础,以人类的所有文字体系为研究对象,揭示人类文字的性质、功能、起源和语言的关系等各个方面的普遍性的规律的学科,称为普通文字学。

另外,根据研究目的、方法的不同,具体文字学还可以分为比较文字学、描写文字学、历史文字学等。对某一具体文字在一定历史阶段的状态进行静态的描述,是描写文字学的任务。对几种文字体系进行横向比较研究,并揭示各自的特点和共同的规律,是比较文字学的目标。而历史文字学则是从历史的角度,以揭示具体文字的发展变化的原因、方式和趋向为目的。此外,字典学、字源学、文字形体学、文字改革史等,也都是文字学的分支学科。

我国的文字学源远流长,成就显著,这主要表现在汉字学方面。战国末年出现的汉字造字"六书说",是汉字学的开端。东汉许慎进一步阐发了"六书说",编撰了《说文解字》一书,对九千多个汉字的形、音、义进行分析、注释,是中国文字学史上的一部划时代的重要著作。清代是我国文字学发展的鼎盛时期,段玉裁的《说文解字注》、桂馥的《说文义证》、王筠的《说文释例》、朱骏声的《说文通训定声》等,都是在《说文解字》的基础上,对汉字研究成果的发扬光大。"五四"以来,中国古文字的研究,如对甲骨文、金文的研究,对中国少数民族古文字的研究等,都取得了重大成就,这对普通文字学、有关人类文字起源的研究,都具有重要意义。其他如汉字的各种书体的研究、某一历史时期汉字状貌的研究、简体字源的研究、汉字改革的研究等等,都取得一定的进展。世界上的其他国家,文字研究主要是埃及圣书字、苏末人的楔形字、古马雅文字、字母史、正字法、书写艺术等的研究。汉字是世界上古老的文字之一,其代表了表意文字的发展过程、内容、方式和途径,汉字学的研究成果,大大丰富了普通文字学的内容。

思考与练习

1. 什么是文字?
2. 谈谈文字发明对人类的意义。
3. 谈谈文字学的分类。

第二节 文字和语言

一、文字不同于语言

文字和语言的关系十分密切,离开了语言也就无所谓文字。文字是书写语言的工具,语言需要文字,文字离不开语言。但二者不是一回事。文字是在语言的基础上产生的,语言是第一性的,文字是第二性的。

语言和人类已有上百万年的历史,而最早的文字也不过只有几千年的历史。可见人类社会不能没有语言,但可以没有文字。文字对社会的发展有重大意义,却不是社会产生、存在和发展的必需条件。世界上有语言而没有文字的民族占绝大多数。

口语同书面语存在差异,有时还可能出现书面语脱离口语的现象。之所以如此,是因为口语以语音为物质外壳,是让人用耳"听"的;而书面语则是以字形为媒介,是让人用眼"看"的。用文字书写的书面语,总是受制于口语,总是落后于口语的发展,有较大的保守性。

语言是渐变的,不是突变的。因此语言不能实行改革,只能加以规范化。而文字则既有渐变性,也有突变性。一个只有语言而没有文字的民族,可以在很短时间内创制出一套适合自己语言的文字。已经有了文字的语言,既可以对文字进行改革,也可以创制新的文字代替旧的文字,以适应语言的需要。这样的例子在世界上并不鲜见。

二、文字依附于语言、影响语言

文字是语言的一种物质形式,如同语音是体现口语的物质形式。文字是为语言服务的,是辅助语言的交际工具。一般说来,要与语言保持一致的关系,语言发展了,文字也要发展,文字总是依附于语言。如果文字长期落后于所记录的语言,脱离实际的语言,就会使其僵化而丧失生命力,这时一种适应语言发展需要的新文字形式,就会应运而生,从而取而代之。

文字不但依附于语言,还深受语言的影响和制约。但是,文字同时也还会反作用于语言。如文字的出现会使语言的稳定性大大增强,对于积累和丰富语言要素大有好处。如有些古词语在口语中已经消失,但却保留在古老的文献中,只要需要就可以在口语中复活。语言在发展过程中新生的一些新词、术语和新的语法现象,也可通过文字把它们固定下来,传播开来,最终为全社会所承认。此外,由文字形成的书面语也会对口语产生重大影响。

思考与练习

1. 文字同语言有什么不同?
2. 文字为什么必须依附语言?
3. 谈谈文字对语言的影响。

第三节　文字的起源和发展

一、文字的起源

人类在由动物分化成人的漫长的岁月里,靠有声语言交流大部分信息。而生产、生活中积累的一切经验和知识,发生的重大事件以及神话、故事、传说、歌谣等也都是靠口耳相传。随着社会的发展,生产力的提高,活动愈加频繁,交流范围也日渐扩大,仅凭口耳相传已远远满足不了需要。于是人类创造了各种方法或手段作为记忆和传授的辅助形式。这些形式为文字的产生奠定了基础。

文字产生以前的记事方法主要有两种:实物记事和图画记事。

实物记事就是用某些实物表示某种意义,以帮助人们记忆。使用的最普遍的实物记事的办法是结绳。世界上许多国家的民族在历史上都使用过结绳记事。我国古代在文字产生以前,曾经用结绳来帮助记忆,但其详情已不得而知。古代秘鲁的印第安人的结绳也相当发达,他们先用一条主绳,再在主绳上系上各种颜色的绳子,不同的颜色代表不同的意思,如红色代表兵和战争,黄绳代表金子,白绳代表银子和和平等等。绳子上还可以打上不同的结表示数字。同时还设有结绳官,专管绳子的结法和解法。系珠是另一种记事的手段,北美的印第安人常用树皮、大麻、皮条、芦苇等穿上一些大小不等、颜色不同的贝壳来记载历史、财产、契约等大事。除了结绳、系珠外,还有用刻木、数豆、鸡毛、令箭等计数记事,以帮助记忆、表达意思。实物记事的方法很多,现在仍有一些没有文字的民族还保留着这种做法。

由于实物记事不能满足需要,于是又出现图画记事。图画记事是用画出事物的形象来记录或表达某种意义和愿望,比实物记事又前进了一步。如云南尔苏人画 ⚑ 表示"宝刀",画 ⟜ 表示"箭"。又如下面是印第安人奥基布娃部落的一个女子在赤杨树皮上写给情人的信:

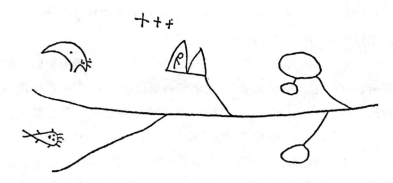

　　左上角的"熊"是女子的图腾,左下角的泥鳅是男子的图腾,曲线表示应走的道路,帐篷表示聚会的地方。帐篷里画一个人,表示女子在那里等候。旁边的三个"十"字表示周围住的是天主教徒。帐篷后面画大小三个湖沼,指示帐篷的位置。再如文字学著作经常引用的北美奥杰布华人于1849年递交美国总统的一份请愿书:

　　图上画的七个动物是七个部落的图腾,左下角是代表苏必略湖的一个平面图。动物的心脏和眼睛都用线连接在一起,两个线头一个指向前方,一个向后连在湖泊上。整个图画的意思是:七个部落同心希望总统归还他们在苏必略湖的渔业权。这种图画把事情作为一个整体来描绘,只有画画的人和看画的人有着某种联系,才能看懂,跟他们是否操同一种语言没有关系。

有的学者认为,记事图画和一般的图画不同。一般的图画比较复杂、逼真,讲究美,供人欣赏;记事图画则比较简单,只标明事物的特征,用形象指示整个思想。这是一种误解。判断一串符号是一般图画还是图画记事,不应只看复杂或简单,而应看它与语言形式之间有没有固定的联系。有的记事图画并不比单纯图画简单,例如把南美洲的玛雅文字和中国宁夏贺兰山岩画相比较,一目了然,不能说前者比后者简单:

(左)贺兰山岩画　　　　　　　(右)玛雅图画文字

实物记事和图画记事都可帮助人们记忆,能够起到一些辅助交际作用,但它们不记录语言,不是文字。实物记事与文字的产生没有什么关系,而记事的图画却是文字产生的根源。如果简化图形,一个图形记录语言中的一个语素或词,代表具体的语言成分,有了读音,那就产生了真正的文字。文字起源于图画,因此有人把记事图画叫做"图画文字"。还有一种和图画文字相似的象形文字,这里的"象形"不是传统汉文字学里的"象形",与文字系统的类型学无关。

文字的发展历史是一个渐变的过程,它中间的各个阶段的界限存在模糊性。一般说来,图画文字和象形文字的区别,要看它们"符号化"的程度。如果一套图画对客观事物形象描绘得十分具体,但很少或没有出现相对抽象的符号,就是一种符号化很低的图画文字;相反,一套图画对所表现的客观事物描写得十分抽象,并且使用了大量的非描绘性符号来表现语言中的抽象概念,就是一种符号化很高的象形文字。如果换一个角度,用文字表现语言的准确程度,尤其是表现和抽象名词与虚词功能上来区分图画文字和象形文字,应当说更精当。一种从来不能表现虚词的文字,即令其字形符号化程度很高,也只能算是原始的图画文字;一种文字能够表现虚词,即令其字形带有浓厚的图画特色,也应是象形文字。前者如尔苏沙巴图画文字,它至今完全没有表达虚词的能力,所有的虚词都有待于在沙巴读经时添补上去。后者如古埃及五千多年前碑铭中的文字,称为"圣书体",它的图形符号大部分已经失去表形性质,成为表音或表意的符号。又如纳西族的东巴文,绝大多数是用图画文字写成的,偶而也能找到几个象形文字,可以认为它正处在图画文字向象形文字演化的中间。在这个阶段,原始的图画文字越发展,它与所表现的事物之间的形象联系就越少,而与其所记录的语言之间的联系就越紧密,最终从图画文字过渡到准确记录语言的音节文字。图画文字系统在走向象形文字系统的前奏,是同音假借现象的出现和逐步增多,以适应表达语言中虚词的需要。

二、文字的发展

文字的发展可以从两个不同的角度来认识:一个是文字所记录的语言的完备程度,一个是造字的方法。早期的原始文字不能完整全面地记录语言,经过漫长的发展过程,才成为能够全面完整地记录语言的文字体系。从造字方法考察,文字的发展经历了表意、表意兼表音、表音三个阶段。下面分别介绍。

一种独立形成的文字都脱胎于记事的图画,经过不断的发展,记事图画逐步简化,成为表示单个事物的图形。这种图形一是初始阶段没有固定的形态,二是因使用场合的不同而表示不同的意义,因而还带有由记事图画脱胎而来的痕迹,没有和词语完全挂钩。例如我国云南纳西文的"九"通常写作九个点 ⁝⁝⁝,而在丽江纳西族的经典《古事记》里,当说到"九对蛋"的时候,就把小点改成小圆圈,既表示"九"的意思,又表示蛋的意思。在用原始文字书写的句子里,语言里必不可少的成分可能被省略,文字的排列顺序也不确定,和语言词的次序不完全一致。这种现象在纳西文里比较普遍,就是已经形成文字体系的甲骨文也还保留有这方面的痕迹。

原始文字的形体没有完全定型,字形和词语的对应关系也没有完全固定,而且有好多词语如表达抽象概念的词和虚词尚没有造出字来。这样的文字只能粗略地记录语言。经过漫长的发展,这种文字才成为能完整地记录语言的独立的文字体系。完整的独立的文字体系必须具备四个条件:一是记事图画经过简化成为单个的图形,一个图形与语言里的一个语素或词相对应;二是这种图形无论放在哪里,其所表达的意义不变;三是把这些图按线条性排列,照其顺序念出来与语言中的顺序一样;四是同音假借现象的出现和完善,适应了表达语言中虚词的需要。文字发展到这个地步,才能完整地全面地记录一种语言,使原始的文字发展为独立的文字系统。

表意字是由象形文字发展而来的。它不是直接把客观事物画出来,而是画一些图形或符号让人们去体会其中的意思。一些抽象的意思无法用简化的图形表示出来,用这种方法也可以解决。汉字是其典型的代表,例如画一个人靠在树上表示"休(息)",太阳已下落到草丛中表示"莫(暮)"等等。这种文字实际上已与语素、词等单位的声音发生了联系,因而可以念出来,这是文字发展过程中最重要的一步。

人们认识到字形与语言之间联系之后，原来一些无法表达的意义例如虚词，就直接用一个同音的表意字来记录语言中的一个词，或者在一个表意字的旁边加注读音，即表意表音兼用，也有人称其为意音文字。古埃及的圣书字、古美索不达米亚的钉头字、中美的马雅文和我国的汉字都是这种类型的文字。我国传统的文字学把借表意字充当表音字称为假借字，表意表音兼用字称为形声字。埃及的圣书字等古文字始终未能脱离象形文字的体系，不能完整地记录语言，后被历史淘汰。唯有汉字经过几千年的不断演化，终于完全脱离了象形文字的体系，发展成一套完整的表意文字。汉字在中国历史上的作用是不可估量的。

表音文字是文字发展到后期的产物。表音文字不是用图画的形式表达事物，而是用一套符号记录语言的声音。因为每一种语言都有一套严格的音位系统，一般只有几十个音位，音位组合起来的音节数量也有限，只要用一套符号去记录，就能把语言中所有词或语素表现出来，大大简化了文字体系。因此，表音文字比较容易学习，容易掌握，只要学会了符号代表的音，就可以把听到的话记录下来。汉字有许多优点，但是与表音文字比较起来，有其天然的不足，这就是每一个语素或词都要有一个书写形体，字数繁多，要花大力气去记忆。

三、文字的类型

按照不同的标准和不同的角度，可以把文字分为两类：一类是按文字的体式来源的不同分类，是发生学分类；一类是按文字符号的功能来分类，是功能分类。

1. 发生学分类

发生学分类把文字分为自源文字和借源文字两类。所谓自源文字就是一个民族自己创制的文字体式，例如汉字就是汉民族自古至今使用的自源文字。所谓借源文字是指一个民族借用或参照其他民族文字体式而创制的文字，例如我国历史上契丹和女真两个民族的文字就是参照汉字创制的。

2. 功能分类

功能分类就是按照文字体式的功能来分类，这种分类更能反映文字的特质。文字有表意和表音两种基本功能，所以一般分为表意文字和表音文字。此外，还有一种"意音文字"，就是既表音又表意的文字，是兼用表意、表音两种方法的文字。

（1）表意文字　也有学者称之为"词符文字"。表意文字是文字起源形态的历史延伸。其文字的个体符号，以词或语素为书写单位，表意符号不表音或者符号和音没有直接的关系。除汉字以外，埃及的圣书文字、美索不达米亚苏美尔人的楔形文字、中美洲的马雅文字也属于表意文字体系。

表意文字有很多缺点，如字数繁多，字形复杂，难认难记难写等。

（2）表音文字　有学者称其为"音符文字"。表音文字是文字演变到后期的产物，是文字发展进化的形态。表音文字不描绘事物，不用图形提示事物，而用一套符号记录语言的声音。这是一种简单而又合理地记录语言的方法。每一种语言都有一个完整的音位系统，只要用一套符号去记录它，就能把语言中所有的词和句子表示出来。

世界上表音文字的种类很多，从符号所代表的语音单位来看，可以分为音节文字、辅音文字和音位文字三种。

音节文字　用一个符号表示一个音节的文字叫做音节文字。典型的音节文字如日文的假名,它用一个符号代表一个音节,不同的音节用不同的符号表示,其清音字母表叫做五十音图。五十音图中有三个重复的字和三个重复的音,实际上是 47 个字、44 个音节。假名有两种字体,草书叫做平假名,楷书叫片假名。下面是平假名五十音图:

あ a	い I	う u	え e	お o
か ka	き ki	く ku	け ke	こ ko
さ sa	し si	す su	せ se	そ so
た ta	ち ti	つ tu	て te	と to
な na	に ni	ぬ nu	ね ne	の no
は ha	ひ hi	ふ hu	へ he	ほ ho
ま ma	み mi	む mu	め me	む mo
や ya	い i	ゆ yu	え e	よ yo
ら ra	り ri	る ru	れ re	ろ ro
わ wa	ゐ i	う u	ゑ e	を o

辅音文字　此类文字只有表示辅音的字母,元音或用一些附加符号表示,或根本不表示。使用这种文字的语言一般辅音较多而元音较少。这些语言依靠有规律的元音变化来表现语法意义。如古犹太文、腓尼基文和现代阿拉伯文都属于这一类型的文字。

我国的藏文也大致属此类文字。

音位文字　又叫音素文字或拼音文字。这种文字既有表示辅音音位的字母,也有表示元音音位的字母。希腊文、拉丁文、英文、俄文等都属这一类文字。我国新创制的一些少数民族文字也都属音位文字。

音位文字的历史较短。音位文字的字母数量一般较少,易学易记,是一种比较科学的文字类型。

四、字母

表音文字(一般指音位文字)的基本书写单位叫做字母。全部字母按一定的顺序排列起来就构成字母表。字母表除字母外,还包括字母的名称、字母的顺序、字母的形体。字母的形体有:印刷体、手写体、大写体、小写体等。

1. 字母的起源

从文字的出现到字母的产生有一个复杂的演变过程,最早的字母也脱胎于象形文字。象形文字到了后期,由于广泛使用了同音假借手段,使某些图形逐渐与意义脱离,直接做声符使用,从而形成字母。如古埃及文里,口这个图符画原来只表示座位,读音是 pi,以后凡是 pi 的声音都用这个图符表示,甚至 pa、pe、pu、po 等也用这个图符表示,于是口成了表示 p 的声符。古埃及话里共有 24 个声符,配合意符和类符共同记录古埃及语。这种符号还不能算真正的字母,但可视为是字母的萌芽状态。

公元 1923 年,在古代非尼基的毕布勒地方发现三千三百年前(公元前 13 世纪)该城国王"阿基姆"的石棺,棺盖上的铭文就是现在能见到的最早的字母记录。字母的形成时期大约是公元前 17世纪。字母的创造者是叙利亚·巴勒斯坦的北方塞姆人。塞姆人在古埃及文字的影响下,放弃以往用图形表形或表意的方法,直接用符号表示声音,创制了世界上第一个字母表。这个字母表共有22 个字母,每个字母有一个名称,名称的第一个音就是字母所代表的音。如9叫做 beth(房子),Λ 叫做 gimel(骆驼)。书写方向自右而左。

世界上的字母的起源也是多元的。由于古代地中海东岸商业非常发达,使用塞姆字母的腓尼基人四处经商,塞姆字母也随之四处传播至世界各地。

2. 字母的演变和发展

塞姆字母的诞生,是文字发展史上一次深刻的变革和质的飞跃。塞姆字母在叙利亚·巴勒斯坦地区流传至公元前一千年左古,逐渐分化为三个系统。其中卡那安(又译为迦南)字母和希腊字母向西传播,阿拉马字母向东传播。

(1)卡那安字母 包括早期的希伯来字母和腓尼基字母等。采用这种字母的文字现在大都成了无人使用的古文字。

(2)希腊字母 希腊人接受了塞姆字母之后,对其进行了一番创造性的改革。他们制定了表示元音的字母,使希腊字母成为能记录所有音位的字母;改变了先前"牛耕式"和塞姆文自右向左横写为自左向右横写的书写顺序;增、减了几个辅音字母;对塞姆字母的形体加以简化和美化,使其更为简明、清晰、匀称和美观。

希腊字母图:

ΑΒΓΔΕΖΗΘΙΚΛΜΝΞΟΠΡΣΤΥΦΧΨΩ

希腊字母奠定了世界许多字母的基础。如拉丁字母和斯拉夫字母皆源于希腊字母。

拉丁字母 拉丁字母又叫罗马字母,形成于公元前 7 世纪。拉丁字母来源于塞姆字母后裔字母中间阶段的厄脱鲁斯根字母,罗马人从中选取了 21 个字母,经过补充和分析,形成了现在流行的 26 个拉丁字母。

拉丁字母继承并发扬了希腊字母形体上的优点,并随着字数和文化的传播而逐渐流行于现在整个西欧、美洲、澳洲、非洲的大部分地区及东欧和亚洲的一些国家。此外,数学、化学、物理等学科的书写符号,也均采用拉丁字母。

拉丁字母图:

A B C D E F G H I J K L M N O P Q R S T U V W X Y Z

斯拉夫字母　斯拉夫字母是公元 9 世纪在希腊字母的东支拜占庭字母的基础上形成的。因为它是正教传播士基里尔创制的,所以又叫基里尔字母。10 世纪末,正教传入古俄罗斯之后,被斯拉夫人采用。斯拉夫民族在拜占庭字母的基础上,分别根据各自语言的特点,进行了某些改进和补充。如俄文字母经过多次修订,现在共有 33 个(见下图)。现在除俄罗斯外,中亚的许多前苏联加盟共和国、蒙古人民共和国、保加利亚、原南斯拉夫等国家均使用斯拉夫字母。

斯拉夫字母图:

А Б В Г Д Е Ж З И Й К Л М Н О П Р С Т У Ф Х Ц Ч Ш Щ Ъ Ы Ь Э Ю Я

(3)阿拉马字母　属于这个系统的文字很多,演变历史很复杂,现在分歧也最大。最早的阿拉马字母大约形成于公元前 8 世纪,使用到公元前 2 世纪。期间由它派生出希伯来方块字、古波斯字母、印度字母、那巴特字母、叙利亚字母等。从印度字母又演变到印地文、高绵文、缅甸文、寮文、傣文、藏文等字母。叙利亚字母通过景教东传,中经粟特文的媒介作用,形成了回鹘文、蒙古文和满文等字母。那巴特字母的重要后裔是阿拉伯字母。

阿拉伯字母随着伊斯兰教的传播，广泛流行于埃及、叙利亚、伊拉克、黎巴嫩、沙特阿拉伯、也门、约旦、阿尔及利亚、阿富汗、伊朗等许多国家。阿拉伯字母共 28 个，均为辅音字母，其中 3 个可兼表元音（a i u）。有的元音用附加符号表示。这种字母表示元音的方法不完善，形体差别不很明显，附加符号多，一个字母因独用或在词首、词中、词末而有不同的形体。书写方向自右而左。

古代维吾尔人曾使用过突厥文、回鹘文，后来均被淘汰。公元 10 世纪，伊斯兰教传入新疆后，维吾尔人原封不动地采用了阿拉伯字母。由于这种字母不能准确地表示维吾尔语，后经几次改进，形成了维吾尔文。

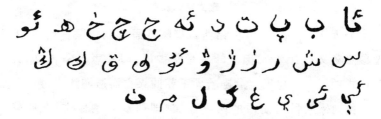

维吾尔文字母表

有学者认为古印度字母也是阿拉马字母的后裔。古印度字母分为几支，其中以天城体字母最为重要，长期用来拼写梵语。现在的印地文采用的也是这种字母。

藏文是 7 世纪 40 年代由藏族学者通米桑布扎参照梵文创制的。后经几次厘定，沿用至今。藏文共有 30 个字母。每个字母表示一个辅音，单念时都带 a，另外有 4 个元音符号，都不能单用，有的写在字母上面，有的写在下面。自左向右横行书写，音节之间用一点分开。

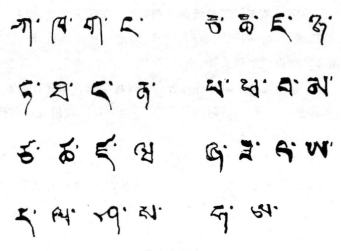

藏文字母表

公元 1260 年，元世祖诏西藏喇嘛八思巴制定蒙古新字，八思巴参照藏文设计了一套字母拼写蒙古语，即八思巴蒙古文，1269年正式颁行。八思巴字后随着元王朝的灭亡而遭淘汰。

我国傣族目前使用的两种傣文，即西双版纳傣文（又叫傣仂文）和德宏傣文（又叫傣哪文），均源自印度字母。西双版纳傣文基本上保留了巴利文系统，德宏傣文则大大简化了。1949 年新中国建立以后，对两种傣文都进行了改进。现在西双版纳傣文有字母60 个，其中表示辅音的 42 个，表示元音的 18 个，另有两个声调符号。德宏傣文有字母 30 个，其中表示辅音的 19 个，表元音的 11个，另有 5 个声调符号。两种文字书写都是自左而右横行书写。

德宏傣文辅音字母表

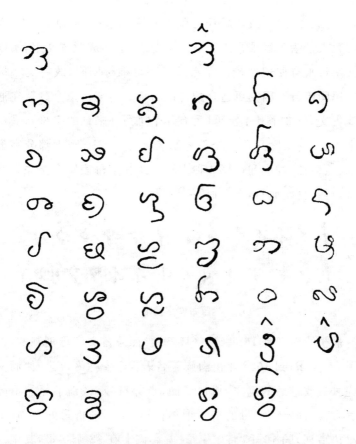

西双版纳傣文辅音字母表

　　现在缅甸、泰国、柬埔寨、老挝、印度印西亚等许多国家的语言所采用的字母也均派生自天城体字母。

　　阿拉马字母在公元前 6 到 5 世纪应用于古波斯语，后来用于安息语、中古波斯语、粟特语等。维吾尔人在公元 6 到 10 世纪使用过突厥文。公元 840 年西迁后，转用粟特文字母。回鹘文就是在粟特文字母基础上发展起来的。

公元 1204 年，成吉思汗征服了乃蛮部落后，命维吾尔人塔塔统阿教太子诸王以维吾尔字书写蒙古语，遂形成蒙古文字，所以蒙古文字母来自回鹘字母。在八思巴字母推行期间，蒙古文字母仍然在民间流行。因其更适合蒙古语的特点而流传至今。现在通行的蒙古文有 28 个基本字母（另有几个拼写外来词的字母），其中元音字母 7 个（实际只用 5 个符号），辅音字母 21 个，大部分字母又分单独、词首、词中和词尾 4 种书写形式。字母表顺序是先元音后辅音，行款自左而右，自上而下。

蒙古文字母表

最初的满文是 16 世纪末（1599）参照蒙古文字母创制的，仅通行了 30 余年，到 1632 年由满族著名语言学家达海改进，使满文臻于完善。改进后的满文，增加了圈、点等符号，区别了原先不能区别的音位；固定了字母的书写形体；增加了用来拼写外来词（主要是汉语借词）的 10 个"特定字母"等。满文有 38 个字母，其中 6 个表示元音，22 个表示辅音，以及拼写外来词的 10 个"特定字母"。行款自左至右，自上而下。

锡伯文是在满文的基础上稍加改动而成的文字。

四、字母和语言

文字是表示语音的。当今世界上最科学的文字当属音位文字。但是用什么字母表示音位，字母如何表示，在改革文字或创制新文字采纳哪种字母，均需根据每种语言的特点酌定。

　　首先,文字必须以具体的方言土语为依据。如果一种语言内部没有大的方言分歧,那么文字采用哪种字母类型不会太困难。如果一种语言内部方言差别很大,应该在某个方言中选一个最有代表性的语音点(例如汉语选北京话)作为设计文字的依据。

　　标准音点确定以后,要通过周密的调查和科学的分析,把这个点的音位系统归纳出来。音位归纳好以后,就要确定用什么字母来表示音位。字母可以自行设计,也可以选用世界上现有的字母。但是,无论选用或设计,字母应具备以下条件:形体优美,区别清晰,没有附加符号,干净利落,便于辨认;笔画简单,便于连写,节约纸张,节省阅读和书写时间;不与国际习惯相抵触;与本国其他文字特别是亲属语言的文字相一致。在各种字母中,拉丁字母优点较多,所以世界上大多数文字都选用拉丁字母。

　　音位文字是表示音位的。字母如何表示音位,要视具体语言的音位系统而定。如果音位数目少,一个音位就用一个字母表示。如果音位数目多,也不必给每一个音位配备专用的字母,可以用其他办法用较少的字母来表示。字母和音位的关系一般有以下几种:

　　1. 一个字母代表一个独立的音位。如苗文的 a、b、c、d、e……等。这样的字母一般占大多数。

　　2. 一个字母表示相连的两个音位。如英语的 x 表示/k/、/s/两个音位。

　　3. 一个字母在不同的位置分别代表不同的音位。如汉语拼音方案里的字母 r,在音节开头表示辅音/ʐ/,在音节尾表示儿化。

　　4. 用几个字母共同表示一个音位。如英文用 n 和 g 表示/ŋ/。

　　5. 字母本身不单独表示音位,与别的字母共同表示音位。如

俄文字母 Ь 是软音符号，мальчик（孩子）中 ль 代表腭化的舌尖边音。

6. 字母本身不表示音位，但是代表别的已经表示的音位，同时使邻近的字母表示另外的音位。如俄文 мясо（肉）中的 я 表示元音音位/a/，同时表示前边的 м 是腭化双唇鼻音。

7. 字母不表示任何音位，只起隔离作用。如俄文 объяснять（解释）中的 ъ，其作用只是把 б 和 я 隔开，不让它们拼合。

在拉丁字母不够用时，一般用如下方法解决：

1. 改变字母的表音功能。如拉丁字母 b、d、g 等是表示浊塞音的，汉语北京话没有清浊塞音的对立，只有清送气与不送气的对立，就用 b、d、g 等表示不送气的清塞音。

2. 颠倒拉丁字母。如壮文用 ə（e 倒过来）表示/e/。

3. 在拉丁字母上、下加附加符号，如汉语拼音方案用 ü 表示/y/。这类附加符号的字母不宜过多。

4. 改变拉丁字母的形体。如土耳其文用 Ł 表示/ɫ/。

采用拉丁字母的文字增加新字母时，必须注意与拉丁字母的协调一致，避免混淆，并要便于书写。

字母是表示语音的。在多民族的国家里，各民族语言里的不同成分要如实地反映出来，但是相同或相似的成分要尽量用相同的字母表示。这样，既能正确表达语音，又有利于各民族间的相互学习，促进文化交流，共同发展。

字母制定以后，怎样用它来拼写词语，各个语言有不同的情况。一般可归纳为三个原则：

1. 语音原则　按照实际读音书写，即词怎么念就怎么写的原则叫做语音原则。这种写法与读音一致，比较容易掌握。

2. 形态原则　同样的语素要求用同样的写法，即使在形态变化中和不同的语音条件下，实际读音发生变化，拼写仍旧不变。形态原则能帮助学习者建立词与词之间的意义联系，有利于记忆词。

形态原则与语音原则有时候是矛盾的。即当语言中的某个音由于语音等条件不同，改变了读音时，按照语音原则，应该写做不同的形式，而按照形态原则，应该写做相同的形式。

3. 历史原则　凡是按照传统写法（在历史上某个时期也是按语音原则书写的），而不按照现时词的实际读音书写的原则叫做历史原则。按历史原则拼写的文字具有明显的继承性，对学习文化遗产有方便之处，对因历史演变分歧大的各个方言也具有一定的适应性。但是因为书面语与口语脱节，许多不发音的字母要死记硬背，读音也多，学习起来比较困难。因此，这类拼写方式常常成为文字改革的内容之一。大凡历史较长的拼音文字都有这类矛盾。

字母拼写词语的原则虽然分为三类，但任何一种文字都不只是按照一个原则拼写的，一般其中有一个重要的，是基础。如英语和法语拼写中，三个原则都用，但其基础是历史传统原则。

思考与练习

1. 简述文字的起源。
2. 人类为什么要创造文字？
3. 简述文字发展的基本过程。
4. 文字同图画有什么区别？
5. 谈谈表意文字。
6. 简述文字的分类。

7．谈谈字母的演变和发展。

8．谈谈字母和语言的关系。

第四节　中国的文字

我国是一个多民族的国家,有一百多种语言,80多种文字。有的民族使用多种语言,有的民族同时使用多种文字,有的语言为几个民族共用,有的文字为几个民族所共用。文字众多,门类齐全,来源各异,通行范围和使用时间不同。因此,中国文字的体系也比较复杂,从文字渊源上可分为三大系:汉字系文字、阿拉马文字、拉丁文字。此外还有一些独立创制的文字。

一、汉字系文字

1．汉字的起源

汉字不是世界上最早出现的文字,比西亚的楔形文字、埃及的圣书字要晚一些。但是,楔形文字和圣书字早在几千年前就已退出历史舞台,成为无人使用的古文字。唯独汉字未依附任何其他文字体系,独立形成与发展,使用至今。

汉字同世界上其他古老的文字一样,由图画演变而来。原始汉字产生于原始社会末期,如果从大汶口原始文字(陶文)算起,汉字的历史已有五千年了。夏朝汉字有了很大发展。至商代中期的甲骨文字,已经形成了能够比较完整地记录汉语的汉字体系。

五千年来,汉字对祖国灿烂文化的继承和发展有着巨大的贡献。汉语自古以来就有方言的存在,大家都用汉字,汉字对不同的方言有很强的适应性,所以保持着书面语统一性,同时对汉民族的形成、统一和发展也起了很大的作用。此外,汉字在文化传播上也具有不可磨灭的贡献。受汉族文化的影响,在东南亚地区形成了"汉字文化圈",便是明证。

2. 汉字的结构

关于汉字结构的规律,古代有所谓"六书"。汉朝许慎所作的《说文解字》里,说六书是指事、象形、形声、会意、转注、假借。这是古人研究汉字时整理出来的造字方法。其实,只有象形、指事、会意、形声是造字的方法,而转注、假借是用字的方法。

(1) 象形　描摹实物形状的造字方法叫做象形。例如:

马　 车　 冉　 瓜

象形字经过长期的演变,越来越不像实物了。如

　　　 马

(2) 指事　用象征性的符号表示意义的方法叫做指事。例如:⊥或⊙,小物在大物上是"上";丅或⊙,小物在大物下是"下";木的根部是"本";木的梢部是"末";刀的锋利的一面是"刃"。这些都是用"、"指明事物的部位。

(3) 会意　用两个以上具体形象合起来表示一个抽象的意思的造字方法叫做会意。例如:草生于田叫做"苗";日出于地平线之上是"旦";一人跟在另一人后边是"从";两止相接是"步";群车之声是"轰"。

(4) 形声　用表示声音和表示意义的两种符号造字的方法叫做形声,形声又叫谐声。例如"秧"从"禾""央"声,"狼"从"犭""良"声,"通"从"辶""甬"声,"语"从"讠""吾"声,"洋"从"氵""羊"声,

"吐"从"口""土"声，"村"从"木""寸"声。禾、犭、辶、讠、氵、口、木是形符，表示字的意义；央、良、甬、吾、羊、土、寸是声符，表示字的声音。

四种方法中，用象形、指事造出来的是独体的"文"，用会意、形声造出来的是合体的"字"。这四种方法中，形声和会意比较能产，形声最能产。在甲骨文里，象形字和指事字占多数，形声字只有百分之二十左右。到了《说文解字》里，形声字已占百分之八十二，象形、指事和会意三种合起来不过百分之十七，现在通行的汉字中，十分之八九是形声字。这四种方法中，象形、指事和会意都是表意，而形声是表音兼表意。

（5）转注　转注的意思许慎认为是"建类一首，同意相受"。举的例字是"老"和"考"。但是后来各家的解释不同，有的认为是指同一部首，有的认为是指同韵（如考、老）或同声（如颠、顶），有的认为是主要意义相同。一般认为转注是用字的方法，如"考"、"老"二字意义有相同的地方，可以互相注释。

（6）假借　借用同音字来表示意思的方法叫做假借。例如"来"字本来是"小麦"的意思，借作来往的"来"；"求"字的本义是"皮衣"（现在写作"裘"），借作请求的"求"；"西"字的本义是"栖"（鸟在巢上），借作方向的"西"。假借纯粹是表音的方法。

汉字是由笔画组成的。最少的只有一笔，如"一"；最多的有几十笔。汉字的基本笔画是点（、）、横（一）、竖（丨）、撇（丿）、捺（乀）、提（㇀）、钩（亅）七种。用笔画组成汉字的笔顺是先上后下。如"三、花"；先左后右，如"化、八"；先外后内，如"闪、国"；先中间后两边，如"小、水"。但是常常有例外，如"班"字是先左后中再右，"式"字的最后一笔是右上角的"、";而且各人的习惯不一致,因此不太严密。

3. 汉字的演变

古代汉字的形状跟现在的大不一样。现在的汉字是几千年来长期演变的结果。汉字的形体大致有以下几种。

(1)陶文　见于出土的古陶器上。这是直到现在已被认为的最古的文字。如属于大汶口文化晚期的莒县陵阳河遗址陶器上的文字距今大约有五千年了。有的人则认为比大汶口更早(距今六千多年)的半坡出土的陶器上的符号"×、十"等也属于文字。

(2)甲骨文　这是商朝人刻在龟甲和兽骨上的文字,有三千多年的历史了。

(3)钟鼎文　一般指周朝人铸在铜器上的文字,也叫金文。

(4)篆书　在甲骨文和金文里,一个字常常有几种写法。春秋战国时候,各国文字的写法也不一样。秦始皇统一中国以后,采纳李斯的意见,统一全国文字的写法,这就是篆书。篆书对汉字的规范化起了极大的作用。

(5)隶书　隶书是由篆书简化而成的字体,笔画由圆变成方折,它始于秦朝。程邈对它进行了整理。隶书到汉朝就通行了。

(6)草书　草书始于汉末,是为了快速书写而产生的一种字体。草书笔势连绵回绕,往往一字一笔到底,不容易写,不容易认。

(7)楷书　楷书也始于汉末,一直通行到现在,是为了纠正草书的漫无标准而形成的。它形体方正,可作楷模,所以叫做楷书。现在通行的楷书字,每个大小一样,呈方块形,叫做方块字,楷书主要用于印刷。

（8）行书　行书也始于汉末，是为了补救楷书的书写缓慢和草书的难于辨认而产生的。它的笔画不如草书那样潦草，也没有楷书那样端正，这种字写得比较快，也比较好认，所以直到现在，人们手书一般用行书。

汉字的笔画是由非线条到线条，每个字的笔数，从篆书起，一般由多到少。汉字的数目则是由少到多，《说文解字》有九千多，《康熙字典》增加到四万多，现在大概有五六万，通用的约有五千到八千。

4. 汉字系文字

汉字有五千年的历史，当它已成为完整的书写体系时，我国许多少数民族和一些邻国还没有文字。他们一般是先借用汉语书面语，然后借用汉字记录自己的语言，当他们建立了自己政权的时候，最后在汉字的影响下创制了自己的文字。其中有影响和比较系统的有契丹文、西夏文和女真文。

（1）契丹文　契丹人建立辽朝以后，创造了大、小两种文字。契丹大字是辽太祖神册五年（公元 920）正式由朝廷颁布的。后来辽太祖的弟弟迭剌又创造了一种新字，叫做契丹小字。一共使用了约三百年。当时除使用契丹文外，还使用汉文。

契丹大字的造字的方法是"以隶书之半就加增减"，因此造出来的字也是一种表意文字。笔画和汉字一样，字形也是方块型。书写款式是由上而下，由右而左。契丹大字总数约有三千多，其中有的直接借用汉字。如"一"、"二"、"三"、"五"、"十"、"百"、"日"、"月"、"殿"、"皇帝"、"太后"。

契丹大字现在还没有完全解读。

(13)

(14)

(15)

契丹大字

契丹小字

（2）西夏文　西夏政权存在于公元 1028 到 1227 年。西夏文是李元昊大庆年间（公元 1036 到 1038）野利仁荣创制的。它是一种表意文字，记录的是党项族的语言，总数有六千多个。这种字是模仿汉字创造的，笔画跟汉字一样，字形呈方块形，有会意、形声、转注等构造法，但笔画比汉字更加繁复。西夏文创造出来以后，并没有完全取代汉文，而与汉文同时并用，通行于东到内蒙、陕北，西到敦煌，北到居延，南到甘肃南部的广大地区之内。西夏文使用的时间较长，约有五百年之久，到明朝中期还有人使用。

西夏文文献有《音同》、《文海》、《掌中珠》及佛经等。沙俄时期，科兹洛夫两次窜到西夏黑水故城（今属甘肃额济纳旗），盗走了数十箱文物，其中西夏文献就有八千多编号。

西夏文

(3) 女真文　女真文是金代女真人模仿汉文并参考契丹文创制的,跟契丹字一样,也有大字小字两种。大字是金太祖阿骨打命完颜希尹和叶鲁制订的,于天辅三年(公元 1119 年)颁布使用;小字是金熙宗完颜亶于天眷元年(公元 1138 年)创制的,于皇统五年(公元 1145 年)颁布使用。到明英宗正统十年(公元 1445 年)时,东北地方就没有人认识女真字了,共使用了约二百五十年。

流传下来的女真字只有一种,即明代所编《华夷译语》中的女真馆来文、女真馆杂字和一些石刻所用的字。这种字一般认为是女真大字。女真大字是依照汉字和契丹大字制订的。女真大字有一字一个音节的,有一字两三个音节的,有两三个字一个音节的。女真字大多数是表意字,同时也有部分是表音字。保存下来的女真文字总数约有一千多个。

、　類

【丶部】

【丷部】

女真文

契丹文、西夏文和女真文都是在汉字的基础上或影响下产生的。它们的笔画跟汉字相似，字形都呈方块形，是汉字的支系。

二、阿拉马字母文字

世界上最古老的字母菲尼基字母，分为三支向各地传播。向东方(西亚地区)传播的一支为阿拉马字母，是古代西亚的阿拉马人创制的。后来这种字母通过波斯、印度、中亚等地传入中国并派生了许多文字。

1. 佉卢文和突厥文

佉卢文　除汉文外我国最早的文字要算佉卢文。这种文字古代曾通行于印度西北部、巴基斯坦、阿富汗、乌兹别克斯坦、塔吉克斯坦以及中国新疆南部等地区,范围很广。用这种文字书写的资料最早的属于公元前 3 世纪,最晚的属于公元 4、5 世纪。公元 2 世纪后半期佉卢文传入于阗(今新疆和田),公元 3 世纪传入鄯善(今新疆若羌)。到公元 5 世纪就无人使用了。

佉卢文是一种表音节的字母,由右向左横写,字与字之间无间隔,但彼此不相连,没有标点符号。

突厥文　源出于突厥语的族名 türk 。突厥文大约是公元 7－10 世纪古代突厥、回纥(后称回鹘)、黠戛斯等族使用的文字。因为字形与古代北欧地区哥特人使用的如尼文类似,所以又称突厥如尼文。用这种文字刻的碑文主要在蒙古的鄂尔浑河流域和西伯利亚的叶尼塞河流域发现,所以又称鄂尔浑—叶尼塞文。这种文字流行的地区也很广。

关于突厥文的性质和起源各家看法不一致。有的认为是音节文字,但多数人认为是音素、音节混和型文字。关于起源,多数人认为主要符号来自阿拉马字母,通过中亚信奉伊斯兰教的民族传入突厥语民族中。

2. 婆罗米字母文字

婆罗米字母是古代印度使用最广的字母,与菲尼基文中的阿拉马字母有一定的渊源关系。是一种音节字母,自左向右横行书写。这种字母传入中国以后派生出多种文字。

焉耆—龟兹文　这种文字原称吐火罗文,其所记录的语言原来称吐火罗语,属印欧语系伊朗语族。焉耆—龟兹文是用婆罗米斜体字母书写的,和于阗文字相似。

于阗文　是公元 5 至 11 世纪中国于阗地区(今新疆和田)塞克

族使用的文字。该文的字母源出印度婆罗米字笈多体,有楷书、草书、行书之别,字多合体连写。

藏文　是藏族使用的文字,通行于我国西藏、青海、甘肃、四川、云南等省区的藏族聚居区。此外,珞巴族、门巴族和国外的藏语区也使用藏文。

八思巴文　是元朝国师西藏喇嘛八思巴 1269 年奉元世祖忽必烈之命创制,1269 年颁行。忽必烈称这种文字为"蒙古新字",后改为"国字",学术界称之为八思巴字。

傣文　中国傣族曾经使用 5 种文字。西双版纳傣文、德宏傣文、傣绷文、金平傣文、外国传教士以汉语注音字母为基础拟制的一种文字。一般称傣文是指前四种而言。这四种傣文都脱胎于古印度的巴利文,跟老挝文、泰文、缅甸文、柬埔寨文同一个系统。

3. 阿拉马草书变体文字

粟特文　粟特史书又称窣利、粟弋等,是中国汉朝时西域康居国的属国。北魏、北周时首遣吏朝献,很多商人到中国贸易,传到中国。粟特文出自波斯时代阿拉马文字草书,是一种音节文字。

回鹘文　又称回纥文,是古代回鹘人(维吾尔族先民)使用的文字。回鹘原来使用突厥文。从 8 世纪开始,回鹘人就开始用粟特字母拼写自己的语言,作为通行文字是公元 840 年西迁吐鲁番以后的事。约在 11 世纪,新疆南部的维吾尔人改信伊斯兰教,改用阿拉伯字母,但北疆还继续使用回鹘文一直到 16 世纪。回鹘文是一种拼音文字,因年代不同,字母的数目也不一样。

蒙古文　蒙古崛起于漠北,开始没有文字,1204 年始用回鹘文拼写蒙古语,从那以后蒙古族有了回鹘字母蒙古文。

托忒文　1648 年卫拉特僧人札亚班迪按照蒙古语卫拉特方言

的特点,对回鹘式蒙古文进行了一些修订,使之能准确反映卫拉特蒙古语,于是出现了蒙古语方言文字托忒文。

满文 满族是女真人的后裔,原来使用女真文。15世纪中叶,女真文失传,改用蒙古文。1599年创制满文,1632年改进满文,使之完善。

锡伯文 原来锡伯族使用满文,1947年在满文的基础上稍加改动成为锡伯文,通行于新疆锡伯族聚居的地区。

4. 阿拉伯字母文字

察哈台文 13世纪以后居住在天山南北中亚地区操突厥语言的部落和部族,使用一种在阿拉伯语和波斯语影响下形成的书面语,称做突厥语或喀尔噶尔语。由于这种语言最先在成吉思汗次子察哈台及其后裔统治的地区形成,所以又称察哈台语。察哈台文就是记录察哈台语的文字。这种文字是由阿拉伯字母为基础的哈喀尼亚文(喀拉汗文)演变而成的。

维吾尔文 历史上维吾尔族使用过突厥文、回鹘文、阿拉伯字母文字。这里所说维吾尔文是最后一种。公元10世纪,伊斯兰教传入新疆南部,当地的维吾尔人采用阿拉伯字母来拼写自己的语言。后来伊斯兰教传播日广,原来的回鹘文逐渐被阿拉伯字母文字所代替。由于阿拉伯字母不能充分反映维吾尔语的特点,于是从波斯文中吸收了4个字母,成为前面所说的察哈台文。可见察哈台文与维吾尔文关系密切。现行维吾尔文是在晚期察哈台文基础上形成的。

哈萨克文、柯尔克孜文等 历史上哈萨克族跟维吾尔族一样,使用过突厥文和回鹘文(后期粟特文)。柯尔克孜族也使用过突厥文。伊斯兰教传入新疆以后,除维吾尔族外,哈萨克族、柯尔克孜族、乌孜别克族、塔塔尔族均用阿拉伯字母拼写自己的语言,因此我国现行文字中,有以阿拉伯字母为基础的哈萨克文、柯尔克孜文、乌孜别克文、塔塔尔文。这些文字的字母形体、表音方法、拼写规则、书写款式都与维文大致相同,只因各语言之间在语音、词汇上的差异,字母数目、具体拼法等稍有不同。

三、拉丁字母文字

腓尼基字母西传的一支是希腊字母。希腊字母的东支是斯拉夫字母(基里尔字),中国俄罗斯族使用的俄文与俄罗斯文相同,其字母就是斯拉夫字母。本节从略。希腊字母的西支是拉丁字母。随欧洲人东游和中国人西往,拉丁字母逐渐为中国人所熟悉,并且影响越来越大,形成了多种文字。

汉语拼音方案 汉语拼音方案并不是拼音文字,但它是中国法定的用拉丁字母准确记录汉语普通话的表音符号系统,同时也是我国各民族创制或改革文字的基础。汉语拼音方案是政府、专家和广大群众严肃认真制定的,并于1958年2月11日第一届全国人民代表大会第五次会议通过,批准为汉语拼音方案。

汉语拼音方案采用26个拉丁字母,其中V只用来拼写外来语、少数民族语言和汉语方言。字体分印刷体和手写体,每一种字体又有大写小写之分。以北京语音为标准音。多数音位用一个字母表示,少数音位用两个字母表示。北京话有21个声母,35个韵母,4个声调。

原有拉丁字母文字 鸦片战争之后,大批传教士来到中国,为传播基督教,不仅为汉语方言拟订了不同的拼音方案,并且为许多少数民族设计了五花八门的文字,其中有些是用拉丁字母或其变体拼写的。主要有:①景颇文:19世纪末传教士翰森设计,并通行于中国云南景颇族聚居区。缅甸的景颇人也使用这种文字。1957年中国语言工作者以中国景颇语为基础方言，以恩昆土语为标准音，对原有的景颇文作了改进。②大写拉丁字母傈僳文：傈僳族在不同时期、不同地区使用过四种文字。大写拉丁字母傈僳文是其中之一。1912－1914 年间，缅甸克伦族传教士塞耶巴多用大写拉丁字母创制，后来传教士弗雷泽作了改进。通行于云南西北部的傈僳族信奉基督教的信徒中。③佤族撒拉文：佤族原来只有语言，没有文字。1912 年英国传教士永文森父子到中国云南阿佤山区传教，并以安康、岩帅一带佤语为基础，设计了一种拉丁字母文字，当地群众称之为"撒拉文"，"撒拉"佤语为"牧师"。撒拉文很不完备，不能确切表示佤语，所以未被广泛使用。

没有推广的这类文字除撒拉文外，还有老的拉丁字母拉祜文、拉丁字母载佤文、拉丁字母纳西文等。这些传教士创制的文字大多数没有推广，主要原因是设计不科学，不能简洁准确地表示语音，学用不便。

拉丁字母新文字　中华人民共和国成立后，政府为了解决民族文字问题，一方面培养语文人才，组织他们调查语言，另一方面建立语文机构，总结以往民族文字中发现的问题。1957 年国务院会议修改通过了《关于少数民族文字方案中设计字母的几项原则》。这些原则主要有创制文字及改革原有文字时，应尽可能以拉丁字母为基础；少数民族语言和汉语相同或相近的音，尽可能用汉语拼音方案里相当的字母等等。

在这几项原则的指导下，五十多年来我国创制了以下的拉丁字母新文字：壮文、湘西苗文、黔东苗文、川黔滇苗文、滇东北苗文、布依文、哈尼文、傈僳文、佤文、拉祜文、纳西文、载佤文、黎文、侗文、白文、新维吾尔文、新哈萨克文。

除了上述文字外,80年代四川彝族用拉丁字母制订过《凉山彝族拼音文字方案》,但是现在只作为拼音符号使用。近年来,瑶族、达斡尔族、土族、土家族、独龙族、怒族、阿昌族等少数民族也提出了自己的文字方案,有的还出版了课本,做了试点推行。

这些新文字除了个别的之外都在推行,在民族文化教育、经济、政治活动中,发挥着积极作用。

四、其他文字

我国还有少数文字与上述字系没有传承或模仿关系,是独立创制的文字,可以分为表形、表意等类型。

1. 表形、表意文字

表形文字分图画文字和象形文字,用图像表示事物等是二者的共同点。但二者代表着不同的阶段。图画文字是表形文字的初级阶段,象形文字是其高级阶段。

我国尔苏人的沙巴文是图画文字。纳西族的东巴文有的是图画文字,有的是象形文字。水族的文字有的是象形文字,有的是表意文字。

沙巴文 尔苏人旧称西番。主要分布在四川西部甘洛、汉源、冕方、石棉等地。过去有人从事宗教活动,群众称之为"沙巴"。沙巴珍藏着许多彩色的画卷。用来书写经卷的文字就是沙巴文。沙巴文创于何时,现在还不清楚。沙巴文只有沙巴才能看懂。共有单体图像二百多个,都跟所表示的事物非常相似,而且各地沙巴所画基本相同,读法大体一致。可以说图形具有一定的社会性。图像与读音和意义也有了比较固定的联系。因此它已是文字,是比较原始的图画文字。

东巴文 纳西族的东巴文是世界上有名的古老文字,通行于以丽江为中心的金沙江以西的纳西族地区。东巴是纳西族的巫师,他们用这种文字写的经典叫做东巴经,一般人不认识。东巴文至少在11世纪时已经产生,或者更早一些。有学者认为东巴文应分为代表不同发展阶段的图画文字和象形文字两种,绝大多数东巴经是用图画文字写成的。东巴文和沙巴文一样,把一些单体图组成一幅幅像连环画的复合图,表示一句话或一段话。东巴文共有一千三百多个,其造字方法除象形外,也有形声、指示、会意。其用字方法有引申和假借两种。

水字　水字是水族巫师择日、看风水时用来表示水语的符号。在当地汉族看来,有些图画像反写的汉字,所以又叫"反字"。会水字的都是巫师,一般人不认识。水书分为两类,一类叫"普通水书",又叫"白书";另一类叫"秘传水书",又叫"黑书"。两类水书的象形和读音没有区别,只是表示的意义和用法有些不同。水字没有精确的统计数,有人估计只有一百多个,有人估计有四五百个。就来源来说,水字可分两类:一类借自汉字,另一类是自造字。就字的性质说,水字可分表形、表意、表音三类。

2. 音节文字

彝文　彝文是中国彝族固有之文字,旧称"倮倮文",也有称为"爨文"或"韪书"的。关于彝文的创制者传说不一,贵州、云南、四川各有一说,看来不是出自一人之手。关于彝文创于何时,见解也有几种。无论如何,彝文最少也有一千年历史了。彝文的字数各地数目也不同,贵州大方县最多,约有一千个;云南禄功、武定次之,约有七百多字;云南新平、元江只有六百多字;四川凉山最少,约有五百多字。由于字数不同,加上异文别体很多,同样的内容用不同地区的彝文写出来,往往差别很大。关于彝文的性质,各家看法也不同,主要有两派：一派认为彝文属于表意文字，另一派认为属于音节文字类型。现存彝字就其主导的性质来说，既不是表意符号，也不是音素文字，而是音节符号。由于各地彝文很不统一，因此 1975 年四川制订了以喜德语音为标准音的"规范彝文"，是典型的音节文字。但这种文字仍不是超方言的新文字，只是凉山地区的方言文字。

　　哥巴文和玛丽玛萨文　"哥巴"在纳西语里是"弟子"的意思。一般认为哥巴文产生于东巴文之后，其中有些字是东巴文的简化形式，所以取名"哥巴"，表示尊"东巴"为师。哥巴文至少在明代已经流行了。哥巴文虽与东巴文有派生关系，但二者性质大不相同。前者是表形文字，后者是表音文字中的音节文字。哥巴文只通行于丽江、维西等县的部分地区。

　　纳西族除了使用东巴文和哥巴文外，云南维西县拉普地方的百余户人家还使用一种"玛丽玛萨"文。拉普的纳西人是二百多年前从四川木里迁来的，并学会了东巴文，然后从东巴文中选出一百多个来记写自己的方言。所以玛丽玛萨文是一种方言文字，也是东巴文的派生文字。因为字数只有一百多个，不如哥巴文完备。

　　汪忍波文　这种文字是傈僳族农民汪忍波造出来书写傈僳语的，所以称汪忍波文。这种文字产生于 20 世纪 20 年代，是一种音节文字，一个符号表示一个音节。这种文字有明显的原始性。现在这种文字在云南维西县以叶枝为中心的康普、巴迪等一万多傈僳族中使用。

　　3. 拼音文字

　　柏格里苗文　英国人柏格里到中国传教，1905 年根据威宁石门坎的苗语设计了一种拼音文字，通称为柏格里苗文，字母称作"波拉字母"。这种文字有两种字母，大字母表示声母，是音节的主体；小字母表示韵母,是音节的配件。这种文字缺点很多,早期用于宣传基督教义,后来扩及日常生活和教外人士。现在跟新创制的苗文并用。

波拉字母傈僳文　1913 年英国传教士王慧仁用柏格里的字母拼写云南武定、禄功傈僳族的语言,这样就产生了当时傈僳族的第三种文字。这种文字的字母也分大小,字母的形体、表音关系、拼写方法、所在位置都与柏格里苗文相同,但字母的数目有所增减。波拉字母傈僳文通行于两三万人地区内,并且只用于宗教活动。波拉字母除拼写石门坎苗语,武定、禄功傈僳语外,还拼写过四川南部苗语、禄功彝语。

思考与练习

1. 如何认识汉字的作用?
2. 中国有多少种汉字系文字?
3. 简介阿拉马字母文字。
4. 简述拉丁字母文字。

第五节　文字的改进和改革

文字自产生至今,经历了复杂而深刻的变化。在早期,人们对文字的修订带有自发的性质。到了近代,人们对文字的演变规律有了明确的认识,才开始有意识地、有计划地、系统地改进和改革文字,以利于掌握和应用。通常所说的文字改进和改革,是指后者而言。大约有三种类型。

一、在原有文字基础上的改进

这种改进文字,历史上屡见不鲜。如秦始皇统一中国后,实行了

"书同文"的政策。他采纳了李斯的意见,以小篆为正字,淘汰了各诸侯国所用的异体字,对汉字的规范起了很大作用,是一次有名的汉字改进。实际上,汉字由甲骨文、钟鼎文到篆书,进而到更简便的隶书、楷书以及现在的简化汉字都属文字改进。

彝语方言复杂,彝文缺乏统一的规范,异文别体多,行款字序各地也不相同。1974 年四川省批准了彝文规范方案。方案规定一个音节只用一个字,总数 819 个。笔画也做了精简,字序定为从左到右,行序自上而下。

拼音文字的改进在历史上也是常有的事。藏文自 17 世纪创制以来,8 世纪中叶、9 世纪初、11 世纪初分别进行了三次厘定。除废除了一些异文外,还取消了几个不必要的下置字母和后置字母。

蒙古文创制时,只借用了 14 个回鹘字母,很不精确。13 世纪中叶,西藏学者进行过一次系统的整理和补充。14 世纪初,蒙古学者进一步加以整理,字母数目增多,拼写法日趋严格,个别字母的形体也有所变化。16 世纪又在字母表中补充了几个专门拼写汉语、藏语借词的辅音字母。至此,蒙古文的体系基本上固定了下来。

二、字母体系的改换

字母体系的改换是表音文字范围内的改革。这种改革不改变表音文字的性质,只是用一套字母代替另一套字母,即由一种拼音文字改为另一个拼音文字。字母体系的改换在历史上常常发生。维吾尔族先后使用过突厥字母、回鹘字母、阿拉伯字母,1959 年又制订了以拉丁字母为基础的维吾尔文。

印度尼西亚也曾几度改换字母体系。起初用印度字母,后来改用阿拉伯字母,最后改用了拉丁字母。

蒙古人民共和国 1930 年把蒙古文的回鹘文字母改成了拉丁字

母，1940 年又把拉丁字母改成了斯拉夫字母。

历史上的字母更换，往往跟宗教传播有关系。例如基督教常常带来拉丁字母，东正教常常带来斯拉夫字母，伊斯兰教常常带来阿拉伯字母，佛教常常带来印度字母。到了近代，人们主要是用科学的眼光，从学习和使用方便着眼来改变字母。拉丁字母有许多优点，所以现在实施字母体系改换时，多以拉丁字母为基础。

三、文字性质的改换

象形文字、表意文字和表音文字之间的更换，是文字性质的改变，是最根本的文字改革。文字性质的改换，通常是废除不科学、不适用的文字，用科学的、完善的、适用的文字去代替它。文字性质的改换，都是象形文字或表意文字改为表音文字，而且主要是改为音位文字。这是完全合乎文字发展的规律和社会需要的。

历史上越南和朝鲜曾经使用过汉字，后来都改成了拼音文字。越南现在用的是以拉丁字母为基础的拼音文字，朝鲜现在用的是用汉字笔画做字母的拼音文字。这些都是文字性质的改换。

四、汉字改革

汉字是世界上现在还在使用的古老的文字。它为什么能长期停留在表意阶段呢？首先是因为汉语方言复杂，其差别主要表现在语音上，只有超方言的表意文字，各个方言才可以用共同的符号各自按方言音读，保持全国书面语的统一。如果换成表音文字，就会影响交际，甚至造成社会内部的分裂。其次，汉语的词或语素都是由音节构成的，汉字是表意的，所以各个意义都可以表示出来。第三，我国的大量古籍文献是由汉字书写，汉字有很大的历史功绩，一旦改为拼音文字，就会给整理、研究这些文化遗产带来很大的困难。然而，汉字毕竟是表意文字，有许多缺点。例如不表音，要一个字一个字地去死记;结构复杂,难学难记,不易辨认;一字多形,字数很多,记忆困难。这些不足,决定了汉字改革应该走全世界共同的拼音方向。早在 19世纪末,就有人提出了汉语拼写方案。但是,汉字走拼音化的道路还有不少问题需要解决。因此,当前汉字改革的任务是简化汉字、推广普通话、推行汉语拼音方案。无疑,汉字改革是一项艰巨的、长期的、细致的工作,还有许多工作要做。

五、正字法和正音法

1. 正字法　又称正写法、正词法。指文字的形体标准和书写规则。正字法的社会功能是不考虑任何个人的发音或书写特点而写法一致。广义的正字法包括字和词的正确写法、标点符号使用法等;狭义的正字法不包括标点符号。汉字的正字法主要是规定字的正确写法和字体,因此常以正字法为名;拼音文字的正字法主要解决有关词的书写问题,如规定字母表达音位的方法、词的定型化(分写、连写和半连写)、大写规则、移行规则等等,因此常以正词法为名。

关于词的写法一般遵守语音学原则、形态学原则、历史原则和分化原则。实际上,任何文字的正字法都是以一个原则为主,兼用其他原则。

汉字的正字法的主要内容是按规范的汉字来纠正错字、别字,反对滥造简化字和滥用繁体字。1965 年发表的《印刷通用汉字字形表》,为通过汉字的范围、印刷用字和语义教学建立了楷书字形规范。

2. 正音法　又称读音法。指民族共同语的读音规范或标准。正音法的任务是建立读音标准,从某些有歧异读音词中选择一个作为规范的读音。

正音法所依据的标准音是在长期的历史中形成的,而且有很大的代表性。例如作为汉语标准音的北京语音,是 800 多年以来北京成为中国政治、经济、文化中心以后逐渐形成的,并于 1955 年汉语规范化会议确定的。正音法一经确定,就会比较稳定地作为读音标准。但是读音标准随着语音的演变也会缓慢地发生变化,消除一些旧的读音标准,出现一些新的读音标准。普通话审音委员会在 1957 年至 1962 年 3 次发表《普通话异读词审音表初稿》,对一些异读词的读音作了规范,对汉语语音规范的确定和推广起到了积极的作用。1985 年重建的普通话审音委员会又对这份初稿进行了修订,并于 1985 年经国家语言文字工作委员会、国家教育委员会、广播电视部审核通过并定名《普通话异读词审音表》予以公布。

学校、戏剧(话剧)、电影、广播、电视在推广正音法方面,起着相当重要的作用。为了更好地推广正音法,不少国家还编纂了专门的正音词典出版发行。

思考与练习

1. 谈谈文字改革的三种类型。
2. 汉字为什么要改革?
3. 什么是正字法?
4. 什么是正音法?

参考文献

马学良主编《语言学概论》,华中工学院出版社,1981 年。

叶蜚声、徐通锵《语言学纲要》,北京大学出版社,1981 年。

《中国大百科全书·语言文字卷》,大百科全书出版社,1988 年。

B. A. 伊斯特林《文字的产生和发展》,北京大学出版社,1987 年。

裘锡圭《文字学概要》,商务印书馆,1988 年。

陈其光《中国语文概要》,中央民族学院出版社,1990 年。

周耀光《世界文字发展史》,上海教育出版社,1997 年。

魏忠《中国的多种民族文字及文献》,民族出版社,2004 年。

第十章　语言的分类

第一节　世界语言概况

一、世界语言现状

世界上究竟有多少种语言,由于缺乏可以接受的共同标准,加上对一些地区的语言情况还不清楚,目前无法确定一个准确资料。法兰西学院 1929 年公布的统计数为 2796 种。1992 年《人种学》杂志第 12 期上发表的数目为 6528 种。这个总数中包括了方言。法国的语言学家最近又公布了以下资料:全世界现在共有 5621 种语言和方言,其中语言学家们较好地进行过研究的有 500 种。已经灭绝的语言有 1400 种。世界上的语言中 2/3 的语言没有文字。

世界的语言分布很不均衡,就目前所知道的统计资料来看,美洲印第安语的数目约在 1000 种以上,非洲的语言近 1000 种。单单新几内亚的一个岛屿上就有 700 多种语言。原苏联境内有 130 多种语言。中国有 80 种以上语言。据最新统计资料表明,喜马拉雅山脉地区分布有 160 种语言,尼日尔河流域分布有 280 种语言。大洋洲的巴布亚新几内亚是世界上拥有语种最多的国家,300 万人口竟有 1010 种语言和方言,堪称语种数量之最。

从语言使用人口的情况来看也很不均衡。目前使用人数最多的是汉语,有十多亿人,其次是英语、俄语、西班牙语、印地语、日语、德语、法语。使用人数最少的只有几十人。根据美国夏季语言学院(SIL)1999 年公布的一项调查,世界上不足 100 人使用的语言有近 500 种,不足 1000 人使用的语言有 1500 种,不足 1 万人使用的则多达 3500 种,使用者不到 10 万人的语言有 5000 种。这个统计资料可能有不确切的地方,但可说明目前世界上多达 96% 的语言只有占全世界人口 4% 的人在使用。

世界上的语言,除了当今还在继续作为交际工具使用的活的语言以外,还有已经死去的语言。在人类漫长的岁月中,有的语言已经成为遗迹,现在只留下了它们的后代,如拉丁语。有的语言连后代都没有留下。如在历史上曾一度存在于我国新疆的吐火罗语言、和田语等,20 世纪初由于发现了用这些语言记载的文献,人们才知道它们在世界上曾经存在过。在世界语言之林中,有的语言拥有极其古老的文献典籍,其历史可以上溯数千年之久,如汉语、波斯语、希腊语等;有的语言的文献典籍属于较晚的时期,如傣语、缅甸语等;而大多数语言至今尚无文字。

从语言的发展史来看,语言的发展呈消减的趋势。有人估计,公元前全世界有 15 万种语言,到了中世纪,还有 7、8 万种。到了 20 世纪,就只剩下 6000 种了,再过 100 年,世界上就只有 600 种语言了。根据粗略统计,过去的一个世纪里,由于种种原因已有 1000 多种语言消亡。同时,我们不难预见,在今后的大约一个世纪中,目前世界上尚在使用的数千种语言,有一半左右可能不再使用。这意味着,在世界上,每两周之内便会有一种语言消亡,余下的许多语言将会出现一场争夺使用者的竞争。

二、我国的语言现状

新中国建立后,我国实行民族平等和语言平等的政策,在宪法中规定了"各民族都有使用各民族自己语言文字的自由"。保障了少数民族语言文字的发展。我国55个少数民族加上汉族共56个民族，使用的语言实际上接近100种，这是历史上形成的实际情况。而且，随着语言调查和研究工作的不断深入，有些过去被作为某一种语言的方言来处理的，有可能因其差异大而改认为是一种独立的语言。

我国各民族语言的使用情况复杂多样。这是由于各民族在历史上长期大分散、小聚居、交错居住的情况造成的。由于每个民族的分布情况各有特点，各民族的经济状况和文化背景各不相同，语言的使用特点和使用情况也不尽相同。一般说来，分布于民族聚居区的少数民族大多以本民族语为主要交际语，甚至还有一些民族以本民族语为唯一的交际用语，而分布于杂居区和散居区的少数民族则出现了语言兼用或语言转用的情况。另外，由于汉族人口多，分布面广，再加上政治、经济、历史、文化诸因素的作用，汉语已历史地形成为各民族的共同交际语，对人口相对较少的少数民族有着较大的影响。如回族是我国少数民族中人口较多、分布地区最为宽广的一个少数民族，在形成为民族之前，回族先民曾使用过阿拉伯语、波斯语或维吾尔语，但当他们形成为一个民族共同体之后，汉语就成了他们的民族共同语了。这是汉、回两个民族共同使用一种语言的情况。也有一个民族在不同地区使用两种或两种以上语言的，例如藏族除使用藏语外，还使用嘉戎语等。甘肃省的裕固族使用恩格尔（东部裕固）和尧呼尔（西部裕固）两种语言；云南省景颇族使用景颇语、载瓦语等多种语言；我国境内的瑶族使用勉语、布努语、拉珈语三种语言；台湾高山族则使用包括排湾、泰耶尔、邹三个语群的若干种语言或方言。还有一些民族原本都有本民族的固有语言，但随着社会的发展及文化的变迁，现民族内的绝大多数成员都已转用汉语。如满族使用的语言曾是清代通行的官方语言,但满语到 18 世纪末 19 世纪初逐渐衰亡。现虽有人口近千万,但只有黑龙江省的富裕县等地的极少数满族人能讲满语。畲族分布在福建、浙江、江西、广东、安徽等省,人口 60 余万,但如今只有广东莲花山区和罗浮山区的 10 多个村子 1000 多人会讲畲语。赫哲族总共仅 5 千多人,由于长期与汉族交错杂居,现在只有五六十岁以上的人还能讲赫哲语,大部分人都转用汉语了。此外,土家族、京族能讲本族语的不足总人口的 10%,仡佬族能讲仡佬语也只占本族人口总数的 10%左右,其他大部分人已转用汉语。也有改用另一种少数民族语言的,如我国境内的塔塔尔族、乌孜别克族除一些老年人仍使用本民族语外,大部分都转用哈萨克语或维吾尔语了。这是有本民族语言但大部分人已改用另一种语言的情况。另一种情况是本民族语仍在本民族大部分成员中使用,但已有一部分人转用另一种语言。我国的大部分少数民族,几乎都有一部分人因与汉族杂居或在汉族地区生活,只会汉语而不会讲本民族语了。此外,也有改用其他民族语的,如一部分藏族不会讲藏语而改用羌语或普米语,一部分德昂族改用傣语,一部分达斡尔族转用蒙古语、哈萨克语等,一部分蒙古族转用维吾尔语或哈萨克语等。这种情况往往是由于这部分人生活在另一种语言文化氛围之中,在经常的社会交际活动中,本民族语使用频率日渐减少,经过几代人的交替,终于完全以另一种民族语作为交际工具了。

但目前我国境内的少数民族语言使用中更为普遍和常见的是双语现象,即一部分少数民族成员,既会本民族语,又掌握其他一种或多种民族语。一般来说,在与本民族成员交际时,使用本民族语,在与其他民族交际时使用其他民族语,或者在家庭里使用本民族语,对外社交活动时则使用其他民族语,而后者一般都是当地人口较多、文化较高,使用比较广泛的一种民族语言,如新疆境内的各少数民族除了通用汉语外,维吾尔语也有较为广泛的交际范围;云南省西双版纳傣族自治州各族通用傣语。西双版纳的布朗族、哈尼族(僾尼支系)赶集时使用傣语,回到村子里就讲本民族语了,他们绝大多数都是双语者。有的经常外出的男子甚至兼通好几种语言,如云南景颇族不少男子兼通景颇语、载瓦语、傣语、汉语和缅甸语。但从总体上看,全国少数民族中兼通汉语的人数最多。

语言是人类智慧的结晶,语言与其他文化现象一样,是在人们适应环境的过程中逐渐形成、发展、完善的。语言中积淀着一个民族繁衍生息的历史,凝聚着一个民族历代智慧创造的成果,保存着一个民族对特定自然环境和人文环境的特有的认识和思考方式,是人类文明进化的成果。每一种语言都是一个知识的宝库,其中凝聚着各民族先民劳动创造的一切成果。我国如此多样丰富的语言,就是一笔珍贵的财富。

三、世界语言发展前景

自从人类进入网络时代以后,交通、信息和通信技术都取得了巨大进步,因特网极大地方便了超越国境的资料和信息传递,引起了我们生活方式的革命。我们生存的地球正在变小,全球化和经济一体化的趋势进一步加强。伴随现代信息技术的飞速发展,英语的国际性地位和文化上的优越性,最直接地展现在世人面前。目前英语主导着因特网。网上的信息英文占 90% 以上,法语占 5%,汉语不足 1%(甚至认为仅为 0.4%)。语言竞争在两个层面上进行:首先是大语种之间,如英、法、西、汉、俄、德语言之间;其次是在大语种和使用人数少、分布区域有限的小语种之间。两个层面的竞争都不外是争夺使用者,而不论其结果如何,使用人数少的那些小语种的生存问题比以往任何时候都显得更加严峻。

一些语言学家在分析大量统计资料的基础上认为，世界上的6000 种左右语言中，至多有 1/10 的语言是比较安全的，暂时不会受到威胁。而大批少数民族的消亡不仅引起了语言学家和人类学家的关注，而且也引起了所有关注日益全球化问题的人的普遍忧虑。

可持续发展受到了前所未有的关注。这是一件值得赞赏的事情。今天，已经没有什么人对可持续发展的重要性持怀疑态度了。当某个珍稀动物物种死亡，媒体会作大量报道，公众会感到十分惋惜，但是对每两周之内便有一种语言悄无声息地消失，却没有引起人类的重视。语言的消亡是否同样会给人文生态造成损失？人们是否真正认识到，保存文化和语言的多样性与保护生物多样性一样重要，人类应该像保护珍稀动植物一样保护那些使用人数少，且处境不佳的小语言。然而我们毕竟生活在一个开放的社会和时代，生活在一个全球化趋势日渐明显的世界，如何既承认现实，有利于国际交往，同时又采取切实措施去保护那些濒临消亡的小语种，这的确是一个复杂的系统工程。

思考与练习

1. 世界语言的多样性表现在哪些方面？
2. 简述我国国情与各民族语言现状。
3. 结合现代社会发展趋势分析世界语言的发展前景。

第二节 语言的类型分类

语言的类型分类是指根据语言的结构特点对世界上的语言进行

的分类。语言类型分类主要从以下两个方面进行：

一、根据构词分类

词的构造是语言形态学研究的对象。以词的构造为标准进行语言分类，就是语言形态分类法。根据这种分类法，世界上的语言大致上可以分为 4 种：词根语、黏着语、屈折语、多式综合语。

（一）词根语

词根语也叫孤立语或无形态语。其特点是词根和词缀本身没有变化，不同词类在形态上缺乏明显的标志，句子里词与词之间的关系主要通过词序和辅助词等语法手段来表示。这类语言中的词大多数是由词根组成的，因而得名。此类语言的词本身不能显示与其他词的词法关系，它们的形式也不受其他词的约束，具有孤立的性质，所以又称之为孤立语。由于这类语言中的词缺少形态变化的特点，还被称作无形态语。

词根语的另一个特点是以词序和辅助词作为表示联结词与词之间的主要语法手段。汉藏语系的语言大部分都有上述特点，因此归入词根语这种类型。

（二）黏着语

黏着语也叫胶着语，指词根一般不发生变化的语言类型。主要依靠表达各种词汇意义和语法意义的附加成分按一定顺序黏附在词根后面来构造新词或同一个词的不同形态。黏着语的特点是，将具有一定语法意义的附加成分粘连在词根或词干上形成语法形式的派生词。黏着语中的词和屈折语的词一样都具有表示词汇意义的词干和表示语法意义的附加成分。但它们彼此的结合并不像屈折语那样紧密，附加成分好像是黏附在词根上似的。这种类型的语言由此而得名。如哈萨克语中的 zamandandərəw"时代化"一词可分析成为①

zaman、②da、③n、④dər、⑤əw5 个语素,词根为 zaman"时代、年代";
da 为构词语素,将名词 zaman 构成了动词 zamanda;n 为反身态构形
语素;– dər 为使动态构形语素;– əw 为动名词构词语素,词根以外的
各种构词或构形语素都是依次黏附在 zaman 之后的。

在黏着语中,一个附加成分只能表示一个语法意义,而某一语法
意义也固定由一个附加成分来表示。因此当一个词具有一系列语法
意义时,词内就要包含一系列的附加成分。此外,黏着语的词根和附
加成分都具有相当大的独立性。就词根说,它们不和附加成分结合
也能独立存在。黏着语中词根和附加成分的结合是不紧密的。阿尔
泰语系诸语言都具有以上特征,归入黏着语类型。

(三)屈折语

屈折语指主要依靠词的内部屈折(即词根中某些音位的替换)和
外部屈折(即词尾的变化)来构成词的语法形式以表示各种语法关系
的语言类型。屈折语中的词除表示词汇意义的词根外,还有表示语
法意义的附加成分,词根和附加成分的结合非常紧密。屈折语的主
要特点是依靠词的内部屈折和外部屈折来形成词的语法形式。所谓
内部屈折就是指替换词根中的某些音位,例如俄语中 книга(书)是
第一格单数,книги 则为第一格复数,其中 а—и 的替换就是内部屈
折变化;又如英语中的 foot[fut](脚)是单数名词,复数为 feet
[fi：t],其单复数形式就是 u—i 的替换。所谓外部屈折,一般指词
尾的变化,如俄语中,以及全部动词的变位等,都属于外部屈折变化。

屈折语的词除词根和构词后缀成分外,还有构形后缀成分。但
与黏着语不同,一个构形后缀可以同时表示几个语法意义,一个语法
意义可以用不同的构形后缀表示,如俄语中的 окно(窗户)构形后缀
– о,表示单数、中性、第一格三种语法意义。而表示单数、中性、第一

格的还可以用它的构形附加成分表示,如 поле(田野)用的是构形后缀成分-e。屈折语中构形后缀必须和词根或词干在一起才能表明它是某个构形后缀成分,脱离开词根或词干就不能独立存在,并且两者结合在一起,才能成为一个词。属于这种类型的语言都有表示语法意义的附加成分,词根或词干与构形后缀结合得非常紧密。印欧语系、闪语族和含语族都属于屈折语类型。

(四)多式综合语

多式综合语又叫合体语、编插语。主要特征是,以一个动词为中心,前后附加各种表示词汇意义和语法意义的成分,构成相当于一个句子的动词。也就是把表示词汇意义的部分和表示语法意义的部分结合一起,具有这种特征的语言就是多式综合语。美洲印第安人的语言是典型的多式综合语。多式综合语的特点以词的形式出现,在这种语言中,句子和词统一起来了。如北美印第安语的契努克语中i-n-i-a-l-u-d-am(我来把这个交给她)既是一个词,又是一个句子。有人称其为"词句"或"句词"。该句词的词根是-d-"给"的意思,其前后共有 6 个前加成分和 1 个后加成分,其中 i-表示最近过去时,-n-表示代词主语"我",-i-表示代词宾语"它",-a-表示第二个代词宾语"她",-l-表示前面的代词附加成分是间接宾语,-u-表示动作离开说话的人,后加成分-am 表示动作的位置意义。在有些多式综合语中,有些句子是由几个"长词"组成的。

二、根据句法结构的表达方式分类

根据句法结构表达方式的不同进行分类,可将世界上的语言分为综合语和分析语两类。

(一)综合语

主要依靠词本身的形态变化(如内部屈折、外部屈折、重音等)来表示词与词之间的语法关系。其主要特点是格的存在,例如俄语和拉丁语都是用格的变化来表示词与词之间的语法关系。此外,动词能综合地表示语法意义,形容词的级通过词本身的形态屈折来表示,也可以算作这种类型语言的特点。

（二）分析语

主要借助虚词、词序表示词与词之间的语法关系。如汉语中的"我爱你"和"你爱我"这两个句子中词与词之间的施与受关系是通过词序表示的。

世界上没有一种语言纯粹只有一种结构类型的特点。综合语也兼用虚词表示词与词之间的语法关系,分析语也有兼用词的形态变化来表示词与词之间的语法关系。只不过是每种类型的特点有所侧重而已。

第三节　语言的社会功能分类

语言是一种交际工具。根据语言的社会交际功能进行分类的方法就是功能分类法。这种分类法主要参考以下几个参数:一是使用语言的人数;二是使用语言的人口分布状况;三是语言所服务的社会生活和个人生活的范围。世界上的语言依社会功能大小大致上分为民族语、族际语、区域语、国际语等不同类型。

1. 民族语

语言是一个民族的基本特征之一,每个民族都有自己的语言。由于民族之间的长期接触与影响,有些民族的全体居民或局部成员可能转用其他民族的语言。民族语主要指该民族所操的本民族语。

2. 族际语

世界上许多国家都是多民族、多语种、多文化的国家,如印度、前苏联、中国等。在多民族国家中,不同民族之间交际,往往会共同使用一种大家都通用并懂得的语言,这种语言称为族际语。族际语是在一个国家或地区内使用范围较为广泛的一种语言,不是在各民族语之外产生的另一种新语言,如前苏联的俄语,中国的汉语等。

3. 区域语

区域语是一种在某一个地区的不同国家使用的语言。实际上,区域语也是一种族际语,不过它的通行范围打破了国家的界限。区域语的形成有其特定的背景和条件,是一种特殊的历史条件的产物。如瑞典语是北欧的区域语,阿拉伯语是阿拉伯半岛各国、北非地区的的区域语,斯瓦希里语在东非也具有区域语的地位。

4. 国际语

国际语是指通行于全世界范围的语言。随着科学技术的飞速发展,国际间的交往日益频繁,要求操不同语言的国家与国家之间减少交际上的障碍,由此产生了国际语。目前,由于英语传播范围广,已为大多数人认同或接受,其社会功能较强,具有一定的国际地位。也有的人预言未来的国际语将是汉语。

第四节　语言的谱系分类

一、历史比较语言学与语言的谱系分类法

语言的谱系分类就是根据语言的历史来源或语言之间发生学关系对世界语言的分类。按照语言的谱系分类法,世界的语言根据语言之间的亲疏程度由大到小依次分为语系、语族、语支等。语系是最大的类,同一语系之下可分出若干个语族,同一语族之下又可分为若干语支。不同语支语言的亲属关系最近,不同语族之间次之。而不同语系的语言的关系则没有发生学上的关系,属于非亲属语言。

　　语言之间的亲属关系是通过语言的历史比较来确定的。历史比较法是研究语言的亲属关系和发展规律的一种特殊方法。它的基本出发点是,亲属语言必然会在基本词汇和语法结构方面或多或少地保留许多共同点。将不同语言的材料进行比较,研究它们之间是否存在某种有规则的对应关系,是历史比较语言学的一项重要任务。

　　二、世界语言的地理分布

　　(一) 各洲语言系属分布

　　亚洲的语言分属 8 个语系:汉藏语系、阿尔泰语系、马来—波里尼西亚语系、印欧语系、伊比利亚—高加索语系、南亚语系、闪含语系、达罗毗荼语系。汉藏语系诸语言主要分布在中国境内的华北、中部、南部、西南部,中国境外主要分布在缅甸、泰国、老挝和喜马拉雅山麓一带。中国东北、内蒙古和西北除汉语外,使用阿尔泰语系诸语言。东南亚、菲律宾、中国台湾山区使用马来—波里尼西亚语系诸语言。南亚语系诸语言分布在柬埔寨和中国云南的部分地区。印度、巴基斯坦、孟加拉、尼泊尔、斯里兰卡等地使用印欧语系印度语族诸语言。伊朗、阿富汗、巴基斯坦俾路支和中国新疆的一些地区使用印欧语系伊朗语族诸语言。印度南部、斯里兰卡北部使用达罗毗荼语系的语言。土耳其、蒙古、前苏联的中亚、远东、西伯利亚使用阿尔泰语系的语言。朝鲜半岛使用朝鲜语。日本使用日语。此外,还有西伯利亚东北部的"古亚细亚诸语言"。

　　欧洲的语言主要归属印欧、乌拉尔两个语系。北欧使用印欧语系日耳曼语族的语言;南欧、巴尔干半岛使用印欧语系罗曼语族的语言;东欧和俄罗斯、乌克兰、白俄罗斯使用印欧语系斯拉夫语族的语言；匈牙利、芬兰和爱沙尼亚使用乌拉尔语系芬兰—乌戈尔语族的语言。

美洲的语言主要属于印欧语系。美国使用英语，加拿大使用英语和法语，拉丁美洲除了巴西使用葡萄牙语外，其他国家都讲西班牙语。此外，还有印第安诸语言。

非洲的东非主要使用闪—含语系闪语族的阿拉伯语和阿姆哈尔语；西非和索马里使用闪—含语系含语族的豪萨语和苏丹语族的语言；东非和非洲中部使用班图语族的语言；南部非洲的许多国家使用英语和法语。此外，还有使用人数较少的霍屯督语、布须曼语等。

大洋洲主要使用印欧语系的英语。此外，还有当地土著民族的各种语言。

（二）世界语言的谱系分类

根据语言发生学上同源与否及亲属关系远近层次，世界上的语言大致上可分为九大语系。

印欧语系主要分布在欧洲、美洲、亚洲等地。西自欧洲的斯堪地那维亚半岛，向东包括印度、伊朗和我国的新疆。共分 7 个语族：印度语族、伊朗语族、斯拉夫语族、波罗的语族、日耳曼语族、拉丁语族、凯尔特语族等。

乌拉尔语系：包括芬兰—乌戈尔语族、撒莫狄语族等。

闪—含语系：包括闪语族和含语族。

伊比利亚—高加索语系：包括卡尔特维里语族、达格斯坦语族、巴茨比—启斯梯语族、阿布哈慈—阿迪盖语族等。

达罗毗荼语系：包括塔密尔语、马拉雅兰语、卡那拉语、铁鲁古语、库伊语等。

马来—波里尼西亚语系（又称南岛语系）：包括印度尼西亚语族、

美拉尼西亚语族、密克罗尼西亚语族、波里尼西亚语族等。

南亚语系:包括扣达语族、孟—高棉语族等。

目前世界上还有许多语言的系属不明,主要有亚洲的越南语、日语、朝鲜语;非洲的班图各语言、苏丹诸语言、塞内加尔诸语言等;美洲印第安诸语言,以及澳洲土著诸语言等。

汉藏语系和阿尔泰语系语言在下面介绍。

三、我国各民族语言的系属

我国境内各民族语言主要使用分属于汉藏、阿尔泰、南亚、(南岛)马来—波里尼西亚和印欧等 5 个语系的语言。此外,还有系数不明的朝鲜语和京语。我国境内属于汉藏语系的语言最多,共有 20 多种,分属汉语支、藏缅语族、壮侗语族、苗瑶语族等。汉语分布在全国各地,其他语言主要分布于我国南部和西南地区。属于阿尔泰语系的语言有 10 余种,包括突厥语族、蒙古语族、满—通古斯语族等,主要分布在西北、内蒙、东北等地区。属于南亚语系的语言有 3 种,即佤、布朗、德昂语,主要分布在云南。属于南岛语系的语言为台湾的高山语。属于印欧语系的有俄语和塔吉克语两种,主要分布在新疆等北方边疆地区。朝鲜语主要分布在我国东北三省。京语分布在广西境内。

(一) 汉藏语系

汉藏语系语言的主要特征有:1.除个别语言(珞巴语和藏语安多方言)外,均有声调。2.声调同声母、韵母的性质有密切的关系。3.韵尾辅音一般为单辅音,其中最常见的是-m、-n、-ŋ,其次为-p、-t、-k、-ʔ,个别语言有-r、-l、-ʈ、-ɳ,韵尾辅音无除阻阶段。4.单音节词根占多数,复音词大部分是由两个以上的单音节词根组成的,少部分由单音节词根加附加成分组成,多音节的单纯词较少。5.词序和虚词表达语法意义的主要手段。6.有区别事物类别的量词。

侗泰语族的主要特征有:1.声母多为单辅音,比较简单。韵母较为复杂,有单元音、复合元音、元音带鼻音韵尾和元音带塞音韵尾等。除个别语言以外,韵母都比声母多。2.除了侗语和傣语的德宏方言外,都有带喉塞音的浊塞音声母 ʔb 和 ʔd,侗语和傣语德宏方言与此相对应的是同部位的鼻音和边音。此外,水语和毛难语还有带鼻冠音的浊塞音声母。3.元音分长短。4.都有鼻音韵尾-m、-n、-ŋ和塞音韵尾-p、-t、-k,此外,黎语还有-ȶ、-ȵ等。5.声调一般有6个。其中侗语最多,有9个声调。黎语的第4、5、6调分别与第1、2、3调的调值相同,已合并为3个声调。6.句子成分的基本词序为主语—谓语—宾语。7.名词、形容词作定语时,一般在中心语的后面。8.助动词在主要动词前面。9.量词具有标志名词的作用。

苗瑶语族主要特征有:1.声调比较多,一般为8个。入声字无论有无塞音韵尾,一般都有单独的调值。2.除了苗语黔东方言外,都有一整套带鼻冠音的复辅音声母,这些声母在勉语中都读作浊声母。3.韵母都较简单,没有塞音韵尾,鼻音韵尾只有-n、-ŋ,但往往不对立存在,没有-m,韵母都比声母少。4.由词根和附加成分组成的名词,其附加成分多为前加的。5.句子成分的基本次序是主语—谓语—宾语。6.形容词做定语时,位置在中心语的后边。代词、数量词组做定语和名词做领属性定语时,都在中心词的前边。7.助动词在主要动词的前边。

藏缅语族的主要特征有:1.彝语支、景颇语支和缅语支的载瓦语有松紧元音的对立,藏语支没有。松紧元音同声母、声调有一定的制约关系。2.复元音较少。3.声调比较少。一般为3到4个声调。4.由词根和附加成分组成的名词,其附加成分多是后加的。5.句子成分的基本词序是主语—宾语—谓语。6. 名词和人称代词做定语时,放在中心词前面;数量词和形容词做定语时,放在中心词的后面。7. 有一些表示句子成分的助词。8. 动词加附加成分或助词表示人称等语法意义。9. 助动词在主要动词的后面。

除以上语言以外,京语的系属未定。目前的意见有两种:一种将其列入汉藏语系,另一种意见则主张将其归入南亚语系的孟高棉语族。

（二）阿尔泰语系

阿尔泰语系的主要特征有:1. 单元音占主要地位。2. 大多数语言有元音和谐律。3. 没有声调,有固定重音。4. 附加成分是构词和构形的主要语法手段。一般来说,一个附加成分只表示一个语法意义。5. 有后置词。6. 大多数语言除基本格外,有领格、宾格、与格、位格、从格,有些语言还有造格和共同格等。7. 句子成分的基本词序是主语—宾语—谓语。

阿尔泰语系各语族语言之间在语音上主要有以下几种对应关系:1. 突厥语族里词中和词末的 z 一般跟其他两个语族的 r 对应。2. 突厥语族和通古斯语支中位于 i(ï) 前的词首的 t,多与蒙古语的 č 对应。3. 突厥语族中的 š,一般跟其他两个语族的 l 相对应。4. 突厥语族的词首的 j 或(dz)跟其他两个语族的 d 相对应。5. 词首辅音 p 在大多数突厥语和蒙古语中已经消失,在土族、东乡、保安和达斡尔的部分地区保留 f 和 h 的读音,在通古斯—满语族中有的仍为 p,有的变为 f 或 h 等。

突厥语族的主要特征有:1. 元音和谐律比较严整,个别语言如裕固语、乌孜别克语则已消失。2. 塞音和塞擦音分清浊音,清音为送气音。少数语言如撒拉语、裕固语以清音送气不送气的对立代替清浊对立。3.在基本格以外,一般只有领格、宾格、与格、位格、从格。4.除了个别语言以外,多数语言有人称领属附加成分和谓语性人称附加成分。5.各语言彼此较为接近。

蒙古语族的主要特征有:1.元音和谐律在蒙古语里较为严整,而在土族语、东乡语、保安语等语言中正趋于消失。2.少数语言的现代口语的塞音和塞擦音都是清音,区别送气不送气。3.多数语言在基本格以外有领格、宾格、从格、造格、共同格,而与格和位格合二为一。4.有特殊的反身变格法。5.有人称领属附加成分,个别语言还保留有谓语性人称附加成分。6.蒙古语族诸语言的亲属关系也比较明显。

满—通古斯语族的主要特征有:1.元音和谐律满语支不太严整,通古斯语支较为严整。2.通古斯语支的词首可以出现辅音 ŋ。3.多数语言除基本格外,有宾格、与格、位格、从格、经格、造格、方向格、方面格等;除满语外,通古斯语支没有领属格。4.大多属于人称领属附加成分和谓语性人称附加成分。5.有一定数量的同源词和同源语法形式。

（三）南亚语系

我国属于南亚语系的语言有孟高棉语族的语言,只有佤语、布朗语、德昂语三种。这些语言的共同特点表现为:1.有复辅音声母。2.有复元音和辅音韵尾,渐降的复元音之后可以带辅音韵尾。3.佤语没有声调,元音分松紧;布朗语和德昂语有声调,元音部分松紧。4.人称代词有单数、双数和多数之分,双数和多数用元音交替表达。5.用语音交替构词、构形。6.用附加成分构词和区别词类。7.句子成分的基本次序是主语—谓语—宾语。8.定语一般在中心语的后面。

（四）南岛语系

我国属于南岛语系的语言只有高山族诸语言,其中包括阿眉斯语、排湾语、布嫩语等。高山语的主要特点是:1.没有声调,音位数目较少。2.广泛用附加成分来构形和构词。附加成分分前加、中加和后加三种,其中以前加为主。3.重叠是高山语的重要语法手段之一。4.代词和动词常用不同的语法形式表达各种不同的语法意义。5.句子成分的基本次序是谓语—主语—宾语。6.人称代词为主体时,常跟谓语黏在一起,构成一个综合式的不可分割的整体。

(五)印欧语系

我国属于印欧语系的语言仅有俄语和塔吉克语两种。塔吉克语属伊朗语族,没有声调,有固定重音,重音一般在词的最后一个音节上。名词和形容词主要用附加成分表达语法意义,动词和代词除用附加成分外,还有语音变换。句子成分的次序是主语—宾语—谓语,宾语都在中心语的前面。

思考与练习

1. 什么是语言的分类?

2. 举例说明语言类型分类的标准是什么?

3. 什么是语言的谱系分类法?语言谱系分类的根据是什么?

4. 我国各民族语言各属那几个语系?各语系的主要特征有哪些?

5. 按照类型学分类法,汉语、英语、俄语分别是属于哪种类型的语言?

6. 请按所学的语言分类知识对你所熟悉的语言进行简单分类。

参考文献

康德拉绍夫《语言学说史》,武汉大学出版社,1985 年。

岑麒祥《语言学史概要》，北京大学出版社，1988 年(修订本)。

乔本万太郎《语言地理类型学》，北京大学出版社，1985 年。

马学良主编《语言学概论》，华中工学院出版社，1981 年。

叶蜚声、徐通锵《语言学纲要》，北京大学出版社，1981 年。

后　记

此教材为国家民族事务委员会组织编写的民族高校系列教材之一，也是"985"工程哲学社会科学创新基地"中国少数民族语言文化与教育与边疆史地研究基地"的子项目建设内容之一。

参加本教材编写的，主要由中央民族大学有多年语言学教学经验的教授、博士生导师担任。黄利女士也帮助做了一些工作。编写中除了参考已出版的有关语言学概论方面的书外，着重参考了由我校马学良先生主编的《语言学概论》，从中吸取了不少有用的观点和材料。

本教材可供高校语文专业教学、研究使用，特别是民族高校语文专业，也可作为语言研究者的参考书。

感谢商务印书馆为我们出版这本教材。特别是要感谢周洪波先生的热情支持和悉心筹划。

编　者
2005 年 6 月 20 日

图书在版编目(CIP)数据

语言学基础教程/戴庆厦编.—北京:商务印书馆,
2006(2019.5 重印)
ISBN 978 – 7 – 100 – 05084 – 5

I. 语…　II. 戴…　III. 语言学—高等学校—
教材　IV. H0

中国版本图书馆 CIP 数据核字(2005)第 108253 号

YǓYÁNXUÉ JĪCHǓ JIÀOCHÉNG
语 言 学 基 础 教 程
戴 庆 厦　主编

商 务 印 书 馆 出 版
(北京王府井大街36号　邮政编码 100710)
商 务 印 书 馆 发 行
北 京 冠 中 印 刷 厂 印 刷
ISBN 978 – 7 – 100 – 05084 – 5

2006 年 9 月第 1 版　　　开本 880 × 1230　1/32
2019 年 5 月北京第 3 次印刷　　印张 12¼
定价: 35.00 元